判例分析による
民法解釈入門

髙橋　眞 ［著］

成文堂

◆ はしがき ◆

1　本書は、民法の諸制度について一通りの学習をし、どこにどのような制度が規定されているか、ある程度見当がつくようになった人が、ゼミナールなどの場で、その知識を使って具体的な事例について判断しようとするときに、どのように民法の解釈と適用をするかを考えるための入門書です。いわば、知識のインプットを一通り済ませ、いよいよアウトプットをしてゆこうという人に読んでいただければと思います。

　また本書では、議論の素材として、判例の分析を中心としています。民法の諸制度を学習する段階では、その制度が具体的にどのような場面で適用されるか、また規定の中で使われている文言をどのように解するかなど、その制度の理解のために、判例を学ぶことが求められます。この場合には、ある判例、あるいは関連する複数の判例を、その制度の理解に必要な限りで見れば足りるということができます。しかし具体的な事例について判断するときには、錯綜した事実群のうち、どの事実を本質的な（重要な）ものとして取り出し、その事実に対してどの規範を適用するか、事実の全体を見、さらに民法や特別法の全体に照らして考えなければなりません。判例集に掲載された各審級の判断は、その実践を示すものです。そこには、判断者自身の責任による選択がありますから、それが適切なものかどうか、他からの検証を可能とするために、どの事実について、どのような根拠に基づき、どのような論理をもって判断したか、きちんとした説明が必要です。本書では、その作業の実演を試みてみたいと思います。

2　民法学習のインプットの段階では、まず覚えるべきことがたくさんありますが、その知識を確かなものにするためには、この制度は①どのような内容（要件・効果）をもち、②典型的にはどのような事案に適用され、③その規律の根拠（制度趣旨）は何かということを考えることが必要です。アウトプットの段階では、さらに、この事案において本質的な事柄は何か、その判断のために最も適切な規範は何かということを自ら探し、考えることが必要

ii

になります。

　いずれの場合でも、「考える」ためには自ら疑問をもつことが必要です。中学生の頃、理科の実験レポートで、用意する器具や試薬、実験の手順、実験によって観察した事実を書いた後で、「考察」を書く欄がありましたが、そこに何を書いたら良いのか、実はよくわかりませんでした。仕方がないので実験の指導書にならって書きましたが、研究生活に入った後、自分で設定した問題でなければ、仮説を立てたり「考察」したりすることはそもそもできないということに気付きました。

　本書では、研究やゼミ、あるいは講義の準備をする中で出てきた私自身の疑問を手がかりに、「考える」ことのプロセスを示してみました。市民社会を構成する市民は、与えられた選択肢の中から選ぶ自由をもつだけの「消費者」になってしまってはいけません。自分の生活や社会の観察の中から、なぜこのような選択肢が用意されていないのだろうかという疑問をもち、隠された選択肢を探し出す、場合によっては選択肢を作り出すことが必要です。専門家の間では解決済みとされているとしても、ほかならぬ自分には納得できないのであれば、疑問を提起し、納得できるまで考えることをためらう必要はありません。

3　本書では、山下純司・島田聡一郎・宍戸常寿著『法解釈入門』（有斐閣・2013年）を「テキスト」としてしばしば引用しています。2015年度、「民法特講・法学入門」という法学部入門科目を担当し、その際にテキストとして同書を利用したためです。本書では、同書を引用しながら、「ここは大賛成だけれどこの点はどうかな？」という疑問を示しています。おそらく、本書の中にも、読者の皆さんが首をかしげられる記述があるかと思いますが、その際に、お願いしたいのは、「本書の記述はおかしい」で片づけるのではなく、「この点はこれこれの理由で、むしろこのように考えるのが良いのではないか」というように、考えを進めるための手がかりとしていただきたいということです。

　1で触れたように、判断は判断者自身の責任による決断という性質を有しています。ゼミナールなどで同じ対象を別の角度から観察し、分析した成果を持ち寄ることによって、問題のより深い分析をする、本書がその手がかり

になればと思います。

　末尾になりましたが、本書が成るにあたり、上記の入門科目について実験的な講義をすることを認めていただいた大阪市立大学法学部の同僚諸氏、本書の出版をご快諾いただいた成文堂の阿部成一社長、編集作業を担当していただいた飯村晃弘氏に御礼を申し上げます。

　2018 年 4 月 13 日

髙橋　眞

目　次

はしがき ……………………………………………………………… i

Ⅰ　法の適用と解釈

1. 法の解釈とは ………………………………………………… 1
2. 法源──法的判断の根拠 …………………………………… 5
3. 法解釈の方法 ………………………………………………… 13

Ⅱ　制定法に反する「解釈」
──利息制限法旧1条2項をめぐって──

1. 利息制限法旧1条2項──判例と立法 ………………… 24
2. 3つの大法廷判決①──昭和37年判決：元本充当否定 ……… 26
3. 3つの大法廷判決②──昭和39年判決：元本充当肯定 ……… 29
4. 3つの大法廷判決③──昭和43年判決：返還請求肯定 ……… 36
5. 制定法の規定を空文化する解釈は可能か ……………… 39
6. まとめ── 反制定法的法解釈とは何か？ …………… 45

Ⅲ　違憲判断と法改正
──社会の変化と法の対応──

1. 相続分の規定──非嫡出子の地位 …………………… 47
2. 2つの大法廷決定 ………………………………………… 48
3. 戦前の家族法について──「家」の制度と婚外子の地位 ……… 52
4. 現行民法900条の沿革──明治民法1004条 ……………… 58
5. 大正期の改正論議 ………………………………………… 59
6. 現行民法900条──戦後の改正に際しての議論 …………… 62

vi

7. 立法政策と法律婚の保護 ……………………………………… 66

8. 付記・新憲法24条と家族のあり方――婚姻の重視と家制度 …… 69

IV 判例をどのように読み取るか
――その事件の争点の把握――

1. はじめに ……………………………………………………… 73

2. 不特定物売買と瑕疵担保責任に関する2つの判決の比較 ……… 74

3. 他主占有者の相続人の「所有の意思」の立証責任
   ――平成8年判決 ………………………………………………… 78

4. 185条への言及――昭和46年判決の内容 ……………………… 82

5. 185条への言及の必要性はどこにあったか
   ――平成8年判決の争点との関係 ……………………………… 85

V 判断の手順と民法の基本原理
――所有権と契約――

1. 所有権取得の根拠――所有権の法理と契約の法理 …………… 90

2. 完成した建物の所有権の帰属――その根拠について ………… 92

3. 建築途中の工作物の所有権
   ――注文者・元請人・下請人の関係 ………………………… 97

4. まとめ――物権の法理上、
   建物の所有権が下請人に帰属する場合は？ ……………… 103

VI 不動産の二重譲渡
――紛争はどのようにして生じたか――

1. はじめに …………………………………………………… 105

2. 不動産の二重譲渡――何を意味するか ……………………… 105

3. 二重譲渡を認めることは、理論的に可能か ………………… 107

4. 二重譲渡がなぜ「起きてしまった」か
   ――ひとつのケーススタディ ………………………………… 112

5. 第二譲受人の地位――単純悪意者と「背信的悪意者」 ……… 117

　　　　　　　　　　　　　　　　　　　　　目　次　vii

　6.　まとめ──第一譲渡の移転登記が
　　　されていないことをどう考えるか ……………………………… 121

Ⅶ　意思表示と権利外観法理
　　　──説明概念・整理概念──
　1.　権利の外観に対する信頼の保護
　　　──外観の作出と外観への信頼 ……………………………… 124
　2.　外観への信頼を保護する規定──条文の趣旨の確認 ……… 127
　3.　94 条 2 項の類推適用をめぐって ……………………………… 130
　4.　表見代理── 109 条と 110 条 ………………………………… 137
　5.　動産の即時取得・債権の準占有者への弁済 ………………… 145
　6.「権利外観法理」の定義──「整理概念」か「説明概念」か … 148

Ⅷ　バランス論から考える
　　　──体系的解釈の手掛かりとして──
　1.　体系的解釈とバランス論 ……………………………………… 151
　2.　問題①：無権代理人による本人相続 ………………………… 152
　3.　単独相続の場合との比較──「追認拒絶は
　　　信義則上許されない」とは何を意味するか？ ……………… 155
　4.　三好裁判官の反対意見 ………………………………………… 158
　5.　追認権・追認拒絶権の承継の問題か、117 条の問題か
　　　──能見教授の見解 …………………………………………… 160
　6.　問題②：共同抵当と弁済者代位
　　　──価値判断による体系の選択 ……………………………… 163
　7.　裁判例における対立の根拠の検討①：
　　　同時配当と異時配当とで異なる結果になってもよいか ……… 169
　8.　裁判例における対立の根拠の検討②
　　　──後順位者を保護するか、物上保証人を保護するか ……… 172
　9.　まとめ──バランス論は体系検討の手がかりとなること ……… 177

viii

IX　学説の対立は何を意味するか

1. 基本概念についての対立の意味 ……………………………… 180
2. 法定責任説の考え方と債務不履行責任説の考え方 ………… 182
3. 基本概念・体系にかかわる議論①
　　──「特定物ドグマ」の克服 ………………………………… 186
4. 基本概念・体系にかかわる議論②
　　──権利の担保責任の歴史からの示唆 …………………… 188
5. 両説の対立の意味──効果に違いが生ずるか？ …………… 192
6. まとめ …………………………………………………………… 201

X　事実を見ながら考える
　　──損害の把握と賠償額の算定──

1. 損害の分類と損害の認識 ……………………………………… 204
2. 現実にどのような損害が生じているか
　　──瑕疵ある船舶の修理代金の例 ………………………… 207
3. 損害項目の問題と賠償額算定の基準時問題 ………………… 210
4. 賠償額算定の基準時の問題
　　──事実の全体から損害の発生態様を確かめること ……… 214
5. 損害抑止義務と損害額の総合的評価：
　　店舗の浸水とカラオケ店の営業利益 ……………………… 219
6. まとめ──事実の観察、
　　とりわけ事業活動への債務不履行の影響 ………………… 222

XI　まとめ
　　──実体に基礎づけられた概念の活用──

1. これまでの章を振り返る ……………………………………… 225
2. 法の解釈・適用と、概念の問題──最高裁判決を例として … 233
3. まとめ──法解釈の客観性について ………………………… 245

I　法の適用と解釈

1.　法の解釈とは

(1)　法学辞典で調べてみる　　最初に、私の手持ちの『新法律学辞典　第三版』（有斐閣・1989年）で「法の解釈」の項目を調べると、そこには次のように書かれています（同書1300頁）。

　「**法治主義の原則は裁判や行政が法に従って行われる**ことを要求する。したがって**法が何を命令・許容・禁止しているかを認識する必要がある。この活動が法の解釈である**。他方法解釈は**法適用という実践活動の前提**として行われるもので、法解釈もまた実践的性格を帯びざるを得ない。ここに『法解釈における認識と実践』という主題が生ずる。」

　法の解釈が、法の意味・内容の認識であるとしても、それは具体的な事件に対する法の適用という、実践活動と不可分であることが示されています。もう1冊、手持ちの辞典を調べてみましょう。『民事法学辞典下巻』（有斐閣・1960年）で「法解釈学」を調べると、次のような記述があります（同書1822頁。磯村哲博士の執筆です）。

　「このように法解釈学は裁判に奉仕することを目的とするゆえに、その性格や方法も裁判の構造をどのように把握するかによって異なって理解されてくる。かつては裁判は実定法の無欠缺性の想定のもとに実定法規の諸概念ないしはそれらから抽象された普遍的諸概念に具体的事件を論理的に包摂する認識的操作として理解され、これに対応して、法解釈学もかような論理的演繹の前提となる実定法規を法概念の諸帰結として把握し、これら法概念の分析とその体系の秩序づけに主たる課題を見出した。しかし、かような概念法学的な裁判観や法学観は現在少なくとも私法学においては跡をたち（このことについては自由法学・利益法学・社会学的法学に負うところが多い）、程度の差はあるがほぼつぎのような理解が支配的となっている。すなわち、**まず裁**

2

判は純粋な認識判断ではなく裁判官の一定の利益衡量（価値判断）による社会的諸利益の衝突に対する実践的解決であり、その判断をとおして社会における妥当な秩序を維持・形成することを使命とするものと認められる。かような裁判の使命観に対応して法解釈学はつぎのような構造において現われる。第一に、法の解釈は裁判の基準である法規の観念内容の論理的理解という純粋な認識作用ではなく、解釈者によって志向された適用の結果の妥当を確保しうるように法規に合目的的な意味を賦与すべき実践的価値判断である。第二に、概念や理論構成はかような価値判断・利益衡量を説明し理由づける目的合理的（zweckrational）な手段として理解される。第三に、かような『実践的』解釈の合理性を確保するために、**法規を観念内容においてのみでなくその背後にある社会的諸利益とそれに対する価値判断に遡って理解するとともに、他方、現実の社会的諸関係・諸利益・現実的諸規範を探求することが必要とされる。**かようなひろい意味の法社会学的探求を基礎として、法規とその適用対象たる社会的諸関係・諸利益との関係を客観的に把握し、この客観的認識のうえにたって合目的的な判断形成の確保が期待されるのである（もっとも法規の利益衡量が解釈者を拘束する程度については見解の分れるところである）。」

(2) **法規範・現実の社会関係・価値判断**　　以上、2冊の法学辞典の記述を見ると、法の解釈については次のようなことがいえそうです。

　まず、**法規範の内容の認識が出発点であること**です。裁判や行政が法に従って行われることが要求されるのですから、根拠である法規範の内容を正確に認識しなければ、法解釈をすることができません。

　しかし、法解釈は、**具体的な事件に対する法の適用の前提**として行われるという実践的な性格を持っています。法規範の内容を正確に理解した上で、さらにそれを具体的な事件において使うこと、言い換えれば、法規範を正確に見るだけでなく、自分の手で動かすことが必要です。

　そして、あることを命令・許容・禁止するのが法規範の内容であり、命令・許容・禁止の基礎には価値判断がありますから、具体的な事件に対する**法の適用は価値判断を含んでいます。**法に基づく価値判断であるためには、その法規範がどのような価値判断に基づくものであるか、すなわち**法規範に**

内在する利益衡量を読み取ること、そして適用対象である**現実の社会的諸関係・諸利益のあり様を読み取る**ことが必要になります。

　このように、法の解釈・適用のためには、利益衡量・価値判断を避けて通ることができないのですが、さらにその**価値判断の結果が法に基づくものであること**を説明し、理由づけることが必要であり、その説明・理由づけは、誰もが納得できるものでなければなりません。「実定法規の諸概念ないしはそれらから抽象された普遍的諸概念に具体的事件を論理的に包摂する認識的操作」だけで具体的な事件について判断することはできませんが、しかし納得できる説明・理由づけのためには、その判断がこのような論理的包摂関係を充たしていることは最小限の条件であるということができるでしょう。**判断の形式的側面は、結論を導く過程よりも、その判断の当否や理由づけを検証する過程において特に有益である**と考えます。

(3) 出発点——法規範の内容の認識　　上記の記述によると、具体的な事件への適用の前に、法規範の内容を正確に理解することが出発点でした。この点に関連して、星野英一博士は「『解釈のためになすべきこと』のうち、いわば『科学』にあたる部分の内容」について、次のように述べています。

　「ここで扱うのは、『真の解釈のためになすべきこと』の研究であるが、これをさらに整理して、民法典等を中心に、一方で、どのような要素がその形成に作用したか、他方で、それがどのように社会で生きて動いているか、どのように社会に影響しているか、さらには、社会において現実に生きて動いている民法はないか、といったことの探究である。若干言い換えると、民法の規定・概念・制度・原理の意義と存在理由、沿革およびその現実の機能の探究である。さらにわかりやすくいえば、**適用さるべき民法等の規定、そこに用いられている法概念・制度・原理が、いったい『なんであるか』、『なんのためのものか』をまずはっきりと把握すること、そのためにもそれらが『なぜそうなっているか』を追究すること、『実際どうなっているか』を調べること**であり、これが、解釈のための第一の基礎的作業として、敢て不可欠といわないまでもきわめて重要な仕事であるということである。」(星野英一「民法学の方法に関する覚書」『民法論集第5巻』(有斐閣・1986年、初出は1983年) 97頁)

4

　このうち太字の部分につき、私は自己流に、授業などで法規範認識のチェックポイントとして使っています。第一に、その規範が「**なんであるか**」というのは、要件と効果を明確に把握すること、第二に「**なんのためのものか**」は、その規範が必要とされる社会的な事実の把握、具体的には、その規範を使うべき典型的な事例を頭に入れることです。ちょうど、高校での英語の学習で、英単語を例文とセットで覚えたのと同じです。第三に「**なぜそうなっているのか**」は立法の趣旨の把握、第四に「**実際どうなっているか**」は、とりわけ判例において、その規範が、拡張解釈、縮小解釈、類推や転用など、どのような事情でどのように運用されているかを把握することです。私は、これは規範の理解のために必要な作業であると説明するのですが、星野博士が「敢て不可欠といわないまでも」と言うのはなぜでしょうか。

　星野博士は上記の叙述に続けて「もちろん、解釈論それ自体は価値判断とその実現のための法技術であって、妥当な結論を巧みに導くために右のような作業が必要不可欠というわけではない。しかし、学者のする解釈論には、学者らしい十分な基礎づけが要求されるであろう。そうでないと、学者の固有の仕事、その存在理由がなくなってしまうのではないだろうか」と述べています（星野・前掲97～98頁）。おそらく、裁判官は、当該事案の事実の全体をよく見た上で、実務の経験の中で得た知識や感覚を総動員して判断するのであって、上記のチェックポイントのような事実を確認しても、それを使って直ちに具体的な事案について判断ができるわけではない、したがって、具体的な判断を「**発見**」するためには不可欠の作業ではないということだろうと考えます。しかし、(2)の末尾で述べたように、その判断の当否、また理由づけが適切かどうかを「**検証**」するためには不可欠な作業であると考えます。学者が具体的な判断を迫られている立場にないことは、そのような作業をするために有利な条件であり、その研究成果は、実務家が自らの仕事について検証するために有益な役割を果たしうるのではないかと考えています。

2. 法源——法的判断の根拠

(1) 法源の意義　最初に見た法学辞典によれば、裁判や行政が法に従って行われなければならないということでした。それが当然だということはわかりますが、それでは「法」とは何か。裁判で法的判断をするために、具体的に何を根拠とすることができるのか。民法に関していえば、民法典や、利息制限法、借地借家法などの成文法の条文がそれであることは確かですが、それだけで十分か。「法に基づく判断」である以上、判断の根拠となる法とは具体的にどのようなものを意味するのかを考えることが、法解釈の前提として必要です。これが「法源」の問題です。

　「法源」とは何かという問いに対して、前掲の『新法律学辞典　第三版』1285 頁では「通常は**法の存在形式、すなわち法の解釈・適用に際して援用できる規範**を意味する」と説明されています。さらに民法の教科書・体系書を見ると、たとえば於保不二雄『民法総則講義』（初版有信堂・1951 年、復刻版新青出版・1996 年）では、「法は、意思活動の準則として、意識の世界に存在するものであって、法そのものとしては、そのまま空間的・外形的に存在するものではない。だが、法も、経験的・実践的社会規範として、その内容は何等かの素材を通して認識しえられなければならない。したがってまた、何等かの形式を以て発現し存在しなければならない。この**法認識の素材又は法発現存在の形式を法源又は法の淵源という**。民法の法源としては、**制定法・慣習法・判例法及び条理**の 4 つがある」と述べています（5〜6 頁）。

(2) 制定法・慣習法・判例法・条理　ここでは「制定法・慣習法・判例法及び条理」と、4 つのものが並べられていますが、どれも同じ意味で法源としての意義を有するわけではありません。於保博士は次のように説明しています。

　①制定法　「制定法とは、一定の立法機関の、一定の手続を経てなされる、立法行為によって成立する法である。制定法は、常に、文書を以て形式化されるから、これは成文法ともいわれる。……民法の法源たる法律は多数あるが、民法典をその根幹としている。」（於保・前掲 6 頁）これはよくわかりますね。

6

②**慣習法**　「慣習法とは、慣行によって発生した社会規範であって、法的確信によって支持されるものである。これは**法発現の最も直接的かつ根源的な形式**である。これは、一定の手続を経て形式化されることがないから、成文法に対して、不文法ともいわれる。わが国も、近代国家の一般的傾向にしたがい、原則として、制定法主義を採用し、法例（明31法10）〔現在は、法の適用に関する通則法（平18法78）〕も**慣習法には補充的効力を認めているにすぎない**。公の秩序善良の風俗に反しない慣習は、**法令の規定によって認めたもの及び法令に規定のない事項に関するものにかぎり、法律と同一の効力を有する**（法例2）〔現在は、通則法3条〕。商慣習法には、特に、民法に優先する効力が認められている（商1）。」（於保・前掲7頁）もっとも於保博士は、「慣習法は、慣習が法的確信によって支持されれば法となるのであるが、法としての実効、即ち、強制力を発揮するには、結局、裁判所において承認されねばならない。だから、慣習法と次の判例法とは、観念的には区別しうるが、実際上は殆ど区別しえない」と付け加えています（於保・前掲8頁）。ただ、判例法を形成するにあたって、裁判は法としての慣習法を根拠として行われるのですから、やはり区別は重要だと考えます。

③**判例法**　「裁判に法源性を認めうるか否かは歴史的な問題である。古い時代には、権威ある裁判には法源性が承認されていた。三権分立を確立した近代国家では、立法・司法・行政を分ち、**裁判は法の適用に限定している。**……だから、**わが国では、裁判は実質的にも形式的にも、法源たりえない。**だが、制定法と実際生活との間隙が大きくなれば、裁判所は、慣習法の存在を宣言し、または、法の解釈適用の限界を越えて裁判をしなければならなくなる。**法の適用を越えた裁判**がなされた場合にも、裁判所は、実際上の必要は勿論、裁判所の権威と法的安全を期すために、相当の理由がないかぎり、先例を尊重し、これを踏襲して、同一判決の反復によって裁判上の慣例を生じ、これが社会的にも遵守されて、慣習法にまで発展することになる。わが国では、**判例は、慣習法の一種としてはじめて法源となりうる。**」（於保・前掲8頁）

「**法の適用を越えた裁判**」という点について、於保博士は次のように述べています。すなわち「法の解釈適用には自ら限界がなければならない。だ

が、その限界の内外の区別は実際上困難である。また、**法は社会生活の中に生きて存するものとすれば、法源は法認識の素材に過ぎないので、法の解釈には大なり小なり創造的、従って立法的機能が働くことになる。だから、民法の法源としては、判例も極めて重要なものであることを忘れてはならない**」と（於保・前掲8頁）。あるいは次のようなことでしょうか。すなわち、制度の上では、裁判の役割は法の適用に限定されているため、裁判それ自体は法源にはならない。したがって、個々のケースにおける裁判所の判断は、直ちに法源とはならない。しかし、法の解釈適用の限界を超える場合であっても、裁判においては社会生活の中に生きている法を認識し、これに基づいて判断を行う。そのようにして、裁判を通じて「裁判上の慣例」が形成され、それが判例として法源となる、と。

④**条理**　於保博士は、「制定法や慣習法は、完全なものではなく、必ず欠陥がある。しかも、われわれの社会生活は、正義・公平・進化という根本理念に導かれた法によって、完全円満な法律秩序の下に規律されているものと考えられねばならない」として、次のように述べています。「だから、**具体的な生活関係を規律する制定法や慣習法が存在しないとき、または、その具体的内容が示されていないとき、もしくは、制定法や慣習法が明かに法の根本理念に反するときにおいても、その生活関係を規律する客観的規準たる法が存在する**ものといわねばならない。このような法は、制定法や慣習法と異り、具体的内容を示すことなく、また、具体的に顕現することなく、**潜在的な理念の形式においてのみ存在する**から、これは条理又は理法といわれている。明治8年の裁判事務心得（太政官布告103）には、『民事ノ裁判ニ成文ナキモノハ慣習ニ依リ、慣習ナキモノハ条理ヲ推考シテ裁判スヘシ』と規定されている。」（於保・前掲9頁）

於保博士は、「条理にも法源としての価値を認めるか否かについては見解が分れている」が「条理が裁判の規準となることには争はない」と説明しています（於保・前掲9頁）。それは、社会生活が法秩序によって規律されており、その生活関係を規律する法が客観的に存在するという理解を前提として、解釈を通じてそれを発見しなければならない、その手順として、制定法・慣習法・判例法・条理を、根拠あるいは手掛かりとして用いるというこ

8

とを意味するものと考えます。

　＊なお、辻正美『民法総則』（成文堂・1999年）には、上記の「裁判事務心得」
　　や、ヨーロッパの民法典の法源に関する規定が紹介されていますが、その中
　　からスイス民法典1条の規定を見てみましょう。
　　　「第1条①　法律は、その文言又は解釈に従い、そのために規定されたすべ
　　ての法律問題に適用される。
　　②　法律に規定がないときは、裁判官は、慣習法により、それも存在しないと
　　　きは、自己が立法者なら制定するであろう規範に従って裁判すべきである。
　　③　前項の場合には、裁判官は、信頼できる学説及び伝承に従う。」（辻・前掲
　　　10頁）
　　　第2項にいう「自己が立法者なら制定するであろう規範」ですが、オースト
　　リア民法7条の「自然法の原則」、スペイン民法1条1項の「一般的法原則」
　　と同様、裁判事務心得3条の「条理」と共通するものがあると指摘されます
　　（辻・前掲17頁）。また、第3項では学説が挙げられていますが、「その他に
　　は、学説を裁判の規準（法源）として明言する立法例は見当たらない」とさ
　　れています（辻・前掲19頁）。各国の法において表現には違いがあるとして
　　も、その事案についての制定法や慣習法が存在しない場合にも、なお客観的
　　な規範・原則を見出して、それに基づいて判断しなければならないことが示
　　されています。

(3) 条理——当然に「法源」といえるか？　　　以上のように、於保博士は、
民法の法源としては、「制定法・慣習法・判例法及び条理の4つがある」と
述べた上で、「わが国では、判例は、慣習法の一種としてはじめて法源とな
りうる」、また「条理にも法源としての価値を認めるか否かについては見解
が分れている」が「条理が裁判の規準となることには争はない」と説明して
います。単純に、制定法・慣習法・判例法・条理が同じ資格で並んでいると
いうわけではなさそうですね。少し別の本も見てみましょうか。

ⅰ）まず我妻博士は、「わが民法の法源は、（イ）民法典に収められた、普通
に民法と呼ばれる成文法……（ロ）この民法以外の成文の特別民法（ハ）慣
習民法（ニ）判例民法の4つから成り立っている。前の二者は、文字に現わ
された成文法であり、後の二者は、不文の法、すなわち不文法である」と述
べています（我妻榮『新訂民法総則』（岩波書店・1965年）7頁）。「条理」が挙

げられていませんね。

　条理について我妻博士は、まず「すべての法律及び契約の内容は、条理に反するものであってはならない。条理に反する部分は、あるいはその効力を否定され、あるいは条理に適するように解釈されなければならない。しかし、このことは、専ら**法律及び契約の解釈として論ずべきこと**であって、条理に対しとくに独立の法源たる地位を与えるべきかどうかとして論ずる必要はない」（我妻・前掲21頁）と述べた上で、前掲の裁判事務心得3条とスイス民法1条を引用し、次のように論じています。

　「裁判官は、法律に規定がないといって裁判を拒むことはできないし、その場合には、**自分が立法者ならば規定したであろうと考えられるところ、すなわち条理に従うの他はない**のであるから、右の両規定は、結局、裁判の本質上当然なことを規定したにすぎない。……かように、条理が裁判の準拠となることは疑いない。

　しかし、この場合に、この条理を法律だというべきかどうかは、議論の存するところである。もし、裁判官は法律にだけ準拠すべきだという前提を固執すれば、条理は法律だといわねばならない。しかし、この場合に、**条理をもって直ちに法律だとすることは、法律の本質上適当ではない**ので、これを強いて法律だとすることは、いささか事実をまげるきらいがある。むしろ、裁判官は、この場合、法律でない条理を適用するのであって、**条理は法律ではないが裁判所によって適用される**のだとみる方が妥当であろうと思う。だから、正確にいえば、条理は民法の法源ではないというべきである。ただし、この条理に基づいた裁判が判例となって判例法を生ずることは、もちろん極めて多い（…）。」（我妻・前掲21～22頁）

　法律（成文法・不文法を含めて）や契約は、一定の具体的な内容を有しているところ、その内容が適切かどうかを判断する解釈原理として条理が適用されるものであるから、法源たる法律とは存在及び機能の次元を異にするという趣旨であると理解します。

ⅱ）これに対して四宮博士は「憲法は、裁判官が『憲法及び法律にのみ拘束される』旨を規定しており（憲76条3項）、憲法に根拠をもつ規範だけが裁判官を拘束する法であることを宣言している。民法の法源は、かようにし

10

て、まず民法典その他国家によって定立された規範（制定法）であり、次に、法例2条に基づいて、慣習も一定の要件のもとに法源となる（慣習法）。」「この2つだけは確実に法源であり、法源をこの2つに限る見解も有力である。しかし、制定法と慣習法だけでは、社会に生起するあらゆる問題を解決することはできない。裁判官は、制定法と慣習法のほかに、裁判の基準を発見することをよぎなくされる。ここに、**第三の法源（条理）を認めるべきか**、という問題を生ずる。裁判や学説の法源性も問題となるが、これらは当然に法源となるものではない」と述べています（四宮和夫『民法総則第4版』（弘文堂・1986年）5頁）。我妻博士とは反対に、「判例」が挙げられていませんね。

四宮博士は、「条理は実定法を形成するあらゆる理念的契機を含み、それ自体としては命題の形をとるものではない。また、裁判官が具体的事件の解決に際して具体化した条理にしても、裁判の既判力は当該事件にしか及ばないから、ただちに法規範になるとはいえない。しかし、条理は、裁判官が裁判に際して拠るべき基準の源泉であり、その意味で法源であるということができよう」と説明します（四宮・前掲7〜8頁）。さらに「法の欠缺と条理」という項目で、広義の法の欠缺の場合の中には、国家の組織規範が法の適用を裁判官に委任したとき、裁判官による裁判基準の発見を明示的・黙示的に認めたと考えられるものが含まれているが、「そう考えられない場合（…）でも、委任の法理に従って、制定法の指示を修正することが許されるであろう。……それに、そもそも国家の法制定権自体が社会の意思に基づくものであり、制定法が社会の現実を妥当に規律することができなくなった以上、**裁判官が社会に妥当する規範に従って裁判すべきこと**は、法（国家法）の目的を達成するゆえんである、といわなければならないのである。」「要するに、裁判官が裁判に際して**制定法・慣習法のほかに拠るべき基準を自ら発見しなければならないこと**は、──憲法76条3項の表現にもかかわらず──すでに立法と司法との分化という国家組織のうちに予定されている、と考えられる」と説明します（四宮・前掲8頁）。この説明は、制定法・慣習法がない場合でも、裁判官は拠るべき基準を自ら発見しなければならないが、その基準、すなわちここでいう「社会に妥当する規範」が条理である、裁判官には

そのような判断が「委任」されているが、白紙委任ではなく、やはり客観的に存在する規範に基づいて判断することが求められる、そのような客観的な規範であるがゆえに、「条理」もまた法源というべきであるという趣旨と理解します。

(4) 判例はどうか? (3)で見た通り、我妻博士が「判例民法」を法源の一つとしているのに対し、四宮博士は判例を法源として挙げていません。この違いは何を意味するのでしょうか。

ⅰ）我妻博士は「判例民法」という項目で次のように述べています。すなわち「裁判所の判決は、具体的な事件を解決するだけだが、**その中に含まれる合理性は、他の類似の事件についても同一の解決をさせる効力を有する**ので、そこにおのずから、判決による一般的な法規範が成立する。最高裁判所によって、類似の判決が幾度もくり返されるようになれば、そのことはますます顕著となる。」成文民法の国と不文民法の国、また判例の拘束力が法律上のものか事実上のものかで違いがあるが、日本では「もとより**成文民法の主義であり、かつ判例の拘束力は事実上のものに過ぎない裁判制度である**（…）けれども、事実上、多くの判例民法を生じ、成文民法に対立する重要な地位を占めている。今日では、民法に全然規定のない事項で、判例法上の一制度となっているものも少なくない（譲渡担保・内縁関係などが著しい例）」と（我妻・前掲20頁）。

裁判によって示された具体的な内容が、事実上、他の類似の事件について判断の規準となっていることを重視するもののようです。

ⅱ）四宮博士は「裁判官は、**制定法・慣習法の解釈、条理の具体化によって、具体的紛争解決のための具体的基準を発見する**が、裁判官としては、かれの発見した具体的基準が他の裁判官による同種の事件を解決するための基準となりうるように、当該紛争事実を含む類型的事実を想定しながら、それにふさわしい基準を見出すことに努めなければならない。社会における秩序の維持に仕える裁判は、それ自体のなかでも**統一的秩序を保持していなけれ**ばならないからである。したがって、裁判というものには、同種の事件に適用されうる一般的規範が潜在しているのである」と述べています（四宮・前掲9頁）。我妻博士においては、**裁判によって示される判断の合理性**が、類

似の他の事件についても同一の解決を導く根拠となり、これを通じて事実上、**一般的な法規範が形成される**という理解がされているようですが、四宮博士においては、**統一的な法秩序に潜在している一般的規範を、解釈を通じて発見する**という理解がされているように思います。

　四宮博士は、上記の文に続けて、「もっとも、それ〔一般的規範〕は当然にはその後の裁判官（当該裁判官を含めて）を拘束する『法』ではないが、わが国の制定法は、法令の解釈・適用の統一の必要から、その統一の任務を上告裁判所に課して、裁判に関する規則を、上告裁判所の裁判がなんらかの形で後の裁判に対する法的拘束力をもつように、定めた（…）。ここに**判例という特殊な法源（裁判所によっても変更されうるという意味で、第一次法源〔制定法・慣習法〕ほど強くないことに注意）が成立する**ことになる」と述べています（四宮・前掲9頁）。

　ここでは、判例を特殊な「法源」と表現していますが、これは（3）で見たように、四宮博士が条理を法源として捉えたのとは異なる使い方であるように思います。すなわち、四宮博士が制定法と慣習法を法源とした上で、条理を第三の法源とするべきかどうかを論ずるときは、「法源」は、**裁判官が当該事案に適合した規範を解釈により発見するための根拠**という意味で用いられているのに対し、判例を特殊な法源として表現するときには、この「法源」は、**裁判において使うことのできる具体的な内容を持った規範**という意味で用いられているのではないかと考えます。これは、我妻博士が、成文法・慣習民法・判例民法の3つを法源としたのと同じ次元での表現であるということができるでしょう。

ⅲ）このように見ると、（1）で見た法律学辞典の示すように、法源は「法の存在形式、すなわち法の解釈・適用に際して援用できる規範」と定義づけることができ、それは当該事案に適用することのできる具体的な内容を持つものであるということができます。しかし、その内容を示す言語表現が当該事案にそのままあてはまらない場合もあり、さらには当該事案にそのままあてはまる規範が存在しない場合もあります。その場合には、解釈を通じて規範を発見することが必要になりますが、根拠を持って規範を発見するための手掛かりとして、何をその根拠とすることができるかという、より広い意味で

の法源の問題を考える必要があります。

　そうすると、具体的な事実についての法的判断をするにあたり、当該事案の判断の根拠として、具体的な内容が言語によって表現された規範、場合によっては統一的な法秩序の中から発見すべき規範を明らかにすることが必要になります。しかしこのような、どの規範が適用可能か、またどのような規範が発見できるかという作業は、その事案の事実関係に照らし合わせながら行わなければなりません。それが法規範の解釈・適用の作業ですが、その方法について、節を改めて見ることにしましょう。

3. 法解釈の方法

(1) 再び法学辞典で調べてみる

ⅰ）最初に挙げた『新法律学辞典　第三版』の「法の解釈」の項目では、法解釈の方法として、以下のものを挙げています（同書 1301 頁）。

　①文字解釈：難解な字句等を辞典等を引いて解釈する。

　②文理解釈：複雑な構文を文法に従って解釈する。

　③論理解釈：条文からの論理的推論に従って解釈する。

　④拡張解釈（又は拡大解釈）：多義的な語句を広義に従って解釈する（「子」に非嫡出子を含めるなど）。言葉の意味の枠内での解釈である点で類推解釈と区別される。

　⑤縮小解釈：多義的な語句を狭義に従って解釈する。

　⑥類推解釈：規定されていないが規定されているものと類似の事物を規定されているものとして解釈する。罪刑法定主義によって、被告人に不利な刑罰法規の類推解釈は禁止されている。

　⑦反対解釈：規定されていないものの適用を排除する。

　⑧勿論解釈：規定されていない事項について、法規が「より強い理由で」適用されると解釈する。

　⑨歴史的解釈：制度の沿革に従って解釈する。

　⑩体系的解釈：他の制度との比較・均衡等を考慮して解釈する。

　⑪目的論的解釈：制度の目的を考慮して解釈する。

14

⑫社会学的解釈：社会情勢や社会的必要等を考慮して解釈する。

ⅱ）「複雑な構文」というところを見ると、「②文理的解釈」の説明は、欧文を前提としているようですね。我妻博士の本では、法解釈の方法はどのように説明されているでしょうか。我妻博士はまず「民法の解釈技術には、種々の種類がある。文理解釈は、当該条文の文字の普通の意味に従うものであり、論理解釈は、民法を一つの論理的体系に構成し、各条文をそれぞれしかるべき地位において、これと調和するような内容を与えようとするものである。また、類似した甲乙二つの事実のうち、甲についてだけ規定のある場合に、乙について甲と反対の結果を認めるものが、反対解釈であり、乙についても甲と同様の結果を認めるものが、類推解釈である」と説明した上で、「しかし、かように解釈技術の方法を列挙しても、実際に解釈をする役にはたたない。論理解釈の前提たる論理的体系なるものは、形式論理的に構成することもでき、また目的的な論理に従って構成することもできる。また、類推解釈の前提となる甲の事実と乙の事実とが相似であるかどうかは、何故に甲の事実について一定の法律効果が認められているかの判断いかんによって異なる。従って、いずれの解釈技術をとるかによって、解釈の結果が一定するような、簡明なものではない。しかも、民法解釈の任務は、それぞれの場合について、各種の解釈技術による結果を羅列することではなく、いかなる解釈技術によることが最も妥当な解釈であるかを判断することである」と述べています（我妻榮『新訂民法総則』27〜28頁）。

「論理解釈」について、『新法律学辞典』が「条文からの論理的推論に従って解釈する」ことと説明しているのに対し、我妻博士は「民法を一つの論理的体系に構成し、各条文をそれぞれしかるべき地位において」調和するように解釈することと説明しています。前者が命題からの形式論理によって判断するものとするのに対し、後者で機能する論理は、構成された体系に内在する目的的な論理です。また、直接に規定されていない事項について、類推解釈をするか、反対解釈によって排除するかについては、その規定が設けられた理由を考える、つまり歴史的解釈・目的論的解釈を介して判断することが必要になります。

このように見ると、ⅰ）で見た①〜⑫のうち、とりわけ④〜⑧は解釈の技

術を示すものであるのに対し、⑨以下は、どの技術を用いるか、すなわち我妻博士のいう「いかなる解釈技術によることが最も妥当な解釈であるか」を判断するための根拠に関するものということができます。それでは、(2) で成文法の文言を出発点とする解釈の方法、(3) で類推という方法について考えてみることにしましょう。

＊(2) で見る縮小解釈の例として、192 条（改正前）の適用を取引行為による動産取得の場合に限るとする解釈が挙げられます（(2) ii）で後述）。この例について我妻博士は、学生時代に鳩山博士の講義を聞いてよくわからなかったため、質問に行ったところ、「先生は、例をあげてひと通り説明された後で、『君、こういうことはまだわからなくともよいよ。後でわかるようになるから』といって笑っておられた」と回想しています（我妻榮『新版民法案内 I 私法』（一粒社・1967 年）124 頁）。法の解釈技術も、マニュアルとして存在するのではなく、様々な具体的事例に取り組み、また民法全体の論理的体系（それに内在する歴史的・目的的要素を含む）の理解を進めることによって、自分で手を動かしながら身につけてゆくべきものだということでしょうか。

(2) 文理解釈・論理解釈と縮小解釈・拡張解釈

ⅰ）我妻博士は、成文の法規（規定）を解釈するために、「第一に、その用いられている文字の**普通の常識的な意味**を尊重すべきである」が、同時に、**法律独自の立場**から判断されなければならないと述べています。たとえば、いわゆる電気窃盗事件（大判明治 36・5・21 刑録 9 輯 874 頁）において、電気は「物」であるといえるかどうかが問題とされましたが、物理学において様々な議論があるとしても、「そのことが直ちに電気の法律上の意味を決定することにはならない。窃盗の目的を**財物**に限ったことの意義（立法理由）を検討することによって、刑法独自の立場から、判断されねばならない」とします（我妻『新版民法案内 I 私法』120 頁）。ただ、「法律独自の立場からその意味を決定するにせよ、その字句の意義にできるだけ忠実であるべき」であり、**法律の文字の意味に従う解釈を文理解釈**というと説明します（我妻・前掲 121〜122 頁）。

　第二に、すべての法律は「全体として、一個の論理体系を構成するものであるから、**各条文について別々に『妥当な結果』となるような解釈をする**だけでなく、その条文についてそうした解釈を与えることが、全体の体系をみ

16

ださないかということに、注意しなければならない」と述べています。

　たとえば、民法345条は「質権者は、質権設定者に、自己に代わって質物の占有をさせることができない」と規定しています。他方で、動産の占有を債務者に残したまま、その所有権を債権者に譲渡する動産譲渡担保が、慣習上行われてきました。2（2）②で見たように、法の適用に関する通則法3条（旧法例2条）は、公の秩序又は善良の風俗に反しない慣習は「法令の規定により認められたもの又は**法令に規定されていない事項に関するものに限り**」法律と同様の効力を有すると規定しています。この例について我妻博士は、質権に関する民法の規定を「およそ動産を担保にする場合をこれだけに限定しようとするもの」と解釈するか、「動産を質という制度で担保にする場合だけの規定だ」と解釈するかが問題であり、後者の解釈をとると「**所有権を譲渡する方法で担保にすることについては、民法の規定が欠けている**ということができる」と説明します（我妻・前掲107頁。そうすると、通則法3条により、法律と同様の効力を認めることができることになります）。

　そして「民法の全体系を破綻させないでそうすることができるというだけの……論理的説明が成功すれば、──多くの人を承服させれば、──その解釈は成功したことになり、それが成功しなければ、その解釈は成功しないことになる。また、大部分の学者が賛成しても、他の者が賛成しなければ、学説が分れることになる」と述べ、このように「当該法律の論理的体系という立場からなされる解釈を、論理解釈という」と説明しています（我妻・前掲122頁）。我妻博士の「論理解釈」は、条文の文言からの形式論理ではなく、体系に内在する目的的な論理によるものであることは、(1) ⅱ) で見たとおりです。

ⅱ) 我妻博士は、続けて「文理解釈と論理解釈との関係をいえば、一応各条文の文理解釈に立脚しつつ論理的構成を試みることになるが、**全体としての論理的体系の構成のために、個々の条文の文理が多少拡張的に解釈されたり、または縮小的に解釈されたりする場合**を生ずる。前者を拡張解釈、後者を縮小解釈という」と説明します（我妻・前掲123頁）。

　縮小解釈の例として、我妻博士は、動産の即時取得に関する民法192条の解釈を挙げています（我妻・前掲123頁）。192条は、当初「平穏且公然ニ動

産ノ占有ヲ始メタル者カ善意ニシテ且過失ナキトキハ即時ニ其動産ノ上ニ行使スル権利ヲ取得ス」と規定されていました。この文言によると、AがBから動産甲を買って引渡しを受けたところ（取引行為）、実はBは動産甲の所有者でなかったという事例だけでなく、Aが自己の山林に隣接するBの山林を、自己の山林だと考えて（善意）伐採して材木を取得したところ（事実行為）、Aがそう考えるのも無理はない（無過失）という事例でも、Aがその材木の所有権を取得するという結論が導き出せそうです。しかし192条の趣旨が動産の取引の安全を図るというものであることからすると、同条は後者の事例を含むものではありません。したがって同条の沿革と立法理由から（**歴史的解釈、目的論的解釈**ですね）、判例・学説は「動産の取引行為によって」という文言を付け加えて解釈してきました（そして現在では、明文で「取引行為によって」という要件が加えられています）。

> ＊その他に、不動産に関する物権の得喪変更は、その登記をしなければ「第三者」に対抗できないと定める177条の「第三者」を、登記の欠缺を主張する正当の利益を有する者に制限する解釈が、縮小解釈の例として挙げられます。

　拡張解釈の例はどうでしょうか。民法711条は、他人の生命を侵害した者は「被害者の父母、配偶者及び子に対しては」財産権侵害のない場合にも損害賠償をしなければならないと定めています。我妻博士は、次に見る類推解釈と拡張解釈との関係に関連させて、「拡張解釈は、文字の意味に含ませる場合であり、類推解釈は、文字の意味に含ませえないものに拡張する場合である」と説明した上で、「第711条については、内縁の妻に対して責任を負うかという問題もある。しかし、その場合には、**内縁の妻は第711条の『配偶者』に含まれるかという問題として取り扱い、これを肯定するときには、配偶者の意味を拡張解釈**したという。これに反し、しゅうと・しゅうとめとなると——通俗には、しゅうと・しゅうとめを父母に含ませてよいというかもしれないが、**法律的には、しゅうと・しゅうとめと父母とは全く異なるのだから——父母を類推的に解釈すべきかどうかの問題とするのが適当である**」と述べています（我妻・前掲126〜127頁）。

　類推解釈については（3）で見ることとして、711条の「配偶者」の意味を拡張して、内縁の妻に及ぼすことができるかどうか。この判断のために

は、711 条の趣旨を調べる必要があります。そこで梅謙次郎『民法要義巻之三債権編』（大正元年版復刻版・有斐閣・1984 年）を見てみると、被害者の死亡により、その父母・配偶者・子は「被害者の死亡に因り大に悲哀に沈むべきを以て其悲哀より生ずる損害も亦加害者之を賠償せざることを得ず」と説明しています（同書 887 頁。表記をひらがなに直し、濁点を補いました）。

　相続に関する規定については、「配偶者」という言葉を内縁の妻にまで拡張することはできません。相続の規定は、法律上の地位に基づく権利を定めるものだからです。しかし 711 条は、配偶者として共同生活をしている者の死亡による精神的苦痛に対し、加害者は賠償責任を負うべきであるという判断をしているのですから、その趣旨からすると、内縁の妻についても同条によって保護されるのが適切です。文字通り法律上の「配偶者」に限るとするならば狭すぎる。そして事実上夫婦として共同生活をしている者も、**夫婦としての共同生活があり、社会的には「夫」「妻」と呼ばれるのですから、法律的に厳密でないとしても、これを「配偶者」と呼ぶことは、言葉の意味として不可能ではない。**したがって、711 条に関しては、「配偶者」という言葉を拡張解釈して、内縁の妻を含めることができるというように説明することができます。

(3) 類推解釈（類推）について

ⅰ）（1）のⅰ）で、⑥**類推解釈**は「規定されていないが規定されているものと類似の事物を規定されているものとして解釈する」、⑦**反対解釈**は「規定されていないものの適用を排除する」と説明されていました。たとえば「馬つなぐべからず」という立札がある場合に、牛はつないでもよいかという問いに対して、禁じられているのは馬だけなのだから、禁じられていない牛はつなぐことができると解釈するのが**反対解釈**であり、馬をつなぐことを禁ずる趣旨を考えると、同様に牛もいけないと解釈するのが**類推解釈**です。類推解釈については、「**類似するものは同じように取り扱われるべきである**」という格言が引かれることもあります。

　同じ文言について、反対解釈をするか、類推解釈をするか。我妻博士は、それは「純粋に論理的には決定されない。もっとも、その規定が網羅的・**限定的なものであるなら、反対解釈をすべきであり、主要なものの例示的なも**

のであるなら、類推解釈をすべきだ、とはいえる」とした上で、「馬つなぐべからず」というような制札などでは例示である場合が多いであろうが、法律の条文の場合には、慎重に考慮して制限的に定めたものが多いであろう、しかし法律の条文であっても、**法文を作る際に考え洩らされたものもあり、また予想されなかったものが後に生ずることもあるから**」「常に制限的列挙だときめるわけにはゆかない」、これを解決するためには、**その規定の立法理由を検討しなければならない**と述べています（我妻・前掲 126 頁）。

ⅱ）それでは、**類推解釈と拡張解釈**とはどのような関係にあるのでしょうか。我妻博士は、「類推解釈は、結果において条文を拡張したことになるから、拡張解釈の一種と考えてもよい」とし（我妻・前掲 126 頁）、また「同一の結果がいずれの解釈によってもえられる場合が多い。例えば、電気窃盗では、財物のうちには電気を含むと解しても（拡張解釈）、財物には電気を含まないが、瓦斯を盗むのに準じて窃盗とすると解しても（類推解釈）、結果は同じである。**解釈としていずれが巧みかという問題**となるわけである」（我妻・前掲 127 頁）と述べています。

これに対して、原島重義博士は、類推と拡大解釈・縮小解釈との違いについて「類推は法律の欠缺の場合、法律に内在する思想 Gedanke がそもそも存在しない場合に働く。思想が存在すれば表現との関係で、拡大解釈、縮小解釈ということになる。だから**類推は、それらとは質的に違う**」と説明します（原島重義『法的判断とは何か　民法の基礎理論』（創文社・2002 年）278 頁）。「**思想**」という言葉が少しわかりにくいですが、原島博士はサヴィニーの言葉を引いて、次のように説明します。すなわち「法律というものは言葉でもってある中身を表現している、思想の表現」である。そしてその表現を通して根底にある思想を生き生きと蘇らせる、再構成するのが法律の解釈だから、法律の解釈は、法律が明晰でない場合だけでなく、常に必要である、と（原島・前掲 275 頁）。

原島博士は、**177 条の縮小解釈**を例として説明します。すなわち「民法177 条によると、**不動産に関する物権変動を第三者に対抗するには登記が必要です。これは法律の表現、思想の表現なんです**。……表現から言うと、第三者、と言ったら誰が考えたって、物権変動の当事者、例えば、土地の売主

と買主以外の者、契約当事者以外の者はすべて第三者です。」しかし「判例によると、登記をうんぬんするについての正当の利益を有する第三者、いわばカッコ付きの『第三者』と限定されていますね。それは、176条があるからです。物権変動は意思表示のみによって生ずる、登記しなくても物権変動が生ずる。……そうすると、登記をしていなくても、所有権者だと契約当事者に対して言えるのは当たり前なんで、それ以外の第三者にも『私は所有権者だ』と言えなくては176条は死文でしょう。誰に対して言えるか。例えば不法行為者です。……そこで、177条によれば登記がなくては第三者に対抗できないというわけで、176条の第三者と177条の第三者の関係が論理必然的に問題になってくる。結果として177条の『第三者』は、契約当事者以外のすべての第三者を言うのではない。つまり、表現が実体よりも広すぎる。法律解釈は表現を通してその思想を再構成するわけですから、その実体、思想から見て表現が広すぎる場合には、広すぎる方を縮める。……これこそ**縮小解釈**です」と（原島・前掲275〜276頁）。他方「**拡大解釈**の場合は逆に思想、中身、それを再構成しようとすると、表現の方が狭すぎる場合です」と述べて、先に触れた**711条の例**を挙げています（原島・前掲277頁）。

　これに対して「**類推**というのは拡大解釈や縮小解釈と決定的に違う。拡大解釈や縮小解釈では、法律に中身がある、思想がある、その思想とそれを表わす表現との関係を問う。われわれは法律の解釈の場合、その思想を再構成する。**われわれが当面した事件をどう判断しようかというときに、法律の中にそれに相応する、対応するところの思想がない、中身がない**」という「**法律の欠缺**」の場合に機能するのが類推であると説明しています（原島・前掲278頁）。

　＊なお、ヤン・シュレーダー（石部雅亮編訳）『トーピク・類推・衡平　法解釈方法論史の基本概念』（信山社・2000年）を見ると、16世紀から18世紀までは、類似性に基づく推論（類推）と拡張解釈とが区別されていなかったのに対し、19世紀初頭以降、**解釈とは法律に含まれている意味を展開することであり、法律の文言についてのありうる語義の理解を超えるものは、解釈ということはできない**という理由で、類推は解釈とは別のものとされるに至ったことが示されています（同書54頁以下）。

「思想」というといかめしい感じがしますが、Gedanke、「考えられたこと」ですから、法律を作るにあたって立法者が考えたこと、あるいは立法者による利益衡量（原島・前掲277頁。イェーリングによる理解）を意味します。前に我妻博士の「**法文を作る際に考え洩らされたものもあり、また予想されなかったものが後に生ずることもある**」という言葉を引用しましたが、それはこの「思想」が欠けている場合にあたります。

ⅲ）以上のように、**拡張解釈（拡大解釈）**においては法律の中に「思想」があり、既に利益衡量に基づく一般的な判断がされている。そして、当面する具体的な問題は、その「思想」によればその法律が適用されるべき場合である。しかしその法律の表現が、その事案を含むものになっていないため、その「思想」、中身に合わせて表現を拡大するのが拡張解釈（拡大解釈）です。

これに対して**類推**の場合は、法律の中に「思想」がない。すなわち、当面する具体的な問題について、一般的な判断がされていない。**法律に欠缺があるため、この問題を規律すべき法制度を発見しなければならない。**まず、「**立法者にこれまで知られていない新しい法律関係**」をめぐる問題の場合には、新しい法律関係と近い関係（内的な類縁性）にある、すでに知られた法律関係に対応する法制度に着目して、**これから類推して問題の法制度を発見することになる。**次に、現在の法律〔の総体〕には、当面する問題の法律関係に対応する法制度が含まれているのだが、この問題について判断した**法規則〔文言〕が欠けている**という場合がある。この場合には、その問題に対応する、すでに知られた法規則〔文言〕との内的な類縁性、近さということをもって、**新しい規則を類推してゆくことになる。**原島博士はこのように説明します（原島・前掲280〜281頁。〔　〕は私が補充したものです）。

このように、**拡大解釈**は、その問題についての判断が法律の中にあるにもかかわらず、その表現が狭すぎる場合ですから、法律に含まれている意味を明らかにすること、すなわち解釈であるということができます。これに対して類推の場合は、その問題についての判断が法律（法規則）の中に含まれておらず、「内的な類縁性」をもって発見しなければならないのですから、法律（法規則）の「解釈」ではないといわなければなりません。したがって、原島博士は「類推解釈」という言葉ではなく、「類推」という言葉を使って

22

います。

　ただ、類推をする場合には、その問題についての法律関係に類似した法律関係に対応する法制度を見出し、後者の法制度に対応する法規則（条文）の類推によってその問題についての判断を根拠づけることになります。類推すべき法規則（条文）を発見した後で、その問題の判断にあたってその条文を根拠とするのですから、その条文を「**類推適用**」したということはできます。しかし、その条文を「**解釈**」したということはできません。

ⅳ）なお、類推は、「**われわれが当面した事件をどう判断しようかというときに、法律の中にそれに相応する、対応するところの思想がない、中身がない**」場合に、その事件の法律関係に対応する法制度を発見するというものでした。したがって、類推の作業においては、**常に具体的な事実に立ち戻って**考えなければなりません。

　711条の類推適用に関する最判昭和49・12・17（民集28巻10号2040頁）は、「不法行為による生命侵害があった場合、被害者の父母、配偶者及び子が加害者に対し直接に固有の慰藉料を請求しうることは、民法711条が明文をもって認めるところであるが、右規定はこれを限定的に解すべきものでなく、文言上同条に該当しない者であっても、**被害者との間に同条所定の者と実質的に同視しうべき身分関係が存し、被害者の死亡により甚大な精神的苦痛を受けた者は、同条の類推適用により、加害者に対し直接に固有の慰藉料を請求しうるものと解するのが、相当である**」と述べた後、「本件において、原審が適法に確定したところによれば、X₁は、Aの夫であるX₂の実妹であり、原審の口頭弁論終結当時46年に達していたが、幼児期に罹患した脊髄等カリエスの後遺症により跛行顕著な身体障害等級2号の身体障害者であるため、長年にわたりAと同居し、同女の庇護のもとに生活を維持し、将来もその継続が期待されていたところ、同女の突然の死亡により甚大な精神的苦痛を受けたというのであるから、X₁は、民法711条の類推適用により、Yに対し慰藉料を請求しうるものと解するのが、相当である」と述べています。

　この判決は、具体的には被害者の義妹について711条所定の者と同様の保護を与えたものですが、上記太字部分のような判断のもとに、「本件におけ

る」義妹は711条所定の者と実質的に同視しうる身分関係が存すると評価したものです。つまり、ある問題についてある規定を類推適用することができるかどうかについては、その問題の事実を具体的に見なければ判断できません。上記太字部分は明確かつ一般的な命題とはいえませんから、**この判決によって「本件における」義妹が固有の慰藉料請求権を有することが認められたからといって、この判断を反映させて711条の表現を改めることは困難です**。これに対して、仮に内縁の配偶者について711条を拡張解釈し、同条の配偶者と同様に扱うとするならば、711条の「配偶者」の後に「(内縁の配偶者を含む)」と付加することによって、その判断を反映させることができます。

このように、「判例法理」を条文に反映させようとする場合、**拡張解釈については、もともとその判断が法律の中に含まれ、表現が狭いだけですから、表現を補って一般的命題である条文に反映させることが可能である、これに対して類推適用については、その判断が法律の中に含まれていないのですから、そのつど個別的・具体的事実に立ち戻らなければならず、一般的命題である条文に反映させることは困難である**。このような違いによって両者を区別することができるかもしれません。

──── Ⅱ　制定法に反する「解釈」────
──利息制限法旧1条2項をめぐって──

1.　利息制限法旧1条2項──判例と立法

(1) 利息制限法と出資取締法　　利息を支払う契約をして金銭を借り入れ、それを**資本として生産事業をするとき**には、債務者はその事業の収益から利息を支払います。この場合、十分な事業収益の見込みがなければ、それだけの利息を支払ってまで事業をすることはないでしょうから、利率は市場において合理的に決まると考えられます。しかし**消費のために借り入れる場合**、債務者はそれによって財産を増やすのではなく、将来の収入の先取りをするのですから、返済できない場合も考えられます。このような融資をする債権者は、貸し倒れのリスクを吸収させるために高い利率を求める傾向があり、他方で金銭の必要に迫られた債務者には、消費者であれ、零細事業者であれ、利率について交渉をする余地がないのが普通です。したがって、**消費貸借における利息契約については、利率に対する社会的規制が必要**になります。

　明治10年（1877年）に旧利息制限法が制定され、2度の改正を経た後、昭和29年（1954年）に新たな利息制限法が制定されました。同法制定時における利息および遅延損害金についての規定は次の通りです。

　利息制限法1条「金銭を目的とする消費貸借上の利息の契約は、その利息が左の利率により計算した金額をこえるときは、**その超過部分につき無効とする。**

元本が10万円未満の場合	年2割
元本が10万円以上100万円未満の場合	年1割8分
元本が100万円以上の場合	年1割5分

　債務者は、前項の超過部分を任意に支払ったときは、同項の規定にかかわらず、その返還を請求することができない。」

同法4条「金銭を目的とする消費貸借上の債務の不履行による賠償額の予定は、その賠償額の元本に対する割合が第1条第1項に規定する率の2倍をこえるときは、その超過部分につき無効とする。

第1条第2項の規定は、債務者が前項の超過部分を任意に支払った場合に準用する。

前2項の規定の適用については、違約金は、賠償額の予定とみなす。」

　＊なお、旧利息制限法では、制限超過部分については「**裁判上無効ノモノトシ各其制限ニマテ引直サシムヘシ**」と規定していました（2条後段）。

他方、同時に定められた「出資の受入、預り金及び金利等の取締等に関する法律」（出資取締法）は、年109. 5％を超える割合による利息契約を刑罰によって禁止しました。その結果、「グレーゾーン」、すなわち無効であるため訴えをもって請求できないが処罰の対象にはならず、任意の支払いを受ければ返還の必要がない利率の範囲が生じました。

(2) 立法と判例の展開　　この法制のもとで、2以下で見るように、最高裁の判例は短期間に大きく変化しました。1条2項により、支払われた超過利息分の返還請求ができないとしても、これを元本に充当できないかという点につき、**①昭和37年の大法廷判決**は否定しましたが、**②昭和39年の大法廷判決**は、超過分の返還は認められないが元本充当は認められるとしました。そして**③昭和43年の大法廷判決および昭和44年の判決**では、超過分の返還請求を認め、**1条2項は空文化**するに至りました。

　＊たとえば、当事者の約定によれば、現在元本として50万円、「利息」として70万円の債務を負担していることになっているが、利息のうち制限内利息は10万円で、60万円は制限超過利息であったとします。このとき、債務者が「利息と指定して」70万円を支払ったとすると、①ではすべて「利息」に充てられ、債務者はなお50万円の元本債務を負担していることになります。②では、70万円をまず制限内利息10万円に充て、次に元本50万円に充てる。残りの10万円は、任意に支払った以上返還請求することはできませんが、もはや債務は残っていません。③では、残り10万円の返還を請求することができることになります（35頁「図」参照）。

これに対して、昭和58年（1983年）の「貸金業の規制等に関する法律」（貸金法）43条において、登録制のもとで貸金業者が契約締結後、遅滞な

く「契約内容を明らかにする書面」を交付し、弁済を受ける都度、直ちに受取証書を交付したときは、任意に支払われた**超過利息を「有効な利息債務の弁済」とみなす**（みなし弁済）ものと規定した結果、**超過分の返還請求はもとより、これを元本に充当することもできなくなりました**。しかしその後、判例は手続要件を厳格に解することによって「みなし弁済」を認める場合を限定し（たとえば最判平成 11・1・21 民集 53 巻 1 号 98 頁、最判平成 16・2・20 民集 58 巻 2 号 475 頁、最判平成 18・1・24 民集 60 巻 1 号 319 頁参照）、平成 18 年（2006 年）には**「みなし弁済」制度が廃止**され、また**利息制限法 1 条 2 項が削除**されました。

　このように利息の制限については、今日までに、判例による法形成と、それに対抗するような法律の制定、さらにその法律に対し判例による限定的な解釈、そして貸金法制の抜本的な改革という展開がありました。本章では、制定法を空文化するような「解釈」は可能なのかという疑問をもとに、この展開の端緒となった 3 つの大法廷判決の論理を確かめてみたいと思います。

2. 3 つの大法廷判決①──昭和 37 年判決：元本充当否定

　1 で見たように、**最大判昭和 37・6・13**（民集 16 巻 7 号 1340 頁）は制限超過利息の元本充当を否定、**最大判昭和 39・11・18**（民集 18 巻 9 号 1868 頁）は元本充当は認めましたが返還請求は否定、**最大判昭和 43・11・13 民集 22 巻 12 号 2526 頁**は返還請求を認めました。とりわけ昭和 37 年判決、昭和 39 年判決には多くの個別意見が付され、裁判官の間で活発な議論がされています。以下では、各判決の理由と、個別意見を見てみることにします。

(1) 多数意見：元本充当否定の理由　　昭和 37 年大法廷判決は、以下の理由で、超過支払分の元本充当を否定しました。

　①「金銭を目的とする消費貸借上の利息又は損害金の契約は、その額が利息制限法 1 条、4 条の各 1 項にそれぞれ定められた利率によって計算した金額を超えるときは、その超過部分につき無効であるが、債務者がそれを任意に支払ったときは、その後において、その契約の無効を主張し、既にした給付の返還を請求することができないものであることは、右各法条の各 2 項に

よって明らかであるばかりでなく、**結果において返還を受けたと同一の経済的利益を生ずるような、残存元本への充当も許されないものと解するのが相当である。」**

②「原判決は、右のような場合、元本債権にして残存するならば、超過支払部分は当然元本に充当されると解するのが、同法2条の法意に通じ、かつ高利金融に対して経済的弱者である債務者を保護しようとする同法制定の趣旨にも適合する所以であるというが、**同法2条は、消費貸借成立時における利息天引の場合を規定したものであって、**債務者が、契約上の利息又は損害金として、法定の制限を超える金額を**任意に支払った場合につき規定した同法1条、4条の各2項とは、**おのずからその趣旨を異にするから、同法2条がその規定のような擬制を許すからといって、同法1条、4条の各2項も同一趣旨に解さなければならないとする理由とすることはできない。」

③「利息制限法が、**高利金融に対して経済的弱者である債務者を保護しようとの意図をもって制定されたものであるとしても、原判示の如く、その充当を、元本債権の残存する場合にのみ認めるにおいては、特定の債務者がそれによる利益を受け得るとしても、**充当されるべき元本債権を残存しない債務者は、これを受け得ないことになり、彼此債務者の間に著しい不均衡の生ずることを免れ得ない。」**

(2) 個別意見の示す争点　この判決に付された個別意見は、4つの問題点をめぐって出されています。

　ⅰ）1条2項の趣旨：元本充当を否定しているか　まず、**1条2項（および4条2項）は元本への充当を否定する趣旨であるか**どうかという点です。河村裁判官の補足意見は、改正前の規定で超過部分が「裁判上無効」とされていたもとで、判例は、債権者は裁判上請求できないが、債務者が任意に弁済したときは返還請求できないという解釈をとっていた。「改正法も右判例によりつちかわれた慣行を更に強化し明文化したものと見られる。」したがって超過部分の任意支払いを債務の弁済と解することはできないにしても、**少なくともその任意支払い分を「債権者に帰属させ、これが利得の保有を許したものと解せられる」**から、債務者に返還請求を許したのと同一の経済的利益を与えることは許されないというものです。

これに対して奥野・五鬼上裁判官の反対意見は、「裁判上無効」とした旧法の規定が「裁判外は有効」と解される余地があったのに反して、改正後の法は「超過部分につき無効」と規定して、裁判内外を問わず常に無効であることを明らかにした。したがって裁判外の任意の支払いであるからといって有効な弁済と解する余地はなくなったのであり、超過部分の残存元本への充当を認めたとしても、その返還を認めたのと同一の結果となるものではないというものです。山田裁判官の反対意見は、「裁判上無効」を「無効」としたのは、高利息制限の理想に「一歩前進」したものであると評価しています。

　また横田喜三郎裁判官の反対意見は、1条2項は返還請求の否定を定めているだけで、支払われた超過部分を債権者が取得しうるとも、元本に充当すべきであるとも定めていない。ここには法の不備があり、この場合には立法の趣旨による解釈をすべきところ、**経済的弱者の地位にある債務者保護のための社会立法という趣旨**から、元本充当を認めるべきである。制定時の国会でも、政府委員は、利息制限を超過した部分は元本の支払いに充当されると答弁していたというものです。

　ⅱ）利息天引の際の元本充当（2条）との関係　　利息を天引した場合に、2条が、債務者の受領額を元本として利率を計算した結果の「**超過部分は、元本の支払に充てたものとみなす**」と規定していることとの関係について、河村補足意見は、天引の場合は現金の授受のない名目的な元本と名目的な支払利息の双方を打ち消すもので、実質的には、**消費貸借の要物性を欠く部分について消費貸借の成立を否定したのと同じ**である。それに対して1条2項は、現実に金銭の授受が行われた場合であって、全く類似性を持たず、類推適用することはできないとしました。

　これに対して奥野・五鬼上裁判官の反対意見は、2条の**利息の天引とは利息の前払いの意味**であり、2条は、債務者が任意に利息の前払いをしても超過部分を元本の弁済に充てたものとみなし、制限超過部分の利息の有効な弁済とはなりえないとするものである。この理は「利息の天引をしないで借主が一応元本全額の交付を受け、即座に利息の前払として制限超過部分の支払をしたとしても」元本の支払いに充てたものとみなされるべきことは同様で

ある。そうであれば、後日に至って制限超過部分の利息を支払った場合で
も、民法491条によって残存元本に充当することを否定しなければならない
理由はないというものです。

iii）**民法491条［改正後の489条］による元本への充当の可否**　奥野・
五鬼上裁判官の反対意見は、債務者が利息、損害金と指定して支払った場
合、**元来制限超過部分は無効であり、その部分の債務は存在しないのである**
から、その部分に対する弁済は不可能である。**したがってその制限超過部分**
に対する指定は法律上無意味であり、結局その部分に対する指定がないのと
同一であるから、当然491条が働き、残存元本に充当されるものと言わざる
をえないというものです。そして、元本充当を否定するならば、債務者は本
法の禁止する制限超過利息を支払わされながら、いくら払っても元本はいつ
までも残り、債務者は救われないことになると付け加えています。

これに対して河村裁判官の補足意見は、**491条の法定充当は、488条によ**
る充当指定がない場合に適用されるものであるところ、充当指定があったと
きは、それが無効であったとしても、不当利得として返還請求権を有するか
どうかの問題を生ずるにとどまり、**指定した当事者の意思に反して他の債務**
に充当することは許されないというものです。

後に述べるように、**この法定充当の可否が、返還請求の根拠に関して重要**
な意味をもつことになります。

iv）**政策的な議論**　このほかに、経済的弱者保護の趣旨や、規制によっ
てかえって金融の梗塞が生じるか否かという、政策的な議論もされていま
す。

3. 3つの大法廷判決②──昭和39年判決：元本充当肯定

（1）**多数意見：元本充当肯定の理由**　昭和39年大法廷判決は、元本充当
を認めました。判決理由は、ほぼ昭和37年判決の反対意見に対応していま
す。

①債務者が利息・損害金として支払った制限超過部分は、無効のため債務
が存在せず、その部分に対する支払いは弁済の効力を生じない。したがって

制限超過部分に対する利息・損害金としての指定は無意味であり、結局指定がないのと同一であるから、元本が残存するときは、民法491条の適用によりこれに充当される。

②本法1条、4条の各2項の趣旨は、制限超過の利息・損害金を支払った債務者に対し、**裁判所がその返還につき積極的に助力を与えない**としたものである。

③超過額の前払いについて元本の支払いに充てたものとみなす**本法2条の趣旨**からすれば、後日に至って債務者が利息として制限を超過する金額を支払った場合にも、それを利息の支払いとして認めず、元本に充当されるものと解するのが相当である。

④残存元本への充当を認める解釈のもとでは、**元本債権の残存する債務者と残存しない債務者との間に不均衡が生ずること**を免れないとしても、それを理由として元本の残存する債務者の保護を放擲することは、経済的弱者たる債務者の保護を主たる目的とする本法の立法精神に反する。

(2) **横田正俊裁判官の反対意見と、奥野健一裁判官の補足意見**　　昭和39年判決にも、数件の個別意見が付されています。昭和37年判決と共通する意見は省略することとして、横田正俊裁判官の反対意見と、奥野健一裁判官の補足意見のうち、昭和43年判決の理由に関連すると思われる点を取り上げることとします。

　ⅰ）**横田裁判官の反対意見**　　横田裁判官は、次のように述べて、法定充当説は妥当ではないと説きます。

「**（イ）元本の弁済期が未到来の場合には、多数意見の法定充当説も、任意に支払われた利息の制限超過部分の元本への法定充当を認めるものではないと解される**が（これを認めるとすれば、法1条2項の規定はほとんど適用の余地のない無意味なものとなるからである。）、この場合においては、ただ弁済期のすでに到来した (1) 他の利息債権又は (2) 別口の元利金債権への法定充当が問題となる。そして、

（1）利息を定期に支払うべき場合において、当期の利息を次期の利息の弁済期前に支払えば、次期の利息への法定充当は行われないのに反し、その弁済期後に支払えば、次期の利息に法定充当されることとなり、利息支払の時

期いかんによりきわめて不権衡な結果を招来するばかりでなく、計算関係を複雑にする。

（2）民法491条は、数個の債務がある場合にも適用されるから、ある口に任意弁済された利息の制限超過部分は、すでに弁済期の到来した別口の債権の利息、損害金ないし元本の債権に法定充当されることとなり、これらの債権のない場合との権衡を失するばかりでなく、計算関係を当事者の予想に反したきわめて複雑なものとする。この点は、後述の損害金の弁済についても同様である。（弁済期を異にする3口の元本債権がある本件の場合は、正にこれに該当する）。

（ロ）元本の弁済期が到来した後には、法定充当説にしたがえば、元本が残存するかぎり利息又は損害金の制限超過部分は元本に法定充当されることとなる。そして、**弁済は、元本より先に損害金に充当されるものであり、損害金債権が残存しているときは必ず元本債権が残存していることになるのであるから、債務者が支払った制限超過部分は常に元本債権に弁済され、不当利得返還の問題を生ずる余地はないこととなる**（損害金と元本の残額の全部を同時に支払った場合が考えられるだけである（a））。したがって、法4条2項で準用している1条2項の規定を多数意見の説くように不当利得だけに関する規定であると解するならば、4条2項が損害金につき右1条2項の規定を準用しているのは全くといってよいほど意味のないこととなる。……要するに、**利息、損害金を通じ、任意に支払われた制限超過部分の元本への法定充当が否定されればこそ、その超過部分について不当利得の問題が生ずるのであり、不当利得となればこそ、その返還を制限するために法1条2項及び4条2項の規定が設けられているものと解すべきであろう。**（なお、奥野裁判官は、補足意見の最後の部分において、政府委員の説明を引用し、法1条2項の超過部分の返還請求の問題を生ずるのは、元利金を支払った後に起る問題であると説いておられるが、**元本の残存するかぎり超過部分は当然に元本に法定充当されるとすれば、元利金を完済した後に起る問題は、超過部分についての不当利得の問題ではなく、元本の過払い、すなわち元本についての不当利得の問題に過ぎないのであるから、結局、法1条2項及び4条2項の規定は無意味な規定というほかないのである。**そして、元本についての不当利得の返還請求の制限については、利

32

息制限法には別段の規定がないのであるから、民法705条の規定が適用されることとなるであろう。）」

ⅱ）**奥野裁判官の補足意見**　奥野裁判官の補足意見のうち、横田裁判官の意見に関連する部分は次のとおりです。

「なお弁済の充当について一言私見を述べれば、利息についての制限超過部分の支払は元本に法定充当されるのであるが、元本債権が未だ弁済期にない場合であっても、これに充当されるものであることは、民法489条、491条により明らかである。そして、弁済期前の元本債権に充当する場合には、弁済期までの制限内の利息を附して充当すべきものと解する（同法136条2項）。また、数個の債務のある場合は先づ債務者の指定した利息についての元本に充当し、なお残余があれば他の債務に同法489条、491条により充当すべきものである〔ここまでが、横田反対意見の（イ）に対する反論です〕。右の如く弁済期前の元本に充当するとすれば、超過部分の利息の返還の問題を生ずる場合は比較的すくないのであるが、この点につき、昭和29年3月**22日衆議院法務委員会**において政府委員は『利息制限法1条2項が実際に問題となるのは元利金を支払ったあとになって、実はあの支払額は限度を越えた率を支払ったものであるということを理由として、債務者の方から返還の請求をすることができるかという場合に、実益のある規定であって、途中で債権者の方から限度超過の利息の支払を元本に入れないで、元本の支払を請求することはできないのである』（第19回国会衆議院法務委員会議録28号）旨の説明をしているところから見ても、**同条2項の超過部分の返還請求の問題の生ずるのは、元利金を支払った後に起る問題であることは、本法立案当局も始めから予定していたものというべく、従って、右の如き関係にあるからといって、同法1条2項の規定が無意味になるものとして超過利息の元本充当を否定する理由とはならない。**」

(3)「**法定充当を認めると1条2項の規定が無意味になる」か：横田裁判官
　　との仮想問答**

ⅰ）**超過部分についての不当利得か、元本についての不当利得か**　横田裁判官は、（2）ⅰ）で引用した部分に続けて「いわゆる悪法は、できるだけ縮小解釈すべきであって拡張解釈すべきではないとの解釈論は、私も、一般

論として肯認しないではない。また、多数意見の強調する借主の保護の必要
性もよく理解しうるのであるが、法律の解釈にはおのずから限界があるので
あって、それ以上のことは、明確な立法をもって解決すべき（b）ではない
かと考える」と述べて、その反対意見を結んでいます。亀本教授は、3つの
大法廷判決とその個別意見について、論理学・修辞学等の観点から逐一検討
を加えていますが、下線部（b）の記述について「その条文の適用の可能性
のなくなるような解釈をしてはいけない」という趣旨を読み取っています
（亀本洋『法哲学』（成文堂・2011年）108頁）。法定充当を認めるならば、1条
2項・4条2項の適用の可能性がなくなる。それは法律の解釈として誤りで
ある。したがって、そのような結果を導く法定充当の承認は誤りである。こ
のような論理です。

　もっとも、亀本教授は「利息または損害金の超過部分を元本に法定充当す
ると元利金が完済される瞬間に発生する、余剰あるいは過払い分が、元本に
ついての過払いか、利息または損害金についての過払いか、という問題につ
いては、民法学者の間で意見が分かれると思う」と指摘しています（亀本・
前掲108頁）。この点に関連して、私は、横田裁判官の意見の（ロ）にあたる
部分の中の「**元利金を完済した後に起る問題は、超過部分についての不当利
得の問題ではなく、元本の過払い、すなわち元本についての不当利得の問題
に過ぎない**」という指摘がよくわからないため、少し考えてみました。

　ⅱ）「利息を払う」という意思：超過部分についての不当利得では？
　私は当初、この問題について次のように考えていました。すなわち、債務
者は、利息契約が制限を超えていることを知らずに、あるいは知ってはいる
が、支払わないと債権者が勘弁してくれないために、利息を支払う意思で
（弁済意思）、利息と指定して（民法488条）、任意に（利息制限法旧1条2項）
支払った。まだ利息の支払が終っていないと思っていたところ、計算をする
と、まず制限内利息の弁済が完了し、次に元本に充当され（なぜ充当が可能
かは留保して）、有効な債務の弁済は完了したが、**なお無効な制限超過利息の
債務が名目上残っている。利息を支払う意思で、無効な、すなわち存在しな
い制限超過利息を支払ったのであるから、利息の超過部分についての不当利
得である。**契約の無効な部分について債権者は給付を受けたのであるから、

法律上の原因なくして利益を受けており、本来は不当利得として返還しなければならない。しかし利息制限法旧1条2項によれば、「任意に」利息として支払った以上、返還請求をすることはできない。したがって、法定充当を認めても、返還請求を認めないのであるから、1条2項が無意味になるものではない、と。

ここで「なぜ充当が可能かは留保して」と書きましたが、横田裁判官からは次のような批判を受けることになるのでしょうか。すなわち、元本充当を認める見解は、その前提として、超過部分は無効であるがゆえに民法488条の充当指定は無意味であり、結局指定がないのと同一であるからこそ民法491条の法定充当が可能であると説明したはずである。そうすると、債務者は何らの指定をすることなく弁済をしたことになる。制限超過部分は無効なのだから債務として存在せず、債務者が負担しているのは制限内利息の債務と元本債務だけであるところ、民法491条に従って給付額を充当すると、まず（制限内）利息が消滅、次に元本への充当により元本が消滅、給付額のうちなお残っているのは、元本がないにもかかわらず給付されたものであるから、元本についての不当利得でしかありえない、と。

iii）法定充当の前提：超過部分への指定を「無意味」とした帰結　　これに対して私が、計算の過程で「指定」を無意味だとしたとしても、超過部分が無効であるにもかかわらず、利息として支払う意思（弁済意思）に基づく給付であったという事実は動かない。それは元本に充当した残りについても変わらないはずであり、あくまでも利息についての過払いであるはずだ、と反論したとすると、おそらく横田裁判官は次のように批判するでしょう。すなわち、その考え方は、(2) i）で引用された横田（正俊）意見のうち、（ロ）の下線部（a）で示したように、利息・損害金と元本残額の全部を「同時に支払った場合」には妥当しうる。「債務の全部を消滅させるのに足りない給付をしたとき」の規定である民法491条の問題にはならないからである。しかし、少しずつ弁済をし、制限内利息の次に、制限超過利息を無視して元本に充当するにあたり、「制限超過部分に対する利息・損害金としての指定は無意味であり、結局指定がないのと同一である」という論理を用いて、指定がない場合の法定充当の問題とした以上、利息・損害金としての指

Ⅱ　制定法に反する「解釈」　35

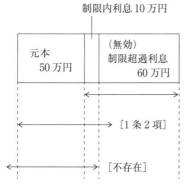

[図]

利息として70万円支払う。

①利息として指定→元本充当否定：50万円の元本債務が残る。
②制限超過部分を無視、元本充当→10万円の超過支払い。：債務は消滅したが、10万円の返還請求はできない。
③制限超過部分は無効、債務は不存在。→元本充当→10万円の超過支払い。：制限超過利息の債務は存在しないから、利息の過払いではない。したがって1条2項の適用はない。

定の基礎となっている「弁済意思」も無意味になっている。

　もしも充当後において、利息・損害金としての「弁済意思」が意味を持っているとするならば、元本充当の前にいったん利息・損害金としての指定およびその基礎にある「弁済意思」を無意味とした上で元本充当をし、それが終わった後でその意味を復活させるという、論理的に一貫しない態度をとることになる。「なぜ充当が可能かは留保して」と言うが、その理由こそが大切なのだ。その考え方は、おそらく「全部を同時に支払った場合」をモデルとして考え、図のように、元本の枠、制限内利息の枠、そして1条2項によって返還請求できない結果、無効なはずの制限超過利息の枠があるかのように捉えた上で、昭和37年判決の横田喜三郎裁判官の反対意見に示された、「制限超過部分は元本の支払いに充当される」という政府委員の国会答弁を根拠とし、制限内利息の枠を超過した部分をまず元本に充当する、その上でなお残った部分について、なお制限超過利息の枠があるとの前提で、任意に支払ったものとしてそれに充てられる、したがってその部分については返還請求できないと解するものであろう。しかし、**第一に、そもそも制限超過利息は無効なのだから、制限内利息と区別してそのような枠を観念するのはマチガイであり、第二に、利息・損害金としての指定（その基礎にある「弁済**

36

意思」）を無意味として法定充当の問題とする論理を用いる以上、法定充当の後に、あらためて指定・「弁済意思」に意味を持たせることはできない、と。

　iv）横田裁判官の意見の説得力：確かに反論できない……　　そう言われればその通りだと答えるしかありませんね。そうすると、制限超過利息にあたる分を過払いする事案の多くは、一括して全額をではなく、少しずつ支払う場合であると思われますから、制限超過部分の無効を理由に債務の不存在を前提として法定充当を認める以上は「利息の過払い」ではないことになります。横田正俊裁判官は、**そうすると1条2項が機能する場面がほとんどなく、機能することを前提として制定された規定を無意味にするのであるから、法定充当を認めることは論理的にできない。**したがって法定充当を認めつつ、任意に支払った分の返還請求を1条2項に基づいて否定するということは、元本債権の残存する債務者と残存しない債務者との不均衡以前に、そもそも論理的に成り立ちえないと指摘していることになります。

　さて、そうすると、**利息としての指定に意味を認めるかどうかという判断の結果が、元本への法定充当および過払い分の返還請求の、両方を否定するか、両方を肯定するかの選択となり、肯定するならば1条2項に真っ向から反することになりますが、これをどう考えるべきか。**昭和43年判決を見てみましょう。

4.　3つの大法廷判決③──昭和43年判決：返還請求肯定

（1）多数意見：返還請求肯定の理由　　昭和43年判決は、次のように述べて、制限超過分について返還請求を認めました。

　①「債務者が利息制限法所定の制限をこえる金銭消費貸借上の利息・損害金を任意に支払ったときは、右制限をこえる部分は、民法491条により、残存元本に充当されるものと解すべきことは、当裁判所の判例とするところであ」る（昭和39年判決を引用）。

　②「思うに、利息制限法1条、4条の各2項は、債務者が同法所定の利率をこえて利息・損害金を任意に支払ったときは、その超過部分の返還を請求

することができない旨規定するが、この規定は、金銭を目的とする消費貸借について元本債権の存在することを当然の前提とするものである。けだし、**元本債権の存在しないところに利息・損害金の発生の余地がなく、したがって、利息・損害金の超過支払ということもあり得ないからである。**この故に、**消費貸借上の元本債権が既に弁済によって消滅した場合には、もはや利息・損害金の超過支払ということはありえない。**

したがって、債務者が利息制限法所定の制限をこえて任意に利息・損害金の支払を継続し、その制限超過部分を元本に充当すると、計算上元本が完済となったとき、その後に支払われた金額は、債務が存在しないのにその弁済として支払われたものに外ならないから、この場合には、**右利息制限法の法条の適用はなく、民法の規定するところにより、不当利得の返還を請求することができるものと解するのが相当である。」**

(2) 元本債権の不存在と利息の不発生：問題は棚上げにしていた超過利息では？　　初めにこの判決理由を読んだときに感じた疑問は次のとおりです。3 (3) で、横田裁判官からの仮想の批判の中で触れたように、私は元本・制限内利息・制限超過利息という枠を作って考えていました（35 頁の図を参照してください）。たとえば、当事者間の約定によれば債務者が元本 5 万円、制限内利息（損害金と言い換えても同じかと思います。以下同様）1 万円、制限超過利息 6 万円を負担している場合において、債務者が利息と指定して 7 万円を支払ったとき、まず有効な制限内利息として 1 万円、制限超過利息は無効だからこれには充てず、有効な元本債務に 5 万円を充てると 1 万円残る。無効ではあるが、約定によれば 6 万円の制限超過利息が残っているところ、この 1 万円は利息と指定して任意に支払っているので、1 条 2 項により、返還請求できないことになる。確かに本判決のいうとおり、「元本債権の存在し**ないところに利息・損害金の発生の余地がな**」いのではあるが、**これから発生する利息ではなく、**無効だから棚上げにしているが、1 条 2 項により任意に支払ったときにはあたかも債務として有効に存在しているかのように扱われる、**既存の制限超過利息 6 万円はどうなるのか。**このように考えて、本判決の説明はよくわからないと感じていました（つまり、**制限超過分は債務として全く不存在なのではなく、任意に支払ったときは返還請求できないものとして、**

何らかのものが存在すると考えていました）。

　この点について、亀本教授は次のように指摘しています。すなわち「横田〔正俊〕裁判官は前判決においてすでに、法定充当をくり返すと、それによっていつか元本債権が消滅し、当然ながら、それ以降、損害金が発生しなくなることを指摘し（そうすると第4条第2項の適用の余地がなくなるから）、このことを法定充当説に反対する一つの有力な根拠として提出していた。今回の法廷意見は、横田裁判官のこの見解を、あえて曲解して、逆用した観すらある」と（亀本・前掲111頁）。この太字部分の指摘を読んで、私は超過分の元本充当が認められるという昭和39年判決の「結果」を前提にし（その理由として、1条2項の文言との関係から、3（1）②の「裁判所がその返還につき積極的に助力を与えない趣旨」という説明で納得してしまっていたようです）、昭和39年判決の論理から切り離して本判決の理由を見ていたことに気づき、本判決の理由だけを見るのではなく、昭和39年判決および横田正俊裁判官の反対意見の「論理」との関係で見なければならないことを教えられ、あらためて考え直しました。それが3（3）の横田裁判官の仮想の批判（太字部分）、すなわち491条の法定充当とするための前提として、利息・損害金としての指定は無意味となったのであるから、元本充当後の超過支払分は、利息・損害金に対する超過支払分ではないという理解です。

　それを前提にした上で、「消費貸借上の元本債権が既に弁済によって消滅した場合には、もはや利息・損害金の超過支払ということはありえない」という説示は、次のように理解することができます。すなわち、**制限超過分は無効であるため、利息・損害金という指定がないものとして民法491条により元本に充当した場合、なお元本の一部が残ったときは、残りの元本について新たに（制限内の）損害金が発生する可能性がある。しかし弁済の結果、元本が消滅したならば、もはや新たに損害金の発生する余地はない。そして、あたかも残っているかのように見える制限外の利息・損害金は、無効であるため存在しないのであるから、そもそも問題にはならない、と。**

（3）1条2項（および4条2項）の空文化　　民法491条の法定充当を認めた結果について、横田裁判官が、そうすると1条2項・4条2項の適用の余地がないのであるから、立法の意味がなくなる、そのような解釈は解釈の限

界を超えると主張したのに対し、本判決は、**亀本教授が「逆用」と表現する**
ように、適用の余地がないのであれば、それはそれでよいとするもののよう
です。また、横田裁判官は、「損害金と元本の残額の全部を同時に支払った
場合」にのみ4条2項の適用の余地を認めうるとしていますが（下線部
(a)）、昭和43年判決を受けて、**最判昭和44・11・25民集23巻11号2137**
頁は、「債務者が利息制限法所定の制限をこえた利息・損害金を、元本とと
もに任意に支払った場合」にも返還請求を認めるものとしました。そうしな
いと「制限をこえる利息・損害金を順次弁済した債務者と、かかる利息・損
害金を元本とともに弁済した債務者との間にいわれのない不均衡を生じ」る
という理由です。こうなると、**もっぱら実質論に立脚するものであり、法定**
充当を基礎にする昭和39年判決と昭和43年判決の理由づけからは十分に説
明できない判断ですが、ともかくこれによって完全に、1条2項・4条2項
は空文化することとなりました。5では、そのような解釈が可能かどうかと
いう問題を扱うことにします。

5. 制定法の規定を空文化する解釈は可能か

(1) 法の解釈といえるのか？　　ⅰ）旧1条2項には、超過部分を債務者が
任意に支払った場合、「その返還を請求することができない」と明記されて
いますから、これを読む限り、元本充当が可能か否かについては両方の考え
方がありうるとしても、返還請求ができるという結論を導くことはできない
ように思われます。しかし、昭和43年判決と、その前提となった昭和39年
判決の論理によれば、弁済が元利金を一括して行われた場合以外について
は、民法491条の解釈・適用を介して返還請求が可能であることを説明する
ことができるようです。

　とはいえ、このような説明がつくということで、もはや問題は解決された
といってよいか。**判断の実質的側面と論理の形式的側面は不可分であり、実**
質判断が妥当であっても論理的に説明できないのであってはならないのと同
様、論理的に説明できたとしても、その結果が規定の意味するものと大きく
食い違う場合には、やはり問題があるといわなければなりません。高金利が

社会問題となり、1で見たように、最終的には旧1条2項が削除され、その端緒を作ったのですから、結果としては超過部分の返還を認めた最高裁の判断は正しかったといえるのかもしれません。しかし**裁判が法の適用であり、法に基づく判断である以上、法規定を空文化する「解釈」は法解釈といえるのか**という疑問は残ります。

ⅱ）この点について、「テキスト」（山下純司ほか『法解釈入門』）の224頁～225頁では、憲法の観点から次のようなコメントがされています。すなわち「権力分立も法の支配に奉仕し、その法とは『正しい』法でなければならない。『正しい』法を実現するには、通常、法の定立と法の解釈・適用を分離することが適切だが、必ずしもそうではない場合もある。**特に立法過程が特定の圧力団体や利益の『とりこ』になっていて、公共の利益を明らかに実現できない場合、あるいは社会の変化に明らかに対応できない場合、裁判所が個別具体の事案に則して実質的な『正しさ』を一定の範囲で追求することは、むしろ裁判所にふさわしい任務**だと考えられる。そうだとすれば、その個別具体の事案の集積の延長線上として、一般的な政策形成も、例外的に許容されるのではなかろうか」と。

このコメントについては、ひとつには、「社会の変化」の中には促進するべき変化とそれに抗うべき変化とがあるのではないかという点、もうひとつには、利息の制限について「個別具体の事案の集積の延長線上」に政策形成することは可能かという点が気になります。後者は、利息契約の内容は元本に対する利率の約定というかなり抽象的なものであって、一律に規律されることが要求され、個々の事案における様々な判断の中から形成されることは困難なのではないかという疑問です。

そして、ここでは裁判所による「政策形成」の問題とされていますが、「法の解釈」の問題としてはどう考えるべきか。最高裁の判断が、「正しい」法の実現を求めて利息制限法旧1条2項の空文化をもたらしたとすると、それは同条項が「不正な」法であったことを意味するのかどうか。現に明文の法規定が存在するにもかかわらず、「法の解釈」によって、その規定に反する結論を導き出すことが、そもそも可能なのかという点は、やはり疑問として残ります。

(2)「反制定法的解釈」とは：広中博士の説明　　この点については、広中博士が「反制定法的解釈、反制定法的法形成」として論じています。すなわち、広中博士によれば、「反制定法的解釈とは、民法典その他の制定民法のある条文の規定内容に反するが形式上その条文と無関係な形で論理的に成り立ちうるように構成された解釈をいう。」「判例による法形成の内容が反制定法的解釈であるような例、いいかえれば反制定法的法形成の例」として「利息制限法所定の制限をこえる利息・損害金の支払があった場合に関する最高裁判所の判例をあげることができる」とされます（広中俊雄『民法解釈方法に関する十二講』（有斐閣・1997 年）95 頁）。**問題の条文を「不正な」ものとして否定するわけではなく、「その条文と無関係な形で」論理を構成するの**ですね。確かに、昭和 39 年判決は、1 条 1 項が超過部分が「無効」であるとする規定を受け、無効である以上はその部分については債権は存在せず、利息としての指定は無意味であるとして、法定充当に持ち込み、昭和 43 年判決は、元本が消滅した後の支払部分は、無効な利息・損害金債権は存在しないのであるから、その超過支払いということはありえず、不当利得として返還を請求することができるとしたのですから、論理的には説明がつき、旧 1 条 2 項を正面から否定したものではないということができます。そうすると、**旧 1 条 2 項そのものの解釈ではありませんが、法の解釈であることは確**かです。このように、旧 1 条 2 項を回避するルートを作ることで、その役割を封ずる「反制定法的法形成」を可能にするということになります。

　　＊法の解釈といえるかどうか、確かめてみましょう。①利息契約のうち、制限を超えた分は利息制限法 1 条 1 項により無効であり、その部分の債務は存在しない→②債務が存在しないのだから、利息としての指定（民法 488 条）は無意味である→③指定がないのと同じだから、民法 491 条に従い法定充当がされる→④制限内利息・元本に充当してなお過払いになっていたとしても、①により超過利息債務は存在しないのだから、それは「利息」の超過払いではない→⑤利息制限法 1 条 2 項・4 条 2 項の適用はないから、返還請求は妨げられない。確かに、条文上の根拠と論理とはしっかりしていますね。

(3)「反制定法的解釈」が許容される条件　　しかし、そのような「反制定法的解釈」は、どのような条件のもとで許容されるのか。広中博士は、次のように歴史的経緯を説明します。

「1877 年〔明治 10 年〕に制定された旧利息制限法には現行利息制限法 1 条 2 項のような明文の規定がなかったにもかかわらず、旧時における前資本制的ないわゆる高利貸資本の広汎な存在と高利貸資本に依存する以外には金融の途をもたないものの広汎な存在とを基盤とするところの、**高利貸資本の機能に対する社会の肯定的評価は、旧利息制限法下において、任意に支払われた制限超過利息の返還請求を認めない判例を確立させていた。これに対しては学説の批判が強かったが、1954 年制定の利息制限法はこの判例を 1 条 2 項に明文化したのである。**」（広中・前掲 100 頁）

この記述を読んで、あらためて明治 10 年の旧利息制限法 2 条を確かめてみると、確かに、元本に応じた制限利率を示した上で「若シ此限ヲ超過スル分ハ裁判上無効ノモノトシ各其制限ニマテ引直サシムヘシ」と定めているだけで、**裁判外の弁済は有効であるとまでは書いていません。大審院が、この条文に基づいて貸主保護の「判例」を形成し、それに対して学説が批判をするという状況であったとすると、昭和 29 年法の旧 1 条 2 項は、制定法規ではあるものの、初めから対立を含んでいたもののようですね。**

＊そして、もし昭和 29 年法の制定にあたって返還請求の否定の趣旨について明確な議論がなく、大審院の「判例」をそのまま明文化したのであれば、法解釈の方法を考えるためには、大審院時代の学説の議論、すなわち「裁判上無効」の規定から「裁判外では有効、したがって返還請求できない」という解釈を導くことの当否に関する議論を調べてみる価値がありそうです。

上記の記述に続けて広中博士は、「ところで、同法は、高利貸資本の機能に対する社会の肯定的評価を支える条件が消失しはじめている時期に制定されたものであった」と述べています。すなわち、1945 年の敗戦以降、庶民金融の困難は放置されていたが、1949 年にようやく対策が表れ始め、「第一に、根本的なものとして、銀行等の金融機関から融資を受けにくい者のための公的融資制度の整備、第二に、いわば対症療法的なものとして、暴利をむさぼる者の取締」が始められ、60 年代初頭までに**「かつて高利貸資本に依存する以外には金融の途をもたなかった者にそのような依存を必要としない環境を保障する施策ないし法制はほぼ整備されたといえよう」**と（広中・前掲 100～103 頁）。

(4) 下級裁判所による事案に即したコントロール　　そして、このような社会・経済状況は、「同法の解釈にあたる裁判官を高利金融に対する厳しい態度に導いていった」のですが、「60 年代初頭の観察としていえば、制限超過の利息・損害金を残存元本に充当すべきかどうかをめぐって下級裁判所の裁判例は充当を肯定する積極説と充当を否定する消極説とに分裂した様相を呈していたともいえるが、仔細にみると、そこには『**高利〔実例としては月 7 分から不処罰限度まで〕の場合に限って積極に解し、比較的低利〔実例としては月 6 分以下〕の場合には消極説を採る**』という一般的傾向が存在していたのである。しかし、利息制限法上のルールとして利率の高低（正確にいえば制限超過の程度の大小）により元本充当の是非を区別する細目的ルールを導入することは、**立法部には期待しうるとしても、司法部にとっては（つまり解釈としては）むずかしい。**司法部は充当肯定のルールか充当否定のルールかの選択をするほかないであろうと予想されたところ」、2 以下で見た 37 年判決以下の大法廷判決が展開したということです（広中・前掲 103 頁）。

　その中で、元本充当を肯定した昭和 39 年判決は、3（1）で見たように、元本債権の残存しない債務者については返還請求権を否定する解釈を暗示していましたが、広中博士は、それでは不十分であったこと、および返還請求権を認める昭和 43 年判決の正当性について、次のように述べています。

　「**そもそも債務者は、その約した利息・損害金が利息制限法の制限を大幅に超えるものであればあるほどより速く元本充当計算による元本完済にいたってそのあと無意味に制限超過の利息・損害金を払い続けることとなる可能性が高いのである。**そのようにして元本債権が計算上なくなっても制限超過の利息・損害金を払い続ける債務者のために返還請求権を認めることをしないなら、それは、**既述のような下級裁判所の裁判例に反映されつつあった社会の高利金融に対する否定的態度（制限超過の程度が大きければ大きいほど否定的態度は強いはずである）に反する結果となろう。**こうして登場することとなったのが、そのような債務者のために返還請求権を認めた 1968 年〔昭和 43 年〕の大法廷判決であった。この 1968 年判決は、高利貸資本の機能に対する社会の肯定的評価を支える条件が失われてきて 1961〜62 年には利息制限法に関する妥当な立法措置が必要となっていたのに立法部が適切な対処を

しないため司法部が同法１条２項・４条２項を削除するに等しい解釈（反制定法的解釈）をとるという形の対処をしたものにほかならないというべく、そこに見出されるのは**許容されうる反制定法的法形成**であったということができる。」（広中・前掲104頁）

(5) **立法部の怠慢**　　それでは、利息制限法に関する大法廷判決を先例として、反制定法的解釈をすることが常に許されるのかどうか。この点について広中博士は「**反制定法的法形成は、制定法の定めた規律が民事紛争の処理としていちじるしく妥当性に欠ける結果を当事者間に生じさせるものとなっており立法部の対処を必要とするにいたっているのに立法措置がとられないでいる（いわば立法部の怠慢が認められる）という場合にのみ、正当なものというべきである**」と述べています（広中・前掲106頁）。

　利息制限法のケースにつき、「立法部の怠慢」が認められるかどうか。中村教授は、元本充当を否定した昭和37年判決後の状況について次のように述べています。

　「本判決の**調査官解説**は、『大法廷判決は、現行利息制限法の解釈上これを採らないというに帰するのであって、本件のような債務者の保護が必要でないといっているわけではないのであるから、**本件判決が出された以上は、至急に利息制限法を改正する等の措置が講ぜられ、明文化によってそのような債務者の保護を図ることが切望される**』と述べていた。……このような要請に対して行政に動きがなかった訳ではない。この判決から半年後、法務省から内閣に利息制限法改正案が提示され内閣において43回通常国会に提出を検討中とする小さな新聞記事（朝日1963・1・11夕刊）があった。改正案の内容は制限超過利息の元本充当を認めることを明記する、同法１条４条の各２項を削除するというものであったようである。また、日弁連の司法制度調査委員会が法務省案と同様に１条２項、４条２項削除を提言していた。**これらの動きに対して危機感をいだいた全金連は利息制限法改正に対する『猛烈な反対運動』を行い、法案の国会上程を阻止したとある。**

　伝えられている法務省の利息制限法改正案の内容が、直ぐのちに現れる最大判1964および1968と同じであるということは、法務省が既に利息制限法１条２項、４条２項の社会的意義を否定していたということであり、そこに

は事業者金融の分野で高利貸資本が日本社会で必要とされるものという位置を失いつつあることが如実に現れている。……行政府には積極的にか消極的にかはともかく利息制限法1条2項4条2項の削除の要請に応える姿勢があった。これに対して、内閣は法務省案の国会提出を見送った。内閣は行政の要ではあるが、議院内閣制の下では支配政党を代表するという意味で立法府の意思を事実上代表する。……**このことから直ちに与党が当時の貸金業界の保護・支援に積極的な姿勢を持っていたとすることはできないが、充当否定判決を静観する姿勢には、高利貸付が市民社会の基本的ルールにはそぐわない存在であるとする見方は窺われない。**」（中村哲也「民法上の法形成と民主主義的国家形態」『民法研究第6号』（2010年）94～95頁）

6. まとめ──反制定法的法解釈とは何か？

(1)「反制定法的解釈」の具体的条件　5の（1）で、法規定を空文化する「解釈」はそもそも法解釈といえるのかという疑問を挙げました。一連の大法廷判決の論理、また広中博士の議論を見ると、問題の規定を回避する形で、**民法規範の全体に基づいて解釈を行い、その過程では論理が通るものでなければならない**のですから、当該規定の趣旨に反するという点で「反制定法的」であっても、法の解釈であるということはできそうです。

その上で、どのような場合に、どのような法規定に対して、例外的にその適用を回避する解釈ができるのかという点を考えると、単に適用の結果が妥当でないとか、時代に合わないという抽象的な評価によるのではなく、「テキスト」224頁が示す**「特に立法過程が特定の圧力団体や利益の『とりこ』になっていて、公共の利益を明らかに実現できない」**という事実、また広中博士の示す**「立法部の怠慢」**という事実が具体的に存在することが必要であると考えられます。この点、利息制限法旧1条2項・4条2項については、中村教授の研究によると、司法部・行政部ともに改正の必要を提言していたのですから、そのような事実があったということができそうです（また、これらの規定自体、旧利息制限法との関係でも対立を含んだまま明文化されたという事情も考慮すべきでしょう。「その根拠が十分に説得力をもって示されることが

ないまま制定された法規は、国会の議決をもって定められたという事実のみによって安定した正当性を持ちうるか」という問題が設定できそうです）。ですから、**利息制限法に関して「反制定法的解釈」がされたことを先例として、裁判所は必要な場合には反制定法的解釈ができるという一般命題を立てるのではなく、それができる、またそうしなければならない理由を、あくまでも事実に即して具体的に考えることが必要だと考えます。**

(2)「正しい」法の発見　　また「テキスト」の前掲箇所では、「『正しい』法」の実現のために裁判所が政策形成をすることが認められるとし、利息制限の事例はその例であるとしています。「『法』とは何か」という、根本的な大問題になりますが、少なくとも、**権限のある立法部が正当な手続をとって作った法律が唯一の「『正しい』法」であるといって済ませることはできない**という理解が示されています。そうであるからこそ、立法部が是正をしない場合に、裁判所がその権限に基づいて「『正しい』法」を発見し、これに基づいて判断をすることは、法に基づく判断にほかならない、例外的ではあるが越権行為ではないと考えることができそうです。

そうすると、安定した法の解釈・運用を実現するためには、立法それ自体が「『正しい』法」に基づくものでなければならないということができます。かつて山中康雄博士は「客観的法秩序は人の意識するとせざるとにかかはらず独立固有の存在をもつものである。これにたいして従来一般に法のもっとも典型的なものと見られてゐた**成文法や判例法等一般の裁判規範のごときは、実は、客観的法秩序を人が認識して得た主観的成果たるにすぎない**」と述べました（山中康雄『市民社会と民法』（日本評論社・1947 年）55 頁）。この理解をそのまま採用するかどうかは別として、**立法もやはり客観的に存在する「『正しい』法」の発見を基礎として行われなければ、安定して有効に機能することができない**ということ、「反制定法的解釈」「反制定法的法形成」の問題は、このような、立法の基礎とするべきものの探求につながると考えます。

III 違憲判断と法改正
──社会の変化と法の対応──

1. 相続分の規定──非嫡出子の地位

　法定相続分を規定する民法 900 条は、「同順位の相続人が数人あるときは、その相続分は、次の各号の定めるところによる」とした上で、その第 4 号で「子、直系尊属又は兄弟姉妹が数人あるときは、各自の相続分は、相等しいものとする。ただし、父母の一方のみを同じくする兄弟姉妹の相続分は、父母の双方を同じくする兄弟姉妹の相続分の 2 分の 1 とする」と規定しています。この第 4 号は、以前にはただし書に「**嫡出でない子の相続分は、嫡出である子の相続分の 2 分の 1 とし、**」という文言が入っていましたが、平成 25 年（2013 年）法律第 94 号によって改正され、この文言は削除されました。

　この改正は、以下で見るように、平成 25 年 9 月 4 日の最高裁大法廷の決定により、民法 900 条 4 号の上記文言の部分は憲法 14 条 1 項に違反していると判断されたことを受けて行われたものです。憲法 14 条 1 項は「すべて国民は、法の下に平等であって、人種、信条、性別、社会的身分又は門地により、政治的、経済的又は社会的関係において、差別されない」と規定していますから、現在の目から見れば、上記部分は明白に憲法違反であるようにも思われます。しかし憲法が施行された 1947 年以来、上記部分は半世紀以上にわたって維持され、最高裁も平成 7 年 7 月 5 日の決定では憲法違反ではないとしています。

　このように長い間、非嫡出子の相続分を嫡出子の半分とする規律が維持されてきたのはなぜか、また、最近になって憲法違反とされるに至ったのはなぜか。この点については、法律の文言だけを分析しても手掛かりが得られそうになく、社会の変化、あるいは非嫡出子に対する社会の見方の変化を考えなければなりません。以下では、平成 7 年、平成 25 年の 2 つの最高裁大法廷決定の内容と、非嫡出子の相続分に関する若干の資料を検討して、この問

題を考えてみたいと思います。

2. 2つの大法廷決定

(1) 平成7年決定：違憲性否定の理由　まず、民法900条4号ただし書のうち、非嫡出子の相続分を嫡出子の2分の1とした部分を憲法違反でないとした**最大決平成7・7・5（民集49巻7号1789頁）**を見てみましょう。

　被相続人A（女性。明治34年生まれ）が昭和63年に死亡し、Aの非嫡出子（昭和38年に死亡）の相続人の1人が代襲相続人として家庭裁判所に遺産分割を申し立て、上記規定の違憲無効を主張して、平等な割合による分割を求めたものです。第一審審判は「法定相続分の割合を如何に定めるかはその国の立法政策の問題であって、しかも昭和54年7月に法務省民事局参事官室が公表した『相続に関する民法改正要綱試案』において、嫡出でない子の法定相続分を嫡出である子の法定相続分と同等化する旨の提案をし各界の意見を求めた結果、同等化に反対する者の数が賛成する者よりもかなり上回った等の事情から、国会において審議の末に改正が見送りになった経過に照らしてみても」申立人の共有持分を同等とすることはできないとし、第二審決定もこれを支持しました。

　最高裁の多数意見は、まず、「本件規定を含む法定相続分の定めは、右相続分に従って相続が行われるべきことを定めたものではなく、遺言による相続分の指定等がない場合などにおいて補充的に機能する規定であることをも考慮すれば、本件規定における嫡出子と非嫡出子の法定相続分の区別は、**その立法理由に合理的な根拠があり、かつ、その区別が右立法理由との関連で著しく不合理なものでなく、いまだ立法府に与えられた合理的な裁量判断の限界を超えていないと認められる限り、合理的理由のない差別とはいえず、これを憲法14条1項に反するものということはできない**」としました。

　そして、民法が届出による法律婚主義（739条1項）および一夫一婦制（732条）を採用していることを示した上で次のように述べ、本件規定は合理的理由のない差別とはいえないとしました。

　「このように民法が法律婚主義を採用した結果として、婚姻関係から出生

した嫡出子と婚姻外の関係から出生した非嫡出子との区別が生じ、親子関係の成立などにつき異なった規律がされ、また、内縁の配偶者には他方の配偶者の相続が認められないなどの差異が生じても、それはやむを得ないところといわなければならない。

本件規定の立法理由は、**法律上の配偶者との間に出生した嫡出子の立場を尊重するとともに、他方、被相続人の子である非嫡出子の立場にも配慮して、非嫡出子に嫡出子の2分の1の法定相続分を認めることにより、非嫡出子を保護しようとしたものであり、法律婚の尊重と非嫡出子の保護の調整を図ったものと解される。**」

(2) 反対意見の内容　　中島敏次郎裁判官、大野正男裁判官、髙橋久子裁判官、尾崎行信裁判官、遠藤光男裁判官は反対意見を出しました。

その第一点として、反対意見は、次のように**本件規定の不合理性**を指摘しています。

「婚姻を尊重するという立法目的については何ら異議はないが、その立法目的からみて嫡出子と非嫡出子とが法定相続分において区別されるのを合理的であるとすることは、非嫡出子が婚姻家族に属していないという属性を重視し、そこに区別の根拠を求めるものであって、……憲法24条2項が相続において個人の尊厳を立法上の原則とすることを規定する趣旨に相容れない。すなわち、出生について責任を有するのは被相続人であって、非嫡出子には何の責任もなく、その身分は自らの意思や努力によって変えることはできない。**出生について何の責任も負わない非嫡出子をそのことを理由に法律上差別することは、婚姻の尊重・保護という立法目的の枠を超えるものであり、立法目的と手段との実質的関連性は認められず合理的であるということはできないのである。**」

「そして本件規定が相続の分野ではあっても、同じ被相続人の子供でありながら、非嫡出子の法定相続分を嫡出子のそれの2分の1と定めていることは、非嫡出子を嫡出子に比べて劣るものとする観念が社会的に受容される余地をつくる重要な一原因となっていると認められるのである。」

反対意見の示す**第二点**は、**立法後の社会の変化**です。すなわち、立法「当時においては、諸外国においても、相続上非嫡出子を嫡出子と差別して取り

50

扱う法制をとっている国が一般的であった。しかしながら、その後相続を含む法制度上、**非嫡出子を嫡出子と区別することは不合理であるとして、主として1960年代以降両者を同一に取り扱うように法を改正することが諸外国の立法の大勢となっている**」こと、日本でも昭和54年および現時点においてこの点についての改正要綱試案が出されていること、また市民的及び政治的権利に関する国際規約26条（昭和54年に批准）、児童の権利に関する条約2条1項（平成6年批准）が出生その他の地位による差別を否定していることを挙げて、「少なくとも今日の時点において、婚姻の尊重・保護という目的のために、**相続において非嫡出子を差別することは、個人の尊重及び平等の原則に反し、立法目的と手段との間に実質的関連性を失っている**」と述べています。

　さらに尾崎行信裁判官は追加反対意見において、「本件規定は無遺言の場合に相続財産をいかに分配するかを定めるための補充規定である。……この点をみれば、民法は相続財産の配分について法律婚主義の観点から一定の方向付けをする必要を認めなかったと知ることができる。相続財産をだれにどのような割合で分配するかは、法律婚や婚姻家族の保護に関係はあるであろうが、それらのために必要不可欠なものではない。もし民法が必要と考えれば、当然これに関する強行規定を設けたであろう。要するに、本件規定が補充規定であること自体、法律婚や婚姻家族の尊重・保護の目的と相続分の定めとは直接的な関係がないことを物語っている」と指摘しています。

(3) 可部裁判官の意見：法律婚主義の論理的帰結　　これに対して可部恒雄裁判官は補足意見を出し、次のように述べました。

　「もとより社会の実情として、被相続人の子が婚外子として出生する現実の可能性を否定することはできず、法律婚の外で出生した者も被相続人の子としてその相続人たることは否定されるべきではない（我が国においては、欧米におけると異なり、婚外子による相続を否定する考えに乏しいといってよい）。しかし、相続分の割合に至るまで婚内子（嫡出子）と一律平等でなければならないとすることは、被相続人との間に法律婚による家庭を築いた配偶者の立場からしても、たやすく容認し難いところであろう。

　以上の所見に対しては、嫡出子と非嫡出子との相続分に差等を設けても婚

外子（非嫡出子）の出生を妨げることはできないとする議論がある。しかし、今ここで論ぜられているのは、この両者の扱いを必ずしも同等にしない（相続分に差等を設ける）ことが、果たして法律婚を促進することになるかという、いうなれば安易な目的・効果論の検証ではなく、およそ法律婚主義を採る以上、婚内子と婚外子との間に少なくとも相続分について差等を生ずることがあるのは、いわば法律婚主義の論理的帰結ともいうべき側面をもつということなのである。」

(4) 平成 25 年決定：違憲性肯定の理由　　次に、上記規定を憲法違反とした最大決平成 25・9・4（民集 67 巻 6 号 1320 頁）を見てみます。

　原審は、平成 7 年の大法廷決定の説示を引用した上で、その後の社会情勢の変化等を総合考慮しても、相続開始時に本件規定が違憲であったと認めることはできないとしました。これに対して最高裁は、①婚姻や家族の実態の変化とそれに伴う国民の意識の変化、②本件規定の立法時には外国の立法例が参照されたが、その後、諸外国でも嫡出子と非嫡出子との平等化が進展したこと、③日本は出生による差別を否定した「市民的及び政治的権利に関する国際規約」「児童の権利に関する条約」を批准したが、各条約の履行状況に関して、委員会から差別的規定の削除の勧告、懸念の表明等がされていること、④日本国内でも、住民基本台帳や戸籍の記載、また国籍法において平等な取扱いに改められ、法定相続分を平等とする法律案も準備されたこと等を指摘し、次のように述べた上、「**本件規定は、遅くとも平成 13 年 7 月当時において、憲法 14 条 1 項に違反していた**」と判示しました。

　「本件規定の合理性に関連する以上のような種々の事柄の変遷等は、その中のいずれか一つを捉えて、本件規定による法定相続分の区別を不合理とすべき決定的な理由とし得るものではない。しかし、**昭和 22 年民法改正時から現在に至るまでの間の社会の動向、我が国における家族形態の多様化やこれに伴う国民の意識の変化、諸外国の立法のすう勢及び我が国が批准した条約の内容とこれに基づき設置された委員会からの指摘、嫡出子と嫡出でない子の区別に関わる法制等の変化、更にはこれまでの当審判例における度重なる問題の指摘等を総合的に考察すれば、家族という共同体の中における個人の尊重がより明確に認識されてきたことは明らかであるといえる。**」

「そして、法律婚という制度自体は我が国に定着しているとしても、上記のような認識の変化に伴い、上記制度の下で父母が婚姻関係になかったという、子にとっては自ら選択ないし修正する余地のない事柄を理由としてその子に不利益を及ぼすことは許されず、子を個人として尊重し、その権利を保障すべきであるという考えが確立されてきているものということができる。」

(5) 立法趣旨「法律婚の尊重」はどうなったか　平成 25 年の大法廷決定により憲法違反とされ、これを受けて 900 条 4 号も改正されたのですから、問題は解決されたといってもよさそうです。しかしそうすると、法律婚の尊重という元々の立法趣旨はどうなったのでしょうか。

平成 7 年決定において、尾崎裁判官の追加反対意見が、相続財産の分配割合は「法律婚や婚姻家族の保護に関係はあるであろうが、それらのために必要不可欠なものではない」と指摘しているように、法定相続分で差を設けることが、法律婚の尊重・保護にどのように役立つのか、明らかでないということができますが、これに対して可部裁判官の補足意見は、相続分に差等を設けることが法律婚を促進することになるかという「目的・効果論の検証ではなく、およそ法律婚主義を採る以上、婚内子と婚外子との間に少なくとも相続分について差等を生ずることがあるのは、いわば法律婚主義の論理的帰結ともいうべき側面をもつ」と述べており、議論がかみ合っていません。

「法律婚の尊重・保護」という根拠づけは、憲法違反とする主張が示す理由と比べてかなり抽象的な感じがしますが、これは当初、具体的にどのような意味をもっていたのか、またその切実性は現在までに変化したのかどうか。少し調べてみましょう。

3. 戦前の家族法について──「家」の制度と婚外子の地位

(1) 「家」の制度：法律婚の尊重と矛盾　平成 7 年大法廷決定において、可部裁判官は、補足意見の中で、「戦後、日本国憲法の制定施行に伴い、旧民法の『家』の制度は廃止され、家族は『戸主』の下における生活共同体ではなく、両性の合意のみに基づいて成立した婚姻による夫婦を中心とするものに変容した。もっとも、正当な法律婚による夫婦も必ずしも子に恵まれる

とは限らず、この場合、法の予定するところは『養子』の制度であるが、**血統の継続を尊重する立場からは、婚内子であると否とを問わぬ血統の承継者が要求されることになる**」と指摘します。その上で「この事案において、亡Aは一人娘（長男死亡のための一人子）であって、丙田家の後継者としての婚養子選びのための試婚が繰り返された挙句、婚姻に至らなかった相手方甲との間に出生した子乙の相続人の1人が被相続人Aの遺産につき遺産分割の申立てをしたものであるが、Aが後に迎えた婚養子との間に子がなければ、形式上婚外子となった乙が丙田の家系を継ぐことになったであろう。これが『家』の制度であって、『**家』の制度は、むしろ血統の維持・承継のため婚外子を尊重するものであ**」ると述べています。

　Aは明治34年（1901年）生まれですから、婚外子の出生も、旧法の「家」の制度のもとで起きた事件です。血統の継続による「家」の維持承継という要請が、婚外子の出生をも容認する結果を招くのであれば、「家」の制度自体に「**法律婚の尊重・保護**」と矛盾する要素が含まれていたということができそうです。

(2)「家」とはどのような制度か　　それでは「家」とはどのようなものか。明治民法下での法律上の「家」は、「**其の団体員の1人を中心とし其の者即ち戸主と他の者即ち家族との権利義務によって法律上連結された親族団体であって、戸籍簿に一家として登録されたもの**」をいいます。実際に同一世帯に同居しているか否かを問いません（村松俊夫「家の構成」（穂積重遠・中川善之助責任編輯『家族制度全集法律編Ⅳ　家』（1938年・河出書房）57頁参照）。したがって、**戸主である長男Aと別世帯で独立の生計を立て、配偶者Cの間に子DとEがいる次男Bも、戸主Aの家族として同一の「家」にあれば、Aの戸主権に服することになります**。ただ、戸主（A）に属する家産とは独立にB自身の財産を所有していますから、Bが死亡したときには、遺産相続として、Bの財産はDとEが2分の1ずつ相続します（旧994条・1004条）。その場合、**Bに非嫡出子があれば、その相続分は嫡出子の2分の1になります**（旧1004条但書）。**Bに直系卑属がない場合にはじめて、配偶者Cが相続することになります**（旧996条1項）。

　＊「家」は先祖から受け継ぐ家業を営む団体であり、戸主はそのリーダーで

す。戸主が死亡または隠居した場合、戸主の地位は、「家」に属する財産（家産）とともに家督相続人（一般には長男。旧970条参照）によって承継されます。これを家督相続といいます。これに対して、戸主以外の家族が死亡した場合に生ずる相続を遺産相続といいます。本文は、この遺産相続に関する問題です。

ちなみに「戸主権」および戸主の義務の主要なものとしては、①**家族に対する居所指定権**（旧749条）、②**家族の入家去家についての同意権**（旧735条1項・737条1項・738条・743条）、③**家族の婚姻・養子縁組についての同意権**（旧750条1項・776条）、④**統制に服さない家族に対する制裁としての離籍権・復籍拒絶権**（旧741条2項・749条3項・750条2項）、⑤**家族に対する扶養義務**（旧747条）が挙げられます。ですからBが婚姻をしようとする場合、戸主である兄Aの同意が必要ですが、Aが同意しない場合にはどうなるか。Bが婚姻届を提出した場合、戸籍吏が注意（旧750条1項違反であることの）をしたにもかかわらず、なお届出をしようとするときには、戸籍吏はこれを受理するべきものとされています（旧776条但書）。この場合、戸主Aは制裁として、Bを離籍することができます（旧750条2項）。ですから、BはAの同意がなくても婚姻することは法的には可能です。しかしBがあえてここまでしたときに、親族間で、あるいは社会的にどのような反応があるかという、法律関係外の問題も考えることが必要です。

(3) **婚外子の地位**　　「家」の制度の中で、婚外子はどのような地位にあったのでしょうか。瀧川幸辰「私生子問題」（穂積重遠・中川善之助責任編輯『家族制度全集史論編Ⅲ　親子』(1937年・河出書房)）の記述を見てみましょう。

「我国の封建時代には男系による血統の継続が重んぜられた結果、妻に男子がなければ妾腹の男子に家督を相続さすのが当然のことになって居た。……妾腹の子は婚姻外の子ではなく、一夫多妻制における婚姻の子に外ならない。」しかし現在、「民法は一夫一妻の婚姻を社会生活の基礎とする。前時代の妾といふ身分は影を没した。婚姻外の子は父母の持続関係から生れたと一時の結合から生れたとを問はず、すべて私生子である。庶子といふ名称はなほ民法にあるが、これは父の認知した私生子といふ意味における私生子内

部の区別である、前時代の庶子とは名称を同じくするだけで、実質は全く違う。庶子は相続等について嫡出子と通常の私生子（父の認知を受けて居ない）との中間にあるが、普通の私生子と同様に私生子として社会的擯斥を受ける。私生子の歴史は顛落の歴史であり、迫害の歴史である。」（瀧川・前掲182〜183頁）

「庶子は普通の私生子よりも法律上優遇を受けて居るが、庶子の優遇には不合理なものがある。**庶子男は嫡出女よりも先順位の家督相続人であるといふことがその一、庶子は認知によって父の家（戸籍）に入り、その際父の妻の同意を必要としないといふのがその二、父の妻の同意なくて家に入り、而も法律上は父の妻との間に嫡母庶子関係といふ実親子同様の関係を作ることがその三。認知せられた私生子が斯ように優遇せられる理由は、近代の法律思想から説明することが出来ない。説明出来ないのが当然、これは封建的な**家の制度から発生した一夫多妻制の残骸に外ならない。」（瀧川・前掲194頁）

一夫一妻制のもと、私生子のない家族形態を建てるために私生子を冷遇することは「法律の発見した理想への間道である」が、**「私生子を冷遇することは徒に人権を毀損するばかりである。……私生子を苦しめたところで親の人間性を改めることは不可能である。」「私生子優遇と婚姻尊重とは親族法における永久のディレンマである。**西洋諸国の法律は基督教の影響のもとに立ち婚姻を尊重する結果、私生子に対し極めて冷酷であり、また諸国の均分相続制は嫡出子の相続利益を害することを恐れて私生子に相続権を与へることに躊躇した。これに反し我国は一夫一妻制の婚姻にあまり重きを置かないため——夫が妻以外の女と持久的又は一時的に会合する場合も姦通罪にならないのは一夫一妻制の婚姻を十分尊重して居ない証拠である——おのづから私生子に対する態度が寛大である。庶子男が嫡出女よりも家督相続において優先する制度（民〔旧〕970条1項4号）、夫の私生子が妻の意志に拘らず家に入って妻と親子関係を生ずる制度（民〔旧〕827条、728条）は私生子を不当に優遇するものといはざるを得ない。併し斯ような私生子優遇は意識的のものではなく、**封建時代の残骸ともいふべき家の制度を存続さすことから起った派生的の結果に過ぎない。**このことは民法が私生子の一種である庶子を優遇するに拘らず、普通の私生子には別段の法律保護を講じないことから疑ひ

ない。」（瀧川・前掲 196～198 頁）

　戦後、違憲説の根拠として挙げられた、「嫡出子と非嫡出子との相続分に差等を設けても婚外子（非嫡出子）の出生を妨げることはできない」（可部補足意見参照）という指摘は、非嫡出子の差別に合理的な理由があるわけではないことを意味していますが、このことは、瀧川博士の説明によれば、この時期においても既に十分に認識されています。そして、父の認知により「庶子」となって父の「家」に入るときは、家督相続において嫡出女子に優先し、しかも妻の意思にかかわらず母子関係が生ずるという点では、**婚外子のこのような保護と法律婚＝一夫一妻制との矛盾は現実のものであったこと、しかし他方で、民法には私生子一般について保護を与える思想があるわけではないこと**が示されています。非嫡出子が嫡出女子に優先して家督を相続し、全財産と強力な戸主権を取得するのですから、本妻の立場を脅かす恐れも生ずるのですが、しかし家を継ぐという機能を果たす限りで庶子が優遇されているのですから、個人としての私生子の立場を保護しようというものではありません。

　すなわち、この時期の民法の諸制度には、**公的には一夫一妻制をとりながら、一夫多妻制の家族制度を完全に清算していない「家」の制度の歪みが反映しているため、たとえば相続分の差等という個別の制度だけを切り離して論ずるのではなく、その基礎にある婚外子の保護と法律婚主義との矛盾の全体に取り組まなければならない**という状況であったように思われます。可部裁判官が「およそ法律婚主義を採る以上、婚内子と婚外子との間に少なくとも相続分について差等を生ずることがあるのは、いわば法律婚主義の論理的帰結ともいうべき側面をもつ」と述べているのは、このような歴史的経緯を踏まえたものかと考えられます。

(4)　臨時法制審議会：大正期の議論　　問題の根源である「家」の制度は、戦後の民法改正で廃止されたのですが、それ以前にも、大正 8 年（1919 年）に設置された臨時法制審議会において、家族法改正のための議論が行われています。この議論は、**家族制度イデオロギーの強化の動きと家族生活の現実の反映の動きとの緊張関係の中で行われました。**その社会的背景について、我妻博士は次のようにまとめています。

Ⅲ　違憲判断と法改正　57

　「わが国の『家』は、祖先を崇拝し、祖先の霊祀を司どる家長のもとに精神的結合をなす血族的集団であり、家長を尊敬しつつその権力に服し、法律以外の秩序を保つものである。また、『家』には本家・分家・同家の関係があり、本家を中心として同族的結合をなす。しかも、本家はさらにその本家から本家へと遡ぼり、終局において、皇室を大宗本家とする。従って、そこに、忠孝一如の倫理が確立される。家族制度こそ、社会的秩序の維持者であり、忠孝一如の国民道徳の基礎である。

　かような主張が最も強く唱えられたのは、旧法制定に先だつ『民法典論争』の際である。当時（明治20年代）わが国の経済は急速に資本主義化し、国の本と考えられていた農業経営は、深刻な影響を受け、農民の家族的結合は、次第に集団意識を弱めていった。他方、世界の先進国に伍するために、富国強兵が至上命令であった。かような社会事情を背景とすれば、家族制度に右のようなイデオロギーを与え、法律制度としても、これを強化しようとする主張の現われたことも、理解することができよう。もっとも、かような主張も、移りゆく社会の現実を無視して、文字通りに民法の規定に具体化することはできず、家族制度イデオロギーは、いささか民法と遊離する結果となった。しかし、このイデオロギーは、わが国の一部の指導者階級、とりわけ政府の教育方針の中に牢固たる根を張り、大正の半ばに至って、**臨時教育会議の建議となって現われた。民法の規定の中には、家族制度に反する条項が多いと断じ、教育においては家族制度を尊重し、法律においてはこれを軽視するのは、矛盾の甚しいものとして、政府に対して、その改正を要請し**た。しかし、その結果として設置された臨時法制審議会（大正8年設置）が答申した**親族・相続両編の改正要綱**（親族34項目（大正14年決議）相続17項目（昭和2年決議））**も、必ずしも家族制度的条項の強化とはなっていない。むしろ、『家』集団の中における夫婦・親子の結合を強化し、それに対する家的規制を軽減しようとするものが多い。**のみならず、『家』が家父長的支配集団である当然の結果として、夫婦・親子の結合を色どっていた父権的色彩――夫婦の結合をもって夫の支配と庇護によって成立するものとする態度――も、相当の程度にとり除かれている。」（我妻榮『親族法』（有斐閣・1961年）5～6頁）

このように複雑な背景をもつことを念頭に置いて、現行民法900条の沿革を見てゆきましょう。

4. 現行民法900条の沿革──明治民法1004条

ⅰ）現行民法900条は、戦後改正の前の明治民法1004条（明治31年（1898年）施行）の規定を受けたものです。明治民法1004条は次のように規定しています（表記をひらがなに直し、濁点・句点を補いました）。

「同順位の相続人数人あるときは其各自の相続分は相均しきものとす。但直系卑属数人あるときは庶子及び私生子の相続分は嫡出子の相続分の2分の1とす。」

非嫡出子の相続分を嫡出子の2分の1とする規律はこれに起因します。ただ、明治民法のもとでは相続には家督相続と遺産相続とがあり、旧1004条は遺産相続に関する規定です（3（2）参照）。

ⅱ）旧1004条の立法趣旨について、法典調査会では次のように説明されています（『法典調査会民法議事速記録7』（1984年・商事法務研究会）558頁〜559頁）。

①本案においては、庶子・私生子を嫡出子と同順位にしている。本案において、**庶子・私生子は諸外国の例に比べてよほど「優等の位地」を占めている**。

②法律が婚姻を「相当ナル親族関係ノ本」とした以上は、**嫡出子が財産の点においてもその父母の跡を継ぐのが本則と見るべきであるから、嫡出子と庶子との分量を違えたのである**。

③**2分の1としたのは「道理上ノ標準」はない**が、大宝令などでは庶子（意味は同じではないが）が嫡子の2分の1になっていることから、試みに2分の1と決めたものである。

ⅲ）梅謙次郎博士も、大正2年版の教科書で、直系卑属については、嫡出子であるか庶子または私生子であるかによって**「相続権の同じからざるは古今東西皆同じき所なり」**と述べています（梅謙次郎『民法要義巻之五相続編〔大正2年版復刻版〕』（1984年・有斐閣）116〜117頁。表記をひらがなに直し、

濁点を補いました)。

　また、後に大審院長となった牧野判事は、庶子及び私生子の相続分と嫡出子の相続分とが割合を異にする理由は「全く正当の婚姻を尊重せるに在り」として、次のように述べています。すなわち庶子であれ私生子であれ、等しく被相続人の直系卑属であってその間に親疎の区別があるべきではない。故に情愛の点から見れば、あえて区別をする必要がないようであるが、嫡出子の相続分と庶子又は私生子の相続分とを均一にすることは、正当の婚姻以外に生れた者の利益の保護に厚くして、正当に婚姻した者の子の利益保護に薄く、「延いて正当の婚姻を奨励するの上に於て妨げなき能はず」。従来の慣例を見ると、嫡出子と庶子及び私生子とは遺産の利益を受ける点で多少の差異があったもののようである。また家督相続についても、法律は既にこれらの者の間に順位の優劣を定めているのであるから、法律上、遺産相続について相続分に差等を設けても、失当ということはできないであろう、と（牧野菊之助『日本相続法論』(1914年・巌松堂書店) 207〜208頁。表記をひらがなに直し、濁点を補いました)。

　このように見てくると、確かに、相続分に差等を設けることによってどのように法律婚を保護するかという技術的な問題というよりも、**法律婚尊重の原則の問題**とされているように思われます。それでは、大正期の改正論議の中で、「法律婚の尊重」はどのように論じられていたのでしょうか。

5.　大正期の改正論議

(1)　妻の地位の向上：その反面、非嫡出子が不利となる　　臨時法制審議会で決議された「改正要綱相続六」では、次のような提案がされました（法改正にまでは至りませんでしたが）。

　　「一、遺産相続に於ては、配偶者を直系卑属と同一順位の相続人とし、
　　　　其相続分は家に在る嫡出の直系卑属と同一とすること
　　　二、家に在らざる直系卑属の相続分は家に在るものの二分の一とすること」（表記をひらがなに直し、濁点・句読点を補いました。)

　3 (2) で見たように、**遺産相続において配偶者は、子がある場合には相続**

人ではありませんでしたが、改正要綱では配偶者を相続人としました。妻の地位を向上させるものであり、この点では法律婚の尊重ということができます。その際、配偶者の順位は直系卑属と同順位としました（この点、現行法が配偶者の相続分と子の相続分とを峻別し、子の数にかかわらず2分の1としているのとは違っています）。その結果について、我妻博士は次のように説明しています。

「これによると、まず第一に、**配偶者——妾腹の子の相続権を中心に考えれば、本妻が、子と同順位で遺産相続をするために、妾腹の子の相続分もそれだけ減る**。第二に、非嫡出子として嫡出子の2分の1である点は旧法と同じだが、父の家に入らない場合には、さらに2分の1となるから、父の家に入らない妾腹の子は、結局父と本妻との間の子の4分の1しか相続しないことになる。そして、妾腹の子が父の家に入るか入らないかは、前記のように本妻の意思にかかるのだから、**非嫡出子の遺産相続上の地位も、改正要綱によって相当不利になる**といわねばなるまい。

しかし、**臨時法制審議会のとった右のような態度は、非嫡出子の保護を薄くしようとする意図と見るべきではない。それは、一夫一婦の原則を貫こうとするもの、本妻の立場を尊重しようとするもの、一言にしていえば、家族制度によって曇らされていた夫婦関係を本然の姿に近づけようとするものである。非嫡出子の地位が不利となるのは、全くその反射的効果に過ぎない。**」
（我妻栄「『私生子』の保護」我妻『民法研究XI補巻 (1)』（1979年・有斐閣。初出は1959年）234頁）

(2) 父権的封建思想：庶男子が嫡出女子に優先する　　なお、我妻博士が「妾腹の子が父の家に入るか入らないかは、前記のように本妻の意思にかかる」と述べている点は、3 (3) で見た妻の地位を改善するものですが、その内容は次の通りです。

家督相続における非嫡出子の地位について「典型的な例として、妾腹の男子（庶男子）の地位を考えると、これは極めて特殊なものであった。すなわち、本妻との間に男子（嫡出男子）がなければ、庶男子が家督を相続した。いいかえると、家督相続における庶男子の地位は、嫡出女子に優先した（旧970条）。**明治の初年旧刑法制定の当時、妾を法律に公認すべきかどうかが争**

われたときには、この庶男子の優位をもって私生子保護の理想の現われだと論じた者もあった。しかし、そのとんでもない見当違いであることは改めていうまでもあるまい。祖先の祭はできるだけ男子に承継させたいという父権的封建思想以外の何ものでもない。

さすがに、臨時法制審議会はこの点を改むべきものとした。すなわち、改正要綱親族第三は『庶子ハ父ニ配偶者アル場合ニ於テハ其同意アルニ非サレハ父ノ家ニ入ルコトヲ得サルモノトスルコト』と定めて、本妻に拒否権を与えた。庶男子が嫡出女子に優先して父の家督を相続するのも、庶男子が父の家に入っている場合に限る。したがって、本妻が庶男子の入家を拒みうるものとすることは、庶子の家督相続権に対して重大な制限を加えることになる。しかも、改正要綱相続第九は、追い討ちをかけるように『家督相続人ノ順位ニ付テハ嫡出子ハ女ト雖モ庶子ニ優先スルモノトスルコト』と定めた。ここまでくると、父権的封建思想そのものが修正されることになる。

果然、臨時法制審議会の議論は白熱した。家族制度の本質によれば『腹は借りもの』だという議論になり、皇室典範がひき合いに出され、とうとう18人の委員の票決が9対9に分かれ、議長平沼騏一郎の決裁によって右の要綱親族第三が成立したのであった。」（我妻・前掲 232〜233 頁）

この議論につき、我妻博士は別の論文で詳しく紹介しているのでぜひ見て頂きたいのですが、ここでは、そこで引用されている花井卓蔵委員の反対意見を紹介しておきます。すなわち、血族を尊ぶのは家の観念の中枢であることを力説し、「苟くも此血統に向って他家から入りたる女が云為する権利を有するのみならず、血統の者を家に入るることすら拒む権利を授けると言ふことは、どうしても許すべからざることと思ふのであります。之は実に日本の国史国体の上に於て、法律観念の上に、此改正と言ふものは一大革命であって、一種の日本の制度の破壊なりと云ふことを申して宜しいと、強く感ずるのであります」という発言です（我妻榮「家族制度法律論の変遷」我妻『民法研究Ⅶ親族・相続』（1969 年・有斐閣。初出は 1946 年）148 頁）。

戦前も夫婦同姓ではありますが、家の存続のための血統の承継を第一とする制度のもとでは、妻はあくまでも「他家から入りたる女」と位置づけられるもののようです。法律上は一夫一婦制をとりながら、血統の承継を第一と

し、そのためとして妾をも事実上容認する家族制度に「法律婚の尊重」と対立するものが内在し、婚姻の尊重＝妻の地位の向上を図ることの障害となっていたものと考えられます。

(3) **法律婚をめぐる2つの問題：家制度との矛盾と非嫡出子差別の当否**

　以上のように、問題は第一に、血統の維持・承継を重視し、婚外子の存在をも承認する「家」制度と、一夫一妻制をとり、法律婚の尊重を重視する民法との矛盾、第二に、法律婚の尊重の趣旨から、非嫡出子の相続分を嫡出子の2分の1とすることの当否という、2つの局面で表れるということができます。「家」制度のもとでは、後者の問題は前者の問題のひとつの表れであり、相続分を異にすることが婚外子の出生を防ぐために有効とはいえないとしても、これだけを切り離して考えることができないというべきであるかもしれません。そうであれば、「家」および家督相続の制度が廃止された新憲法の下では、非嫡出子の相続分についてはどのように考えられたのでしょうか。次に現行規定への改正にあたってされた議論を見ることにします。

6. 現行民法900条——戦後の改正に際しての議論

(1) **「民法改正要綱案・別案」：相続分平等案も**　　戦後の改正に際して行われた議論は、我妻榮編『戦後における民法改正の経過』（1956年・日本評論新社）にまとめられています。非嫡出子の相続分に関連する事項を見てゆきましょう。

　昭和21年7月29日付の民法改正要綱案（起草委員第2次案）の「第三十三」では、配偶者は「直系卑属あるときは子と同順位」、「直系卑属なきときは直系尊属と同順位」「直系卑属、直系尊属共になきときは兄弟姉妹と同順位」「直系卑属、直系尊属、兄弟姉妹共になきときは単独」で相続するとした上で、「第三十六」は、配偶者の相続分と子の相続分について次のように提案しています。

　「同順位の相続人数人あるときは各自の相続分は相均しきものとすること、但し嫡出に非ざる子の相続分は嫡出子の相続分の2分の1とし配偶者の相続分は左の通りとすること。

一　直系卑属及配偶者が相続人なるときは嫡出の子の相続分に同じ

二　配偶者及直系尊属が相続人なるとき並に配偶者及兄弟姉妹が相続人なる
　　ときは相続財産の全部に対する２分の１」

　このとき、次のような「別案」が示されました。

　「同順位の相続人数人あるときは各自の相続分は相均しきものとすること、
但し配偶者の相続分は左の通りとすること。

一　直系卑属及配偶者が相続人なるときは３分の１

二　配偶者及直系尊属が相続人なるときは２分の１

三　配偶者及兄弟姉妹が相続人なるときは３分の２」（我妻編前掲書229〜230
　　頁）

　上記のように、**既にこの時期に、嫡出子・非嫡出子の相続分を平等にする
という考え方も示されています。**

(2) 非嫡出子の地位に関する矛盾　　「別案」は、第一に、但書の前半を削
って嫡出子・非嫡出子の相続分を同じにし、第二に、配偶者の相続分を引き
上げています。第二小委員会（第２回・昭和21年７月30日）の審議の内容
が、起草委員の座談会で次のように紹介されています。

　「中川〔善之助〕〔前略〕第一の方、すなわち、本妻の子の半分しか私生
子にやらんというのはよくない、私生子も本妻の子と同じにしろという点は
９対３で否決。第二の方、すなわち、配偶者の相続分を共同相続人の種類に
よって引き上げるというのは８対３で可決。別案を採択したのです。

　我妻〔榮〕　中川君の考えによると、その２つの決議は、思想として矛盾
しているということになるのだが、婦人の気持からすると矛盾していないと
いうのだろう。とにかく非常に微妙なところだ。一応説明して下さい。

　中川　婦人委員がほとんど全部私生子の相続分を引き上げるという別案に
反対し、それから配偶者の相続分を上げるという別案にはほとんど全部賛成
した。それで、ぼくはあとで決議が済んでから立って、配偶者の相続分を引
き上げるのに婦人委員の諸君が賛成してくださったのは非常にありがたいけ
れども、私生子の相続分を引き上げることにこぞって反対されたのは遺憾で
ある。私生子の母親が女であるということももう少しお考えになって、なお
今後もご考慮願いたいということをいった覚えがありますよ。

我妻　女として考えないで、本妻として考えているのだろう。

　奥野〔健一〕　司令部でも、嫡出でない子に相続分を認めるのは妾の保護にならんかということをいったね。

　我妻　それなんだよ。そういう問題についても、私生子というものに対する世界の立法の傾向がどうなっているかというようなことはさっぱり知らないで、ただ目先の議論をする。ことに婦人団体やいろいろな関係の人がいって陳情したりなんかしているのを聞いて……。

　中川　それがミス・ウィードあたりを通ってきているのだろう。

　奥野　**だから嫡出でない子を嫡出である子の半分にするのは平等じゃないのじゃないかという非難と、逆に嫡出でない子まで認めるということは結局妾の保護になって、いままでの封建性の名残りじゃないかというような両方の議論があるわけですね。**」（我妻編前掲書48〜49頁）

　　＊我妻博士は「家族制度撤廃の有力な味方である婦人層に、非嫡出子に対する反情の強いことも忘れてはならない。それらの人々は、とかく、本妻の立場に立ち、非嫡出子の母を対象として議論を進める。非嫡出子をその母から切り離して考えることをしない。しかし、これに対しても、『坊主憎けりゃ袈裟までも』の感情論だといって非難することができない。なぜなら、**非嫡出子の地位の向上は、何といっても、一夫一婦の婚姻生活と両立しないものを含んでいることは否定しえないからである**」と述べ（我妻・前掲「『私生子』の保護」238頁）、他方で「旧法では、父の認知した非嫡出子は、原則として父の家に入り、父の本妻（嫡母）の親権に服した。これを実母の方からいうと、非嫡出子のために父を捜してやることは、子を手離すことであった。実母は、そのジレンマに苦しんだことも、決して稀ではなかった」と述べています（我妻・前掲「『私生子』の保護」236頁）。

(3) 立法政策：臨時法制調査会の議論　　上記のように決議された原案に基づいて、臨時法制調査会第3回総会（昭和21年10月24日）では、次のような議論がされています。

　ⅰ）牧野英一委員が、配偶者と子、また嫡出子と非嫡出子との間に相続分の差異があることは、平等の原則に照らして差し支えないのかという質問をしたのに対し、奥野幹事は次のように答えました。

　嫡出子と非嫡出子との区別は「民法それ自体が適法なる婚姻を尊重すると

いうことに非常に重きをおきます関係上、勿論子供には罪がないということになりますが、婚姻の正当性ということが憲法に重きをおかれている関係から致しまして、**正式な婚姻とそうでないものに依る場合とに依って差別をつけることも、必ずしも本質的平等に反するということにはならないのではないかという風に考えました**」。配偶者と子との関係については「子の間に於ての不平等ということは、均分の原則からいきまして正当ではないと思いますが、配偶者という関係は、子という関係とは又別な観点からみていってよいのではないかという意味で、均分相続というか、総て相続すべきものに平等というのではなく、配偶者というものは直系卑属とみるのとは別個な地位に考えてみて差支えないのではないかという所から、只今の原案が出来ている訳であります。」（我妻編前掲書285〜286頁）

ⅱ）村岡花子委員が、婚姻外で生まれてくる子供を婚姻家族の相続の中に入れることに対する疑問を示したのに対し、奥野幹事は、「正当な婚姻は奨励するが、そうでない関係は極力之を禁止していかなければならない」という意味において「多少の差別の待遇があっても之は已むをえざるものであろうという風に考えまして、嫡出の子と較べて嫡出でない子供に、やはりそれかといって全然相続の出来ないということは気の毒である、**そこの折衷の意味に於て或る差等を設けて相続人の順位に加える**ということに考えております」と答えましたが、村岡委員はさらに「婚姻外で生れた子供に相続の権利は与えなくて、その代り扶養のための費用と、教育費用というものを十分に取って、そうしてその子のために、将来その子が立派に立っていけるだけの責任は父親が取るべき筈だとこういうように思いますけれども、相続の場合に何故その子供を相続の中に入れるべきか」という疑問を示しました。

これに対して我妻委員は、「簡単に私の考えを申上げておきます」として次のように述べました。

「第一に妻の取り分と子供の取り分との差がある、或は子供の中にも嫡出の子と然らざる子の差があるということは、憲法の本質的平等に反するものではないかというお話ですが、之は私は反しないのであります。何故ならば**妻或は子供というものを相続の中に入れるかどうかということが第一問題なんでありまして、妻を入れるか、入れないか、或は婚姻外の子供を入れる**

か、入れないか、又妻と子供を同一順位にするか、直系尊属は第一、二の順位にするか、兄弟姉妹は第三順位にするか、つまり相続の範囲をどこまで決めるかということは、或る程度までは自由に決めてよいことなんですから、それを自由に決めてよいという以上は第一順位にしたものに比して差等があるということは、必ずしも平等の原則に反するとはいいえない。例えば立法例に依りまして婚姻外の子供は一切相続権がないといっているのだと思うのですから、それを取込んできて2分の1を与えろということは平等の原則に反するとはいえないと考えます。」

「第二に村岡さんのお話に依りますと、扶養の請求権は認めて然るべきなんだが、相続権はたとい半分でも認めない方がよいじゃないかという御趣旨と思います。いかにも御尤もでそういう立法例もあることを承知しております。ただ原案の考えでは、子供の成長するまで父親が生存中にその世話をしなくちゃならぬことは当然で、併しその父親が死んでしまってその後の扶養ということに望みがなくなるという時に、そこでその子供に2分の1だけの相続をさせてやることが、父親が生存中に扶養していたということと、最後の締括りにもなろうかという意味が加わりまして2分の1の相続権を認めておいた訳でありますが、併し又全然変えて相続ということに構わないで、初めから一生の扶養料を取ってしまうというようなことも十分考えられることでありまして、私個人としては或は村岡委員のおっしゃる御意見の方がよいかとも考える位でありますけれども、委員会と致しましては先程申しましたような考えでその方の案を取った次第であります。」（我妻編前掲書287〜289頁）

7. 立法政策と法律婚の保護

(1) 法改正と社会意識　戦後の民法改正時の議論を見てきました。今さらながらに気がつくのは、この時点での出発点は、**配偶者にそもそも相続権がない状況**であったということです（遺産相続について配偶者に相続権を与える臨時法制審議会の要綱は立法に至りませんでした）。その前提のもとでは、配偶者に相続権を与えるか、その際の相続分をどうするかという点も含めて、立

法政策の問題であるとする説明にも十分理由があります。

　ただ、その際に嫡出子・非嫡出子で相続分を区別することが妥当かどうかはなお問題であり、現実にもいったんは「別案」(6 (1) 参照) が提案されたことに注目したいと思います。「家」制度を廃止した以上、それまでのように非嫡出子と配偶者との間で複雑な関係を生ずることはなくなりました。そうするとこの時期には、財産の相続分を平等にすることが、法的には「法律婚の保護」と深刻な矛盾をきたすものではないという考え方も可能になったのではないでしょうか。また、個人を「家」の一員として位置づけることをやめ、「すべて国民は、個人として尊重され」(憲法13条)、家族に関する法律は「個人の尊厳」と両性の本質的平等に立脚して制定されなければならない (憲法24条2項) という憲法の原則に照らすならば、この時期において既に、嫡出子か否かで相続分を区別することが、憲法14条1項に抵触するという理解もありえたのではないかと考えます。

　確かに、非嫡出子を平等に扱うことに対する反発には強いものがありました (6参照)。しかし (あくまでも私の推測ですが) これは単に感情の問題だけではなく、社会の実態あるいは社会意識の面で、「家」制度が克服されていなかったこと、すなわち客観的には女性の経済的自立がまだ難しく、また一夫一婦制と矛盾する男性の意識もまだ強かったため、社会的には、「法律婚の保護」を強調し続けなければならない実態が依然として継続していたのではないか。すなわち、一夫多妻制の残滓を克服する手段として非嫡出子を冷遇することの不条理を承知しながらも、このような状況を克服するために「法律婚の保護」を追求してきた結果、戦後の民法改正において法的・制度的には大きく進んだものの、社会的な意識と実態の面ではまだ道半ばであり、引き続き非嫡出子を相続分において差別することがやむをえないものと考えられてきたのではないかと考えます。2 (5) では、「法律婚の尊重・保護」という根拠づけは抽象的な感じがすると言いましたが、このような歴史的経緯を背負った十分なリアリティのある根拠づけであったということができそうです。

(2) 社会意識の変化　　しかし一方で世代が代り、社会的にも個人の経済的自立が可能となるに従って、「家」制度が人々の意識の面でも克服されてゆ

き（主体的条件）、他方で、非嫡出子の差別を克服する諸外国の動向が伝えられ、差別を否定する条約を批准しこれに基づいて委員会から勧告等がされる（客観的条件）という状況の変化を受けて、平成25年決定は「子にとっては自ら選択ないし修正する余地のない事柄を理由としてその子に不利益を及ぼすことは許されず、子を個人として尊重し、その権利を保障すべきであるという考えが確立されてきているものということができる」として違憲判断を行いました。

　もっとも、憲法14条違反ではないとした平成7年決定においても、大西勝也裁判官は補足意見において、昭和22年の民法改正後の「我が国の社会事情、国民感情等の変化には著しいものがある」ことや「我が国を取り巻く国際的な環境の変化」を具体的に例示して「制定当時有した合理性は次第に失われつつあり、現時点においては、立法府に与えられた合理的な裁量判断の限界を超えているとまではいえないとしても、**本件規定のみに着眼して論ずれば、その立法理由との関連における合理性は、かなりの程度に疑わしい状態に立ち至ったものということができる**」が、「関連規定との整合性をも視野に入れた総合的な判断が必要である」とした上で「立法政策として改正を検討することはともかく、現時点においては、本件規定が、その立法理由との関連において、著しく不合理であるとまでは断定できない」と述べています。

　非嫡出子であるがゆえの差別が、本人にとっては自らに責任のない理由による不条理なものであることは早くから認識されていたのですから、「個人としての尊重」という観点からは、**既に平成7年段階で、著しく不合理だと断定してもよかったのではないかという気もします。**状況が変化したもとで、嫡出子・非嫡出子の相続分を区別することになお一定の合理性が認められると考えられるとすればそれはなぜでしょうか。仮に、国民感情がまだ熟していないという理由であれば、「本件規定のみに着眼して論ずれば、その立法理由との関連における合理性は、かなりの程度に疑わしい状態に立ち至ったもの」と評価できる以上、**必要なのは、国民感情の完全な成熟を待つのではなく、憲法14条違反であるという判断をすることによって、その成熟を促すことではないかと考えます。**「家」制度の意識が実態として希薄にな

っているもとでは、平成7年決定の反対意見が指摘するように、相続分を区別することがかえって「非嫡出子を嫡出子に比べて劣るものとする観念が社会的に受容される余地をつくる重要な一原因となっている」可能性もあるからです。

8. 付記・新憲法24条と家族のあり方──婚姻の重視と家制度

(1) 家族の中心に婚姻＝夫婦を置くこと　　以上で、民法900条に関連して「法律婚の保護・尊重」の意味を考える作業は一段落しましたが、6で見た臨時法制調査会第3回総会の議論の中では、**家制度の廃止に対する不安とともに、家族の中心に婚姻＝夫婦を置くことに対する疑問が示されています。別の意味で「婚姻の尊重」にかかわる議論として、紹介します。**

牧野英一委員は、原案の「第一　民法の戸主及家族に関する規定を削除し親族共同生活を現実に即して規律すること」（我妻編前掲書234頁）に、以下の条項を付加する修正案を提出しました。

第一の二「家族生活は之を尊重する旨の原則を規定すること」

第一の三「直系血族及同居の親族は互に協力扶助すべきものとすること」

第一の四「親族は互に敬愛の精神に基き協和を旨とすべく特に共同の祖先　　に対する崇敬の念を以て和合すべき旨の原則を規定すること」

牧野委員は、これを「ともかくも民法の婚姻の規定と相並んでお設け下さって、民法が明瞭に総てを睨んでいるという趣旨を明かにして戴きたいと思います」と述べました（我妻編前掲書289〜290頁）。

牧野委員は、この提案に先立ち、「**日比谷の公会堂で之からは夫婦だけでよいので、親はもう養老院に送ればよいようになったそうだ、こういう憲法論が行われているということであります。**……その人が憲法を読んでどう思うかといったら、夫婦だけの世の中になって我々はどうなってもよいのだと理解しておられる。それは大変な誤解なんだと私申しましたけれども、とにかく文学博士社会学の専門家がやはりそういう風に堅く信じてござるという事実があるのであります。」自分としては憲法24条1項に「家族生活は之を尊重する」という文言を入れておけばこのような議論をチェックできると

考えたのであるが、そうならなかった現在、このような誤解に対処する必要がないかという質問をし、これに対して奥野幹事は、民法の中に道徳的なものを入れても害はないという議論もあろうかと思うが「民法というものはやや法律的に出来ております関係上、それが仮にどういう風な具体的な法律効果をもつものであるかという点になりますと、…非常にアンビギアス〔曖昧〕になりますので、……家事審判法の第1条の冒頭に、そういう風に家庭の平和と健全なる親族共同生活を維持するということを現わしておけば、……自らその家庭生活を尊重するという趣旨が現われていると考えます」と答え、法律効果をもたらす法律と道徳との違いを強調しました（我妻編前掲書283〜284頁）。

　何人かの委員から家族制度の維持を求める意見が出された後、村岡委員は「私は先程から憲法に付て悲観的なことばかりを伺っておりますので感ずるのでございますが……この大きな変化の中を、もっと極端にいえば国の考え方が変ってきたということの中を血を見ずに通っていく時には、少し位の誤解の生ずることは当然のことだと思いますし、それを一つの理由に致しましても何もかも否定しようとするような態度は、私どうしても婦人としては認められないと思います。どうしてもそういうものと闘って、誤解があれば私達自らがその誤解を解いていかなければなりませぬ。……婦人の全体の声を聴きますと、戸主権というものを中心にして、戸主が総ての権利をもって婦人を圧迫している、こういう法律上の家族制度がなくなるということは、何という嬉しいことだろうかといっております事実、それから又併し私達は両親はどこまでも尊重していくのだ、今までのよい所は残し、家族というものの実体は壊れないのだといっている人と同数、少くとも最小限度に致しましても同数だけあると思うのでございます。それですから余り悲観的に考えずに物を進めていきたいということを、別に質問でも何でもございませぬけれども、何だか伺っておりますと情なくなりますから、一言だけ申上げておきます」と述べました（我妻編前掲書294〜295頁）。

　この議論の中には、夫婦を中心として家族のあり方を定めることが、親子の関係、さらには祖先から承継されたものとしての家族のアイデンティティを否定することになるのではないか、「夫婦＝婚姻の尊重」が「家族の尊重」

と矛盾するのではないかという疑問が、確かに存在したようです。**家の制度のもとでは、婚姻は個人と個人の結びつきではなく、相手の家に入ることですから、夫が死亡しても、嫁は家の拘束を受け続け、法律上の義務として舅姑の世話をするべきことになります。しかし家の制度が廃止されるとそのような法的根拠がなくなるという点に、不安を覚えたものと推測されます。**

(2)「家」制度廃止への抵抗：イデオロギー的側面と生活上の不安　3 (4)

では、「家」制度に関する我妻博士のまとめを紹介しましたが、引用した部分に続いて、我妻博士は次のように述べています。

「やがて敗戦となり、民法は根本的に改変され、『家』―『家族制度』は民法から姿を消した。しかし、その変革に際しては、一部の人々は、天皇制は廃止されたのだから、せめて家族制度を維持すべしと強硬な抵抗を試みた。それだけではない。今日日本国憲法の改正を要望する人々の示す改正試案には、家族制度への郷愁が強く残っていることがうかがわれる。」（我妻・前掲『親族法』6頁）

臨時法制調査会第3回総会の議論の中でも、天皇制との関連、また国民道徳との関連づけを示す発言もしばしばされており、家族制度のイデオロギー的な側面が重要な意味をもっています。**しかし単なる政治的なイデオロギーというだけではなく、(1) で見たように、夫婦を中心とする家族像の中では、老親の扶養の問題が切り捨てられるのではないかという、生活に即した現実的な不安と一体になっていることが、家族制度維持を求める「強硬な抵抗」の基礎にあったのではないかと考えます。**

牧野委員は、「家族生活の尊重」を本来は憲法に、それができないのであれば民法に明記することを求めましたが、奥野幹事は、法律上の効果をもたらす法規定と道徳的な規範とは峻別されなければならないことを強調しました。我妻委員も、臨時法制調査会第2回総会で、理念としての家族制度を否定するのではなく、法律的な制度としての家族制度を廃止するのだと説明し、「**戸主というものは、家族制度論者がいわれるように、精神的な中心であるべき**」であるが、「**既に民法施行後数年を出ずして我が大審院は戸主権の濫用という判決を出しております。そうして今日までの権利の濫用は戸主権の濫用に依って築き上げられたというような皮肉な現象を呈しておりま**

す」と述べています（我妻編前掲書250頁）。また（1）で見た村岡委員の発言の中でも、「法律上の家族制度」において戸主権によって婦人が圧迫されていることが現実の問題であることが示されています。

　家族生活の中には、道徳的な面があることはもちろんですが、**それが道徳規範にとどまるのか、法的な権利・義務になるのかという点は重大な違いであり、そうであるからこそ、緊迫した議論がされたものであると考えます。**道徳規範も、しばしば社会的に強い拘束力をもちますが、法的な効果をもたらすかどうかという点では決定的な違いがあります。家族法は、現象としては法と道徳が重なる領域ですから、その解釈においては、いつの間にか道徳的な考慮が紛れ込んでいないかどうか、注意をすることが必要です。

Ⅳ　判例をどのように読み取るか
──その事件の争点の把握──

1.　はじめに

　「判例」という言葉はいろいろな意味で使われますが、中野次雄編『判例とその読み方』（1986年・有斐閣）6頁では、「**裁判所が個々の裁判の理由の中で示した法律的判断をいう**」と定義されています。日本民法は成文法主義をとっていますが、最高裁の判例は、事実上、後の裁判に対して拘束力を有するものとされています。したがって、訴訟の場面では、何が拘束力をもつ「判例」であり、何が「傍論」であるかが重要な問題となりますが、ここでは民法の学習において、判例、あるいは判例集に掲載された判決文をどのように読むかという問題を扱うこととします。

　「**個々の裁判の理由の中で**」示された**判断**であることに注意してください。個々の裁判の「判断」である以上、**判断の対象**が具体的に定まっていなければなりません。その判断の対象を、当該裁判における「争点」と表現しておきます。個々の裁判の理由は、それぞれの争点の判断のためのものですから、その中でなされたある制度や概念についての説明から、一般的な法理を導くことができるかどうかについては検討が必要です。

　本章ではまず、2において、不特定物売買と瑕疵担保責任に関する2つの判決を比較します。この2つの判決は、「**不特定物売買において、瑕疵担保責任の規定が適用されるのはいつの時点か**」という問題に関して言及され、両者の判断が整合しているかどうかという議論がされることがあります。しかしこの両判決は、不特定物売買と瑕疵担保責任の関係が問題となるという限りでは共通性がありますが、**それぞれの判断は、別の争点についてされたものではないか**。いわば2つの判決を並べて比較し、両者の違いを検討する作業をしてみます（「横の比較」）。

　次に、3・4・5において、他主占有者の相続人の「所有の意思」に関する

２つの判決を比較します。この両判決は、「**他主占有者の相続人が、『所有の意思』に基づく占有により、時効取得を主張することができるか**」という問題を扱うものであり、共通する争点に関するものということができます。しかし、この争点の判断について、昭和46年の判決は185条に言及しているのに対し、平成8年の判決は同条に言及していません。にもかかわらず、平成8年判決が「**185条にいう『新たな権原』**」に関するものとして理解されることがありますが、それは適切かどうか。同様の争点に関してなされた２つの判決の根拠づけを、歴史的・論理的な展開において比較する作業をしてみます（「**縦の比較**」）。

2. 不特定物売買と瑕疵担保責任に関する２つの判決の比較

(1) **昭和36年判決：不完全履行を理由とする契約の解除**　　最判昭和36・12・15民集15巻11号2852頁は、**不特定物売買の目的物の受領後に瑕疵を発見した場合、不完全履行を理由として契約を解除することができるか**という問題について判断しています。

昭和27年4月にY会社がX会社から不特定物として放送機械を買い受け、これを受領後、街頭宣伝放送事業に使用していたところ、雑音・音質不良がたびたび生じ、X側の技師が修理したものの完全には修理できませんでした。YはXに対し、機械を持ち帰って完全な修理をすることを求めましたが、Xが修理をしなかったので、Yは街頭放送のため、別の機械を第三者から借り受けて使用しました。昭和27年10月23日、Yは本件売買契約解除の意思表示をしましたが、XはYが商法526条所定の検査・通知をしていない等と主張して、解除の効力を争いました。

原審は、売買契約をした目的を達しえないほどの瑕疵ではないとして、瑕疵担保責任の解除は否定しましたが、不特定物売買の不完全履行を理由とする解除の効力を認めました。これに対してXは上告し、判例によれば、**不特定物売買の場合、買主が瑕疵ある物を受領する前には売主に不完全履行の責任を、受領後には瑕疵担保責任を問うべきものであるから、目的物の受領後はもはや不完全履行の責任を問うことはできないはずである**と主張しまし

た。

　最高裁は「不特定物を給付の目的物とする債権において給付せられたもの
に隠れた瑕疵があった場合には、債権者が一旦これを受領したからといっ
て、それ以後債権者が右の瑕疵を発見し、既になされた給付が債務の本旨に
従わぬ不完全なものであると主張して改めて債務の本旨に従う完全な給付を
請求することができなくなるわけのものではない。**債権者が瑕疵の存在を認
識した上でこれを履行として認容し債務者に対しいわゆる瑕疵担保責任を問
うなどの事情が存すれば格別、然らざる限り、債権者は受領後もなお、取替
ないし追完の方法による完全な給付の請求をなす権利を有し**、従ってまた、
その不完全な給付が債務者の責に帰すべき事由に基づくときは、債務不履行
の一場合として、損害賠償請求権および契約解除権をも有するものと解すべ
きである」と述べて、上告を棄却しました。

(2)　受領の前後で責任の性質が峻別されるか：大正 14 年判決との比較

　この判決については、第一に、X の上告理由に見られるように、**受領の
前後で責任の性質が変わるのではないか**という疑問、第二に、この判決の
「瑕疵の存在を認識した上で履行として認容する」ということの意味がわか
らないという質問がしばしば出されます。瑕疵を知りつつ「これを履行とし
て認容」した以上は、**追履行や不履行責任を追及することができないのでは
ないか**、そもそも「履行として認容する」とは、具体的にどのようなことを
意味するのか等の疑問です。

　まず、**X が、不特定物の受領前後で責任の性質が異なるとするのが判例
であると考えたのはなぜでしょうか**。不特定物売買の目的物の瑕疵に関する
基本判例として、判例教材などでは、この判決とともに大判大正 14・3・13
民集 4 巻 217 頁が挙げられています。不特定物として売買されたタービンポ
ンプに瑕疵があったため、売主が催告を行わずに解除の意思表示をしたのに
対し、買主が、瑕疵担保責任は不特定物には適用されないと主張して解除の
効力を争ったものです。大審院は、不特定物売買で瑕疵ある物が給付された
場合でも「**買主に於て之を受領したる場合に於ては不完全ながらも契約の履
行ありたるものと解するを正当とす**」る、もし買主が瑕疵を知って受領した
のであれば、その後に瑕疵担保による権利を行使することはできないが「若

し買主にして其の当時善意なりしとせば物に関する危険の移転する時期を標準として斯る権利を行ひ得るもの」であると述べて上告を棄却しました（その際に、もし瑕疵担保の規定の適用がないとすれば、民法が短期の除斥期間を定めた趣旨に反するという説明も加えています。なお、表記をひらがなに直し、濁点を補いました）。

　不特定物売買では、ある時点を境に債務不履行責任の適用がなくなり、もっぱら瑕疵担保責任が適用されるという理解を前提とすると、大正14年判決では、目的物を善意で受領した時点で、もっぱら瑕疵担保責任が適用されるものとされていた。ところが昭和36年判決では、「履行として認容」した時点ではじめて瑕疵担保責任の適用ありとするもののようである。したがって、不特定物売買に対する瑕疵担保責任の適用時点について、新たな判断が示された。しかし、前述したように、瑕疵の存在を知った上で「履行として認容」してしまえば、「認容」した以上もはや瑕疵担保責任の追及はできないのではないか。このような疑問が生じえます。

(3)　両判決の争点の違い　　この2つの判決について、私は次のように理解しています。すなわち、まず**大正14年判決**においては、具体的には「**不特定物売買において、瑕疵担保を理由に無催告解除をすることができるか**」という点が争われ、この争点に対して、買主が受領したときには（その当時買主が善意であれば）無催告解除は可能であるという判断が示されました。その理由は、売主の給付が受領されたならば、その時点で、目的物につき特定物売買と類似した状態が生じ、「不完全ながらも契約の履行があったものと評価することができる」、給付によって特定された物に瑕疵があったのだから、買主の受領後、瑕疵担保責任の規定の適用が可能であるという点に求められます。

　そうすると、買主が受領した後には瑕疵担保責任の規定が適用されるのであれば、もはや債務不履行は問題とならないのではないかという疑問が生じます。この点につき**昭和36年判決**は、「**受領後に債権者が瑕疵を発見した場合、給付の不完全を理由に、改めて債務の本旨に従う完全な給付を請求することができるか**」という点が争われ、これを肯定する判断をしたもので、その理由は「既になされた給付が債務の本旨に従わぬ不完全なものである」こ

とに求められます。大正 14 年判決が「不完全ながらも契約の履行があった
もの」（①）と評価し、給付された目的物について瑕疵担保責任を問うこと
ができるとしたのに対し、昭和 36 年判決は、「履行のための給付はされたが
不完全なもの」（②）であるがゆえに、完全な履行を請求する権利は依然存
在するとします。

　両判決の示す①と②は実体としては同じことを意味しており、各判決の判
断に照らすならば、**その場合に瑕疵担保責任を追及して無催告解除をする
か、あくまでも完全な履行を請求するかは、買主が選択できることになりま
す**。したがって「**債権者が瑕疵の存在を認識した上でこれを履行として認
容**」するというのは、受領時点では瑕疵の存在を知らなかったが、受領後に
瑕疵を発見（「瑕疵の存在を認識」）した上で、完全な物を給付するよう請求
することはせず、（再給付にかかる時間や費用を考え、あるいは瑕疵のある物を
給付した売主への信頼を喪失したために）給付行為はこれで終わったものとし
て扱う（「（不完全な）履行（がなされたもの）として認容する」）ことを意味し
ます。その上で、**給付された物が契約に照らして不完全であるがゆえに、瑕
疵担保責任を追及して値引き（損害賠償）の請求や解除を行うことを選択し
たときには、もはや完全な履行を請求することはできない、しかしそうでな
い以上、完全な履行の請求はなお選択肢として残されている**というのが昭和
36 年判決の趣旨であると考えます。

（4）判例は、ある時点で責任の性質が峻別されるという見解をとっていない

　学説上、瑕疵担保責任の性質が「論点」となり、そこで**債務不履行責任と
瑕疵担保責任とを峻別する見解をとるならば、同じ事案について、いずれの
責任も成立可能だとすることはありえない**ことになりそうです。その見解を
前提として、不特定物売買につき、ある時点を境に債務不履行責任の適用が
なくなり、もっぱら瑕疵担保責任が適用されるという理解をするならば、そ
の時点はいつであるかという問いが成立可能です。その場合には、その問い
に対する判断として両判決は矛盾している、また昭和 36 年判決は曖昧であ
ると感じるかもしれません。しかし、**昭和 36 年判決は、上告人が「不特定
物の売買においては、売買目的物の受領の前と後とにそれぞれ不完全履行の
責任と瑕疵担保の責任が対応するという立場から」行った立論を否定してい**

るのですから、そもそも上記のような理解をとっていません。

　大正14年判決の争点は、不特定物売買における瑕疵担保規定（具体的には無催告解除）の適用の可否、昭和36年判決の争点は、不特定物売買における給付受領後の完全履行請求の可否であり、しかも上記のような受領の前後で適用規範を峻別する立場をとっていないのですから、(3)で見た通り、**裁判所の2つの判断は矛盾するものではなく、また昭和36年判決の判断も決して曖昧なものではないと考えます。**

　　＊ときどき「瑕疵担保責任につき、判例は法定責任説を採用している」という解説を見ることがあるのですが、その認識がどの判決を根拠としているか、もうひとつはっきりしません。昭和36年判決が、両責任の峻別をしていないところを見ると、あまり根拠はないのではないかと思います。

3. 他主占有者の相続人の「所有の意思」の立証責任 ——平成8年判決

(1) 185条への言及の有無　　次に、他主占有者を相続した者が、自らに「所有の意思」ありとして占有物の時効取得を主張することができるかという問題を扱った2つの最高裁判決を検討します。ひとつは、最判昭和46・11・30民集25巻8号1437頁、もうひとつは最判平成8・11・12民集50巻10号2591頁です。**前者は、判断の「理由」の中で、185条にいう「新権原」**（現行規定では「新たな権原」）**による自主占有の可能性が論じられているのですが、後者では判決理由の中で185条は引用されていません。**しかし後者も、たとえば潮見佳男・道垣内弘人編『民法判例百選Ⅰ総則・物権〔第7版〕』（2015年・有斐閣））130頁では、「相続と民法185条にいう『新たな権原』」という表題のもとに取り上げられています。

　この2つの判決は、ともに「民法185条にいう『新たな権原』」という「論点」について判断を示したものかどうか。以下では、この2判決について、判断の「理由」において、185条が的確に機能しているかどうか、考えてみることにします。

(2) 平成8年判決の内容：原判決は相続人の自主占有を否定　　まず、前掲

IV 判例をどのように読み取るか　79

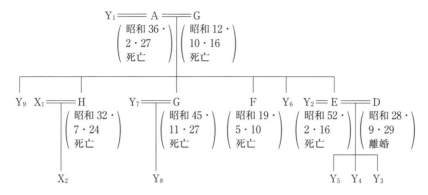

　最判平成8・11・12を見てみましょう。当事者関係は、図の通りです。Xらは第一に、①本件不動産はもとAの所有であったが、Aは昭和30年頃これをHに贈与し、Hがその所有権を取得した。②Hは昭和32年7月24日に死亡し、Xらが相続によりその所有権を取得した。③しかしAは前記贈与による所有権移転登記をしないまま死亡し、YらがAの所有権移転登記手続義務を相続した。よってYらに対し、前記贈与に基づく本件不動産の所有権移転登記手続を求めると主張しました。これに対してYらは否認しました。有効な贈与による所有権移転は認められないというわけです。そしてXらは第二に、たとえ贈与の事実が認められないとしても、Xらは取得時効によって本件不動産の所有権を取得したと主張しました。
　一審では贈与の事実が認められましたが、原審では**贈与はなかったと認定**されました。Aの所有する本件不動産は第三者に賃貸されていたものですが、Hはこれを管理するとともに賃借人から賃料を収受し、自己の家計のために費消していました。Xらが、HがAから贈与されて所有権を取得したと主張したのに対し、Yらは、AはHに本件不動産の管理を委ね、生活費の援助のため賃料収入を与えていたにすぎないと主張したものです。この点について原判決は、Aのメモなどによれば「たかだか、Aは本件土地建物をHにいずれ『分与スル』腹積もりはあったが、当面右物件から得られる賃料をHらに得させることをもって足りるとして、贈与を実行しないうちにHが死亡してしまった」という限度で事実を認定できるにとどまり、

80

贈与の事実があったとは認められないとしました。

そして時効取得については、Hの占有は他主占有であったところ、相続によって占有を開始したXらの占有状況も、Hの占有状況をそのまま踏襲していること等から見ると、Xらの占有も他主占有と認めるのが相当であり、「Hの他主占有が相続を境にしてXらの自主占有に変更されたとは、容易に認め難い」として否定しました。

(3) **最高裁判決：証明責任についての「判例」と、当該事案についての判断**

最高裁は原判決を破棄し、取得時効の成立を認めてXらの所有権移転登記手続請求を認めました。

ⅰ）まず、(1)で挙げた最判昭和46・11・30民集25巻8号1437頁を参照して「被相続人の占有していた不動産につき、**相続人が、被相続人の死亡により同人の占有を相続により承継しただけでなく、新たに当該不動産を事実上支配することによって占有を開始した場合**において、その占有が所有の意思に基づくものであるときは、被相続人の占有が所有の意思のないものであったとしても、相続人は、独自の占有に基づく取得時効の成立を主張することができるものというべきである」と述べています。

その上で、「他主占有者の相続人が独自の占有に基づく取得時効の成立を主張する場合において、右占有が所有の意思に基づくものであるといい得るためには、取得時効の成立を争う相手方ではなく、占有者である当該相続人において、**その事実的支配が外形的客観的にみて独自の所有の意思に基づくものと解される事情を自ら証明すべきもの**と解するのが相当である。けだし、右の場合には、相続人が新たな事実的支配を開始したことによって、従来の占有の性質が変更されたものであるから、右変更の事実は取得時効の成立を主張する者において立証を要するものと解すべきであり、また、**この場合には、相続人の所有の意思の有無を相続という占有取得原因事実によって決することはできないからである**」としています。民集の「判示事項」に「他主占有者の相続人が独自の占有に基づく取得時効の成立を主張する場合における**所有の意思の立証責任**」と記されているように、この点が「判例」として、事実上、以後の裁判にとって規準となる部分です。

ⅱ）そして「これを本件についてみるに、……X₁は、Hの死亡後、本件土

地建物について、Hが生前にAから贈与を受け、これをXらが相続したものと信じて、幼児であったX₂を養育する傍ら、その登記済証を所持し、固定資産税を継続して納付しつつ、管理使用を専行し、そのうち東門司の土地及び花月園の建物について、賃借人から賃料を取り立ててこれを専らXらの生活費に費消してきたものであり、加えて、本件土地建物については、従来からAの所有不動産のうち門司市に所在する一団のものとして占有管理されていたことに照らすと、Xらは、Hの死亡により、**本件土地建物の占有を相続により承継しただけでなく、新たに本件土地建物全部を事実上支配することによりこれに対する占有を開始したものということができる。**そして、他方、Xらが前記のような態様で本件土地建物の事実的支配をしていることについては、A及びその法定相続人である妻子らの認識するところであったところ、同人らがXらに対して異議を述べたことがうかがわれないばかりか、X₁が昭和47年に本件土地建物につきXら名義への所有権移転登記手続を求めた際に、Y₁はこれを承諾し、Y₆及びY₉もこれに異議を述べていない、というのである。右の各事情に照らせば、**Xらの本件土地建物についての事実的支配は、外形的客観的にみて独自の所有の意思に基づくものと解する**のが相当である」と判断しています。この部分は、民集の「判示事項」に「他主占有者の相続人について独自の占有に基づく取得時効の成立が認められた事例」と記されているように、この判決の中で示された規準を適用した結果としての一つの「事例」を示すものです。

(4) 2つの占有？占有の性質の変更？　　この判断の理由を見てみましょう。まず、昭和46年判決を参照して示されている点ですが、相続人は、被相続人の占有を相続により承継するとともに、当該不動産を事実上支配することによって**新たに占有を開始する**という表現をしています。**承継した占有と、新たな占有との2つの占有が観念されている**のでしょうか。そして、**所有の意思に基づくものかどうかが問題になるのは後者の占有です。**承継した被相続人の占有が他主占有であっても、新たな占有が自主占有であれば、取得時効が成立するというのです。

　そして、**承継した占有が他主占有である場合には、新たに開始した独自の占有について、それが外形的客観的に見て独自の所有の意思に基づくこと**

を、取得時効を主張する相続人が主張立証することが必要であると述べています。確かに、相続人が、被相続人が管理を委ねられていただけで、所有の意思なくして占有していたことを知っていたならば、相続人の占有も自主占有ではないでしょうし、それを知らず、被相続人の所有であったと思っていたならば、相続人の占有は自主占有である可能性がありますが、それは外からはわかりません。ただ、この点に関連して、判決理由では「けだし、右の場合には、相続人が新たな事実的支配を開始したことによって、従来の占有の性質が変更されたものである」とされています。「**従来の占有の性質が変更された**」というと、あくまでも 1 個の占有の性質が変わったと言っているようでもあります。しかしいずれにせよ、**平成 8 年判決では、185 条は引用されていません**。この判決が 185 条に関する判決とされるのはなぜでしょうか。

4. 185 条への言及——昭和 46 年判決の内容

(1) 原判決：相続人の占有は、承継された他主占有である　　他主占有者の相続人が、自らの自主占有を主張するケースとして、**平成 8 年判決が参照する前掲最判昭和 46・11・30 は、その判断にあたって 185 条に言及しています**。

　事案は次の通りです。昭和 12 年、Y が従軍するにあたって、第三者に賃貸している本件土地建物の管理を弟 A に委ねました。昭和 17 年、A は X₁ との結婚を機に空いていた本件建物の南半分に入居しました。昭和 24 年に A が死亡、相続人 X らは、引き続き南半分に居住するとともに、北半分の賃料を受領して取得し、Y もこの事実を了知していました。

　X らは、本件土地建物は分家によって A が贈与を受け、X らはそれを相続したと主張、予備的に取得時効を主張して、所有権移転登記手続を請求しました。原判決は、A は贈与を受けたものではなく、Y の不在中、その管理（建物の北半分については賃借人から賃料を収受する）を任された本件建物の南半分に入居していたものにすぎないとした上で、取得時効の主張について次のように述べ、X らの請求を棄却しました。

「Xらが前記Aの死亡により本件土地建物に対するAの占有を承継した
としても、**右占有の承継は相続によるものであるから、Aの占有が所有の
意思に基づかないものであること前段認定のとおりである以上、Xらの占
有もその性質においてかわるところがないものというべく、Xらにおいて
右の相続後Yに対して自分等に所有の意思あることを表示したり、また右
相続とは別個の新権原により所有の意思をもって占有をはじめたことについ
ては何らの主張立証がない。**」

　この理由は、Xらの占有が、相続によって承継したAの占有であること
を前提として、**この占有は他主占有であるから、185条の要件**（所有の意思
あることの表示、新権原による所有の意思をもってする占有の開始）**を充たさな
ければ占有の性質は変わらない**というもののようです。これに対してXら
は、このような解釈は相続を人格の承継とする解釈であるが、それは「旧民
法の家督相続に適合した古いドグマであって、現代の財産相続における相続
の概念には適合しないものである。いわんや占有の基礎にあるところの所有
の意思の有無は占有者の主観に属するものであって、かかる主観は占有者個
人のものであり、人格を異にする相続人が当然に承継するものではない。し
たがって、原判決が、亡Aの占有が自主占有でなかったからとて、Xらの
主観的意思を問題にすることなく、その占有も亦当然に自主占有ではないと
解釈したのは誤り」であると述べて上告しました。

(2) 最高裁の判断：承継した占有と新たな占有の開始　　最高裁は、原判決
の論理の誤りを指摘しつつ、上告は棄却しました。すなわち、原審認定の
「事実関係のもとにおいては、Xらは、Aの死亡により、**本件土地建物に対
する同人の占有を相続により承継したばかりでなく、新たに本件土地建物を
事実上支配することによりこれに対する占有を開始したものというべく、し
たがって、かりにXらに所有の意思があるとみられる場合においては、X
らは、Aの死亡後民法185条による『新権原ニ因リ』本件土地建物の自主
占有をするに至ったものと解するのを相当とする。**これと見解を異にする原
審の判断は違法というべきである。

　しかしながら、他方、原審の確定した事実によれば、X₁が前記の賃料を
取得したのは、YからAが本件土地建物の管理を委託された関係もあり、

84

同人の遺族として生活の援助を受けるという趣旨で特に許されたためであり、X₁は昭和32年以降同37年までYに本件家屋の南半分の家賃を支払っており、XらがAの死亡後本件土地建物を占有するにつき所有の意思を有していたとはいえないというのであるから、Xらは自己の占有のみを主張しても、本件土地建物を、時効により取得することができない」と判示しました。

(3) 185条の使い方に疑問　　この昭和46年判決は、相続人Xらが「Aの死亡により、本件土地建物に対する同人の占有を相続により承継したばかりでなく、新たに本件土地建物を事実上支配することによりこれに対する占有を開始した」と述べており、平成8年判決も、この部分を引用しています。この表現を見ると、占有は占有主体ごとに、相続によって承継されるAの占有と、新たに目的物を事実上支配することによるXらの独自の占有との2つが成り立つように見えます。しかし他方で、185条による「新権原（現185条では『新たな権原』）」によって占有の性質が変わった結果、自主占有をするに至ったと解するのであれば、Xの占有は、Aから承継したものが新たな事実的支配の開始によってその性質を変えたもので、単一のものであると解しているようにも見えます。本判決によれば、Xらの自主占有は、Aから承継した占有と同一のものなのか、別個のものなのか、どちらだと考えるべきでしょうか。これが第一の疑問です。

　次に、仮にXらに所有の意思があると認められる場合には、185条の「新たな権原」による自主占有をするに至ったとする点も、わかりにくいと思います。185条の「新たな権原」による自主占有の開始とは、たとえば借地人Pが地主Qから目的土地を買い取った場合、当初からの占有が継続するが、それまでは賃貸借契約に基づく他主占有であったものが、売買契約に基づく新たな権原により、買った物の所有者として「さらに所有の意思をもって〔自主〕占有を始める」という場合が典型的な例です。そこでは「新たな権原」とは客観的・外形的に認識可能なものを意味していますから、「新たな権原」の性質から所有の意思が推定できるというのではなく、「所有の意思があると認められる場合」に「新たな権原」によるものと認められるのであれば、順番が逆ではないかという疑問も生じます。ここでどうしても

185 条に言及しなければならなかったのはなぜでしょうか。これが第二の疑問です。

5. 185 条への言及の必要性はどこにあったか
——平成 8 年判決の争点との関係

(1) 相続人が自己固有の占有を主張すること：187 条との関係　そこで、昭和 46 年判決についての調査官解説を調べてみました（柳川俊一「解説」『最高裁判所判例解説民事編昭和 46 年度』394 頁以下）。そうすると、**最判昭和 37・5・18 民集 16 巻 5 号 1073 頁**が重要な意味を持っているようです。

　問題点のひとつは、「占有者の承継人は、その選択に従い、自己の占有のみを主張し、又は自己の占有に前の占有者の占有を併せて主張することができる」と定める 187 条 1 項は、相続による承継の場合にも適用されるのかという点です。大審院は、「相続人ハ被相続人ノ人格ヲ継承シ法律上同一人ト看做サルヘキモノ」だから「常ニ自己ノ承継シタル前主ノ占有ノ性質及ヒ瑕疵ヲ離レテ主張スルコトヲ得」ないと述べて（大判大正 4・6・23 民録 21 輯 1005 頁。大判大正 6・2・28 民録 23 輯 322 頁も同旨）、相続人が自己固有の占有のみを主張することを否定しました。

　これに対して上記の昭和 37 年判決は、被相続人の占有は自主占有であったが悪意であったため、10 年の取得時効を主張できない場合に、相続人が占有承継時に善意無過失であれば、10 年の取得時効の完成を主張できるかどうかという問題について判断しました。原判決が、家督相続によって本件土地に対する占有を承継した相続人の占有は「新権原にもとづき占有を開始したものでないからその性質を変ゆることなく、」相続人は悪意の占有者であるとしたのに対し、最高裁は、187 条 1 項は「相続の如き包括承継の場合にも適用せられ、**相続人は必ずしも被相続人の占有についての善意悪意の地位をそのまま承継するものではなく、その選択に従い自己の占有のみを主張し又は被相続人の占有に自己の占有を併せて主張することができるものと解する**」と判示しました。

　その際に最高裁は、大正 4 年・大正 6 年の上記大審院判例とともに、**他主**

占有者からの相続に関する大判昭和6・8・7民集10巻763頁も変更されるべきであると述べました。

(2) 昭和6年大審院判決と185条：相続人固有の占有を否定していた段階

　他主占有者からの相続に関する大審院判例として、上記の**昭和6年判決**は、相続によって占有権を承継する者は「前主ノ占有権其ノモノヲ承継スル者ナレハ」前主の占有が所有の意思なきものであれば相続人の占有もまた所有の意思なきものであり(a)、**相続をもって185条のいわゆる新権原と解するべきではない**(b)としています。また大判昭和14・9・15評論28巻民法875頁は、取得時効の要件たる占有に関しては「相続人ハ謂ハハ**被相続人ノ人格ヲ承継**シタルモノトシテ被相続人ト同様ニ取扱ハルヘキモノ」であって、相続人自身が「相続以外ノ新権原ニ基ク新ナル占有ヲ開始セサル限リ相続人固有ノ占有ヲ主張スルヲ得ス」と述べています。

　さて、前掲昭和37年判決が、昭和6年判決について変更されるべきであるとしたのは、どのような趣旨でしょうか。昭和6年判決の示した上記a・bの点に着目するならば、ひとつには、**①被相続人の占有と相続人の占有とは別個のものであり、相続人の取得した占有を被相続人の占有を承継したものと解するべきではない**という趣旨ではないかと考えることができそうです。187条が選択的に、自己の占有のみ、または前の占有者の占有と併せて主張できるとしているのは、**占有主体ごとに別個の占有が成立することを前提としているように見える**からです。もうひとつには、**②相続をもって新たな権原と解することが可能である**という趣旨と考えることが（一応）できそうです。この場合には、被相続人から承継した**1個の占有の性質変化**として捉えることになります。この点について調査官解説では、昭和37年判決は「相続による占有の承継に際し他主占有から自主占有への占有の性質の変更がありうるかという問題について、最高裁の態度を明らかにしたものではない」と説明されています（柳川・前掲399頁）。**少なくとも後者（②）の趣旨を昭和37年判決から読み取ることはできない**と考えます。そうすると、昭和37年判決により、被相続人から承継した占有と相続人固有の占有とを区別しうることが明らかにされたものということができそうです。

(3) 185条引用の意味：占有の単一性を前提として　　ⅰ）それでは、**相続**

について、185 条の「新たな権原」はどのような意味をもつと考えるべきでしょうか。調査官解説は次のように説明しています。すなわち、最判昭和44・10・30 民集 23 巻 10 号 1881 頁は、相続が開始すると、被相続人の占有は、相続人に現実の所持がなくても、原則として相続人の占有に移る旨を判示しているが、相続人が現実の所持を取得したときには「相続人は、一方において被相続人の占有を承継すると共に、他方において相続を契機とする固有の占有を取得する。そして、**この両占有は別個のものではなく、単一のものとして評価される。つまり、この場合にあっては、相続人の占有は、承継した占有と固有の占有との二面性を有する**」と（柳川・前掲 399 頁）。4 (3)で示した第一の疑問については、単一の占有であるという理解です。これで**185 条適用の前提が置かれた**ことになります。そうすると、第二の疑問、185 条の問題とする理由についてはどうでしょうか。

　調査官解説では引き続いて「被相続人の占有が他主占有である場合にこの種の相続人の占有が相続を契機として自主占有になることがありうるかがここでの問題である」と述べ（柳川・前掲 400 頁。傍点原文）、学説を検討した上で次のように論じています。すなわち、**所有の意思の有無は占有取得の原因たる事実によって客観的に定められるべきものであるとしても**（最判昭和45・6・18 判時 600 号 83 頁）、**相続による占有の取得の場合、相続ということだけでは所有の意思の有無を判定できない。**したがって相続人に自主占有の主張を許さないという見解も理解できないものではないが、これを認めようとするならば、所有の意思の有無は、相続という占有取得原因事実で定めることはできないから、相続人の所持の態様によって客観的に定めるほかはない、と（柳川・前掲 400〜401 頁）。

　ⅱ）そして、**185 条に言及する必要性**については次のように述べています。すなわち、**相続人に自主占有の主張を認める見解**のうちには「民法 185条の占有の性質の変更をもって理由づける見解と相続人の固有の占有を強調して通常の占有と同様であることをもって理由づける見解とがみられる。この見解の相異は、結果的にみると民法 186 条Ⅰの所有の意思の推定が働くかどうかの点にあろう。前者によれば右の推定は働かず、自主占有であることによって利益を受ける側（取得時効を主張する側）に所有の意思の立証責任

があるのに対し、後者によれば、その相手方に所有の意思のないことの立証責任があることになる。……しかし、相続人が相続により占有を取得したという事実だけで、その占有に所有の意思があると推定することには問題があろう。相続に限らず、特定承継を含めて占有の承継取得においては、**前主の占有の性質が承継人のもとで変更になったことの立証責任は、その変更によって利益を受ける側（時効による所有権取得を主張する側）にあるとするのが民法185条の趣旨であると解せられ（…）、その限りで、民法186条Iの所有の意思の推定は働かないと思われる。したがって、相続による占有取得においても、特定承継の場合との均衡上、この立証責任の面では、占有の承継という面に着目し、民法185条の問題として取り上げるのが適当ではなかろうか」と（柳川・前掲402頁）。**

　相続人の固有の占有を認める見解があることを確認した上で、その固有の占有について186条1項による所有の意思の推定を認めることは、相続の場合は適切ではない。**相続人の側から所有の意思による占有であることを立証すべきものとするためには、185条の問題とすること（その前提として、相続人の占有は単一のものであるとすること）が適切である**という考え方のようです。

> ＊調査官解説では「なお、民法185条の『新権原ニ因リ更ニ所有ノ意思ヲ以テ占有ヲ始ムル』というのは、所有の意思を客観化する（事実的支配の態様により客観的に定める）かぎり、『所有の意思があるとみられる新権原をもって占有を始める』ことにほかならないのであるから、相続による占有であっても、所持の態様から所有の意思があるとみられるのであれば、同条後段による占有の性質の変更を肯定することができるであろう」と付け加えています（柳川・前掲403頁）。相続による占有の継承という「客観的な事実」とは別に、所有の意思を示すような「客観的な事実」があれば、185条に基づく占有の性質の変更を認めることができるという趣旨でしょうか。

(4) 本命は立証責任の規律　　このように見ると、**185条に言及する必要性は、他主占有者の相続人に、相続を契機として取得した占有について、独自の所有の意思の主張を認めるにあたり、その立証責任の規律を適切に行うことにあった**ように考えられます。大審院時代の判例を変更して相続人固有の

占有の主張を認めた昭和 37 年判決の後、**昭和 46 年判決は、他主占有者の相続人が固有の「所有の意思」を主張することをも認めた。**しかし相続という事実だけによって時効取得の可能性が生ずるというのでは、所有権の静的安全を害するおそれがある。所有者にしてみれば、被相続人には不動産の管理を任せ、生活費の援助のために賃料の取得を認めているということは、当然相続人も分っているはずだと思うからこそ、引き続き不動産の管理と収受した賃料の費消を許しているのでしょうから。そうすると、**相続人の占有が「外形的客観的にみて独自の所有の意思に基づくもの」**（平成 8 年判決参照）**であることが必要であり、その所有の意思は、取得時効の完成を主張する相続人の側で立証しなければならない。**そのために、「**新たな権原をもって更に所有の意思をもって占有を始める**」ことを要件とする（したがって、これを主張する側が所有の意思の主張・立証をする）**185 条の適用の必要**がある。これが 185 条への言及の理由だったのではないでしょうか。したがって昭和 46 年判決は、被相続人から承継した占有と相続人固有の占有との区別を認めながら、立証責任の考慮のために 185 条に言及する、その前提としては相続人の占有は単一であるということになるため、前提に齟齬が生じていると考えることができます。

　そうであったとすると、**平成 8 年判決が、昭和 46 年判決のうち、相続人の「新たな占有開始」を取り出した部分を引用した上で**（4 (3) 参照）、**この相続人固有の占有につき、正面から所有の意思の立証責任についての規律を確定したことにより、185 条への言及は、その役割を終えたのではないか、**このことが、平成 8 年判決が 185 条に触れていない理由ではないかと考えます。

　そうすると、昭和 46 年判決、平成 8 年判決は、**185 条に関する判例というよりも、両判決共通の争点に即して考えるならば、前者は他主占有者の相続人が固有の占有につき、固有の「所有の意思」を主張することを認めたもの、後者はそれを前提として、その立証責任について一般的な規律を明らかにしたものと位置づけることができる**と考えます。

V 判断の手順と民法の基本原理
──所有権と契約──

1. 所有権取得の根拠──所有権の法理と契約の法理

(1) 材料の所有と完成建物の所有　Ⅳでは、判例を読むにあたり、その事件では何が争点とされ、その争点について裁判所がどのような判断を行ったのかを確かめることについて考えてみました。Ⅴでは、裁判において、ある事実に対してある規範を適用し、判断をする手順について考えることとします。事実をどのように捉え、どの規範を適用するべきかという問題です。

　まず、「**請負人が自己の所有する材料を使って建物を建てた場合、その建物は誰の所有に帰属するか**」という問題を考えてみましょう。これだけ聞くと、請負人の材料で請負人が建てたのだから、当然請負人の所有に帰すると考えられそうです。しかし、そう考えたとしても、請負人はこの建物を注文者の注文により、いずれ注文者の所有にする予定で建てたのですから、どこかで注文者に所有権を移さなければなりません。また、あらかじめ請負代金の3分の1を受け取っていたとしたら、完成した時点で、この建物は誰の所有に属するのでしょうか。

　この問題を判断するにあたっては、**ひとつには材料の所有権、ひとつには請負契約（ないし契約当事者の意思）という2つの要素**を考えることが必要になります。請負人が所有する材料を使って建物を建築し、その建物が注文者の所有に帰属するまでに、どこかで所有権の移転が生じたといわなければならないのですが、所有権の移転（または帰属）について民法は何を規定しているのでしょうか。

(2) 所有権の帰属に関する民法の規定　所有権の移転は、相続や時効取得（162条）・即時取得（192条）でも生じますが、ここで問題になるのは、まず契約という要素に関連して、**意思表示による所有権の移転の規定（176条）**、次に材料の所有権に関連して、第2編第3章第2節「所有権の取得」（239条

以下）に定められている諸規定です。後で検討する「建築途中の工作物の所有権」に関する判例に関連しますから（特にⅳ・ⅴ・ⅶ）、後者の諸規定を確かめておきましょう。

ⅰ）無主物の帰属に関する239条。1項では、「所有者のない動産は、所有の意思をもって占有することによって、その所有権を取得する」と定められています。「所有者のない動産」の典型としては野生の鳥獣、海洋の魚介類が挙げられます。狩猟権・漁業権の問題は別として、民法上は「所有の意思をもって占有することによって」所有権を取得するものとされています。

ⅱ）遺失物拾得に関する240条。この場合、遺失物法所定の手続をとった上で、所有者が現れなければ拾得者の所有に帰するのですが、占有の際に「所有の意思」はないはずですから、なぜ拾得者が所有権を取得するのかという疑問が生じます。この点について民法典起草委員の一人である富井博士は、遺失物をいつまでも所有者のために保管するのは不合理であり、その利用をはかるためには、その物に最も縁故を有する拾得者の所有とするのがよいためであると説明しています（富井政章『訂正民法原論第二巻物権』（有斐閣復刻版・1985年（原本は1923年）128頁）。

ⅲ）埋蔵物の発見に関する241条。これも遺失物法の手続により、所有者がわからないときは発見者が所有権を取得します（他人の所有物の中から発見したときは、その他人と折半します）。その物を再び利用可能にした発見者に取得させるものです。

ⅳ）**不動産の付合に関する242条。「不動産に従として付合した物」の所有権は不動産の所有者に帰属します。** Aの土地に、Bが利用権なくして木を植えた場合などです。動産が不動産の一部となってしまった場合には、あえて分離するとその動産が損傷して社会的損失を招くため、不動産の所有者にその所有権を取得させ、あとは償金（248条）の支払いによって調整しようとするものです。240条の遺失物拾得、241条の埋蔵物発見に関する規律と同様、財産の社会的効用を重視しています。

ⅴ）**動産の付合に関する243条。両動産を分離すると損傷してしまう場合、全体を「主たる動産」の所有に帰属させた上で、同様に償金で調整します。**

92

ⅵ）混和に関する245条。Aの大豆とBの大豆が混ざってしまったような場合です。分離すると損傷するわけではありませんが、識別できないため分離自体が困難ですから、動産の付合と同様の扱いをします。

ⅶ）**加工に関する246条。原則として材料の所有者が所有権を取得しますが、「工作によって生じた価格が材料の価格を著しく超えるときは」加工者が取得します。**242条・243条の付合では、付合した物のうち、より大きな方の所有権者が全体の所有権を取得しますが、246条の加工でも、材料の所有者が加工物の所有権を取得するという原則をとっています。したがって、元の物の所有権者がその所有権を維持することを原則としつつ、工作者の貢献の価値が「材料の価格を著しく超えるときは」その例外を認めるという考え方をとっています。

ⅳからⅶまでの規定を見ると、別主体の所有物あるいは価値が分離不可能になった場合には、**より価値の大きな財貨の帰属主体が全体の所有権を取得する**という考え方を見て取ることができそうです。

2. 完成した建物の所有権の帰属——その根拠について

(1) 材料の所有者に帰属する？　　以上のように、元の物の所有権者がその所有権を維持することが出発点ですから、請負人の材料で請負人が建てた建物が請負人の所有に帰するのは当然だといえそうです。最初の例で、あらかじめ請負代金の3分の1を受け取っていたときであっても、金銭の所有権は占有の移転とともに受領者に移転しますから、請負人の所有物によって作られたものであることには変わりがありません。

しかし、もともと注文者のために建てたものですから、請負人に所有権を帰属させる意味があるかどうか、疑問があります。のみならず、完成された建物は多くの場合注文者所有の（または注文者が利用権を有する他人の）敷地に建てられますが、請負人が建物を所有するとしても、請負人には敷地の利用権がありませんから、請負代金の支払いがない場合に、その建物を他に処分して代金を回収することもできません。そうすると、所有権の帰属が請負人の保護のために実益があるわけでもなく、完成建物の所有権は初めから

（原始的に）注文者に帰属するのが合理的だという考え方（注文者帰属説）にも十分な理由がありそうです（注文者帰属説については、後で検討します）。

とはいえ、法的な判断として、注文者への原始的帰属が合理的であるからそのように解すると宣言するだけでよいか。民法の解釈論としては、何を根拠に、どのような手順で判断するか。この点について、まず判例を確かめてみますが、1（1）で触れた「**材料の所有権**」という要素と、「**請負契約ないし当事者の意思**」という要素に着目して考えてみましょう。

(2) 完成建物の所有権帰属に関する判例—「材料の所有権」と「合意」

まず大判明治37・6・22（民録10輯861頁）は、請負人が自己の材料をもって建築をする場合、材料を土地に付着させるや否や、当然にその所有権が土地の上に権利を有する者に移転するのではなく、建物等の工作物の所有権は、請負人がこれを注文者に引き渡すことによってはじめて注文者に移転すると判示しました。この事案は、注文者所有の土地の上にではなく、注文者が地上権を有している土地の上に建築がされ、また工事が「成功」しても請負代金が支払われないときは、請負人がその「建家」を適宜処分することを認める**特約**があったというものです（典型的な事例とは少し違いますね）。大審院は、これをもって、原審が家屋の引渡前は**目的物の所有権を注文者に移転しないという当事者の意思**を認定したものと評価しています。

大判大正3・12・26（民録20輯1208頁）は、明治37年判決を引用して「請負人が自己の材料を以て注文者の土地に建物を築造したる場合に於ては**当事者間に別段の意思表示なき限りは**其建物の所有権は材料を土地に付着せしむるに従ひ当然注文者の取得に帰するものに非ずして請負人が建物を注文者に引渡したる時に於て始めて注文者に移転するものとす」（表記をひらがなに直し、濁点を補いました）と述べ、その根拠として、請負契約の性質上、特約がない限り、請負人はその建物を注文者に引き渡すことによってはじめて債務〔の履行〕が完了し、注文者に対する報酬支払請求権が発生すること、また危険は建物を引き渡してはじめて注文者の負担となること等を挙げています。根拠づけが的確か否かは別として、**材料の所有者に完成建物の所有権が帰属するという前提のもと、完成建物の引渡しの時点で注文者に所有権が移転するという原則を確認した上で、当事者間の「別段の意思表示」の可能**

性を示しています。

　そして大判大正 5・12・13（民録 22 輯 2417 頁）は、請負人が材料の全部を供して建物を建てた場合であっても、**注文者が請負代金の支払いのために金融をはかる必要**から、完成前に建物の所有権を注文者に帰属させることについて**特約をすること**は可能であり、その特約がされたときは、建物の所有権は引渡前に注文者に移転すると判示しました。大正 3 年判決の「**別段の意思表示**」に関する規律の具体的な適用ですね。

　なお、大判昭和 7・5・9 民集 11 巻 824 頁は、**注文者が建築材料の主要部分を供給したときは**、「特約なき限り其の建物の所有権は当然原始的に注文者に帰属する」（表記をひらがなに直しました）としています。これは、あるいは、完成した建物の所有権はその**材料の所有者に帰属するという原則**を、材料の「主要部分」を提供した場合に拡大したものでしょうか。

　さらに大判昭和 18・7・20（民集 22 巻 660 頁）は、請負人が材料の主要部分を提供して建物を建てた事案において、**建物の完成前に請負代金を完済したときは**、特別の事情がない限り、当事者間に、工事完成と同時に当該建物は注文者の所有とする旨の「**暗黙の合意**」があったものと推認するのが相当であるとしました。昭和 7 年判決を前提として請負人に所有権を帰属させた上で、暗黙の合意を介して注文者に移転させています。

　最高裁の判決としては、まず最判昭和 44・9・12（判時 572 号 25 頁）があります。この判決は、注文者が「全工事代金の半額以上を棟上げのときまでに支払い、なお、工事の進行に応じ、残代金の支払をして来た」場合には「特段の事情のないかぎり、建築された建物の所有権は、引渡をまつまでもなく、完成と同時に原始的に注文者に帰属する」と述べて、昭和 18 年判決のような「**暗黙の合意**」に触れていません。これをどう考えるか。ひとつには、①代金の支払いを材料の「価値」を提供したものと解して、これを材料の提供と同視するということが考えられます。もうひとつには、②代金が支払われたときは、請負人において注文者への所有権の移転を否定する合理的な理由がない、したがって、「特段の事情のないかぎり」一般的に「暗黙の合意」があったものと推認しうるとすることが考えられます。「暗黙の合意」を推認できる事実は、個々の事案ごとに認定すべきものであるが、代金の支

払いがあれば、一般的に推認できるという考え方です。金銭の所有権の帰属は占有と一致することとともに、完成した建物は形式的には材料とは別の財産であって、注文者が完成建物を「原始取得」するものであるとしても、請負人が材料の所有権を失う根拠としては当事者の意思以外には考えられないとして、②のように考えるのが適切であると考えます。

これに対して最判昭和46・3・5（判時628号48頁）は、注文者Aから分譲住宅の建築を請け負った請負人Xと、6棟の建物のうち2棟についてAから買い受けたY_1・Y_2との間で所有権の帰属が問題になった事案で、具体的な事実関係を示した上で、当該事実関係のもとでは、XがAの代理人として受領していた6棟の建物の建築確認通知書をAに交付した場合に、その「交付にあたり、本件各建物を含む6棟の建物につき**その完成と同時にAにその所有権を帰属させる旨の合意**がなされたものと認められ」るとして、原審による黙示の合意の認定を支持しました。これは、所有権を注文者に帰属させる合意を、**当該事案の具体的な事実に基づいて認定**したものということができます。

(3) 判例の法理と「注文者帰属説」　ⅰ）以上の判例によれば、請負人が自己の材料をもって建築した建物の所有権は、完成後、原則として引渡時に、引渡前でも、特約があればその特約に従って注文者に移転すること、代金が完済されたときは、特別の事情がない限り、完成時に注文者に所有権が帰属する旨の「暗黙の合意」があったと推認されることが示され、また、具体的な事実関係に基づき、完成時に注文者に所有権が帰属させる旨の「合意を認定」した例も認められます。

一連の判例を、注文者に完成建物の所有権が帰属する時点に関する判断を示すものとしてまとめることも可能ですが、単にそう考えるのが合理的かどうかというだけでなく、**請負人所有の材料から成る建物の所有権が注文者に帰属する根拠の問題として考える必要があります**。すなわち、請負契約の場合には引渡時に所有権が移転するのが当事者の通常の意思であり、また代金を完済した場合には引渡前でも所有権が移転するという「暗黙の合意」があるものと解するのが合理的であるというように、あくまでも契約当事者の合意が根拠だということです。したがって、昭和46年判決のように、当該事

案に即して所有権帰属についての合意を認定するのが基本であり、「暗黙の合意」に触れていない昭和44年判決も、（2）で検討した通り、代金完済の場合に関する昭和18年判決の展開として、「暗黙の合意」に根拠を置いているものと考えられます。

　ⅱ）ただ、学説においては、「建物建築等の場合にまず請負人に建造物の所有権を認めることは、**法律的に諸々不当な結果を招き、取引当事者の意思にも適合しない。**提供材料の主従等に関係なく建造物は原始的に注文者に帰属すると考える方が、**注文者のために目的物を製作する**という請負契約の**特殊性**からいって妥当である」（吉原節夫「請負契約における所有権移転時期」『契約法大系Ⅳ　雇用・請負・委任』（有斐閣・1963年）135頁）とする「**注文者帰属説**」が有力です。

　たとえば来栖博士は「建築請負にあっては、請負人が自己の材料を以て建築する場合にも——工事費内訳明細書その他の仕様書を提出して請負代金を定め、注文者の指図を受けつつ工事を施行するばかりでなく——、注文者のために注文者の土地に建築しているのである。その点、普通の製作物供給契約と同一視できないのではないか。判例も請負代金の支払がなくとも——例えば請負代金の支払に充てる金融をはかるため——特約により建物の所有権を引渡前に注文者に帰属せしむることは可能だとしているが（〔前掲大正5年判決〕）、むしろ建築請負の場合には、別段の事情のない限り、工事の進捗に従い、所有権はやはり注文者に帰属するとみるべきでないだろうか。それは注文者が建築許可を受け、登記も注文者がはじめから保存登記をし、請負人がまず保存登記して注文者に移転登記することは行なわれていないという実情にも合致するであろう。そして**請負人が工事目的物に抵当権を設定し、抵当権が実行されるようなことの起きるのを防止する**」と説き、さらに、民法が「請負人のために先取特権をみとめていることは、所有権が引渡前にも請負人になくて注文者にあることを前提しているのではないか」と指摘します（来栖三郎『契約法』（有斐閣・1974年）467～468頁）。

　確かに、建物所有権が初めから注文者に帰属するものと考えられているという指摘は建築請負の実際に照らして説得力があるように思いますし、引渡し前に請負人に所有権が帰属すると解することにより、実際にどのような不

都合が生じているかという点も調べる必要がありそうです。もっとも「建物建築の請負においては、請負人が材料を提供する場合にも、完成した建物の所有権がいったん請負人に帰属するということを前提として請負人が所有権保存登記をなしうるとするのは必ずしも妥当とは考えられないが、さりとて**請負代金の支払をせず（通常はその結果）引渡も受けていない注文者が建物の完成と同時にその所有権保存登記をなしうるとするのも妥当かどうかは疑わしいように思われるのであり**、この点をもふくめて、問題となる諸事項についての検討が今後なお必要であろう」（『新版注釈民法 (16)』（有斐閣・1989年）127〜128 頁〔広中俊雄〕）という指摘もあり、注文者帰属説をとるか請負人帰属説をとるかというだけで問題が解決するわけではないようです。

　iii）このように考えると、**材料の所有者**である請負人が、その材料が形を変えた完成建物の所有者となるという前提をとった上で、当該事案において**請負人が自らの意思で注文者に所有権を移転したと認めることができるかどう**かを判断する、その判断において、引渡しがされればその時に所有権が移転したと認めることができるが（原則）、それ以前においても所有権を移転させる明示のまたは暗黙の合意ありと認めうる具体的な事実があれば、引渡しの前であっても所有権が移転したものと認めることができるとする判例の考え方は、**所有権の尊重と、自らの意思による権利関係の変動**という民法の基本原理を押さえ、原則を設定した上で、個別のケースにつき事実に即して判断するという点で、合理的なものといえるのではないかと思います。

　それでは次に、注文者・元請人・下請人の三者が関連する場合に、材料の所有権に関する法理と、特約、すなわち契約の法理とがどのように関連するかを見てみましょう。

3. 建築途中の工作物の所有権
——注文者・元請人・下請人の関係

(1) 物権の法理：所有権取得の問題として　　まず、最判昭和 54・1・25（民集 33 巻 1 号 26 頁）を見てみます。

　注文者 A、請負人（元請人）B との間で、B が A の所有地上に建物を建築

するという請負契約が締結され、問題が生ずるまでに、請負代金622万円の
うち213万円がBに支払われました。作業は一部を除いてCが下請けをし
（代金350万円）、Cは自己の資材で工事をしましたが、Bから代金支払いの
ために受け取った手形が不渡りとなったため、棟上げは済んでいたものの、
瓦葺き・荒壁塗りなどをしないまま工事を中止しました。このような事情の
もとで、AはBとの請負契約を合意解除し、残りの部分を、工事進行ととも
もに所有権がAに帰属する旨の特約を付してDに請け負わせました。Dは
工事を完成して、建物をAに引き渡しました。

　Cは、完成建物の所有権は自己に帰属するとして、Aに建物の明渡しを請
求しましたが、その理由は次の通りです。第一審では、工事を中止した段階
でCの工作物は独立した不動産である「建物」となっていたから、その後
のDの工事で付け加えられた物は242条（不動産の付合）によってCの工作
物に付合し、結局完成した建物全部がCの所有に帰属すると主張しました
が、Cの請求は棄却されました。第二審では、仮にCの工作物が不動産に
なっていなかったとしても、①Dが屋根瓦を葺き、荒壁を塗った時点で独
立の建物となった。この時点で、Cの工作物は主たる動産、Dが付け加えた
物は従たる動産であるから、この建物は243条（動産の付合）によりCの所
有に帰属した。②その後、Dの工事によって付加された分はC所有の建物
＝不動産に付合したものであり（242条）、結局Cの所有に帰属すると主張
しましたが、第二審でもCの請求は認められませんでした。

　最高裁はまず、「**このような場合には、動産に動産を単純に附合させるだ
けでそこに施される工作の価値を無視してもよい場合とは異なり、右建物の
建築のように、材料に対して施される工作が特段の価値を有し、仕上げられ
た建物の価格が原材料のそれよりも相当程度増加するような場合**には、むし
ろ民法の加工の規定に基づいて所有権の帰属を決定するのが相当であるか
ら」、付合に関する243条ではなく、**加工に関する同246条2項**に基づいて
決定すべきであると述べました。

　そして本件においては、CのDに対する仮処分の執行により工事の続行
が差し止められた昭和40年11月19日の段階で、Cの作った工作物の価格
は90万円を超えるものではないのに対し、本件未完成建物の価格は少なく

見積もっても 418 万円であったという認定事実を示し、246 条 2 項の規定に基づき所有権の帰属を決定するにあたっては、C の作った工作物が独立の不動産である建物としての要件を具備するにいたった時点の状態ではなく、「前記昭和 40 年 11 月 19 日までに仕上げられた状態に基づいて、D が施した工事及び材料の価格と C が建築した建前〔C の作った工作物〕のそれとを比較してこれをすべきものと解されるところ、右両者を比較すると前記のように前者が後者を遙かに超えるのであるから、本件建物の所有権は、C にではなく、加工者である D に帰属するものというべきである」と述べ、その上で、「D と A との間には、前記のように所有権の帰属に関する特約が存するのであるから、右特約により、本件建物の所有権は、結局 A に帰属するものといわなければならない」と判示しました。

(2) 規定からではなく、事実の全体を見ること　最高裁のこの判断には、法規定の適用にあたって事実をどのように把握するかという問題が表れています。第二審において C は、建築途中の C の工作物（主たる動産）に D が付加した物（従たる動産）が 243 条の適用により C の所有に帰属するとして、まず未完成の建物（不動産）の所有権を取得したこと、さらに、これに D が付加した動産の所有権を 242 条の適用により C に帰属させ、結果として完成建物の所有権を取得したことを主張しています。確かに、**243 条・242 条という条文の要件を充たす事実を事実全体の中から切り取ってきて、それを両条文により説明することもできます。**

　しかし、事実の全体を見たとき、他人の土地に植えられた木の所有権が 242 条によって土地の所有者に帰属する場合とは異なり、このケースでは、完成建物の価格の相当部分が、単に付合した動産の価値だけではなく、**D の行った工作（労働）によって生じたものであることを本質的な要素と考えるべきです。**したがって最高裁は、この事案は 246 条所定の加工の問題であるとし、D の行った工作と D が供した材料の価格とを適切に評価するために、D が仕上げた状態での価格と C の作った工作物の価格とを比較するべきものとしました。

　実際、試験をしてみると、事例問題の答案の中に、**論点＝適用するべき条文を先に決めてしまって、それに合う事実のみを拾い出し、他の重要な事実**

100

を見落としているものが時折見られます。事例問題は、あわてないでよく読み、本質的な点は何であるかを判断することが大切です。さらに実際の裁判においても、その事件に含まれる多くの事実の中で、何が本質的なものとして把握され、事実認定されるかが決定的に重要です。したがって両当事者は、自らが事件の本質をなすと考える事実を強調し、これを証拠によって証明するべく努力します。判例を研究し、その論理構成を検討する場合には、裁判所の認定した事実を前提としなければなりませんが、**裁判所の認定事実も当事者のそのような主張・立証の活動に基づくものであること**を頭に置いてください。

　ところで、このケースでは完成建物の価値にＣが寄与した分が小さかったため、Ｃの主張は認められませんでしたが、**Ｃの寄与した分が大きかったときはどうなるのでしょうか**。他方で**ＡはＢと契約し、ある程度の請負代金を支払っているのですから**、完成建物の所有権をＣに認めてしまってもよいか、考える必要があります。そこで、よく似たケースにつき、物権的な構成をとらずに判断した判決を見てみましょう。

(3) 契約の法理：所有権の帰属と特約　　最判平成5・10・19（民集47巻8号5061頁）では、注文者Ａが請負人（元請人）Ｂとの間で、自己の所有地上に建物を建築させるための請負契約を締結しましたが、この契約には、**Ａは工事中契約を解除することができ、その場合の「出来形部分」はＡの所有とする旨の条項**がありました（この点が、昭和54年判決との違いです）。問題が生ずるまでに、Ａは工事代金の約56％をＢに支払っていました。ＢはＡの承諾なくしてＣに本件工事を一括して請け負わせ（注文者の承諾のない一括下請は、建設業法で禁じられています）、Ｃは自ら材料を提供して工事を行い、工事全体の約26％までを作り上げました。ところがＢが破産、ＡはＢとの契約を解除し、ＣはＢから全く下請代金の支払を受けられませんでした。その後、ＡはＣと工事の続行について協議したものの、合意に至らず、ＡはＤとの間で本件「出来形部分」を基にして建物を完成させる請負契約を締結し、Ｄはこれを完成した上で、代金全額の支払いを受けてＡに引き渡しました。

　Ｃはまず完成建物の所有権を取得したとして建物の明渡しを請求、予備的

に A に対して**償金請求（248 条）**をしましたが、第一審判決は、両請求とも棄却しました。これに対して第二審判決は、明渡請求は棄却しましたが、償金請求は認容しました。明渡請求を否定したのは、C の建築した「建前」（「出来形部分」に同じ）はまだ不動産たる建物とはなっておらず、D の提供した材料の価格と D の施工価格は上記「建前」の価格を優に超えるものであるから、完成建物の所有権は D に帰属し、その所有権は D と A との合意によって A に移転されたものであるという理由です。

　他方、償金請求を認めた理由は、**A と B との間で、元請契約の解除の場合「出来形部分」の所有権は A に帰属する旨の特約があるが、この特約条項は C を拘束するものではなく、また B と C との下請負契約には、C が施工した出来形部分の所有権の帰属に関する特約はされていなかったのである**から、元請契約の解除により直ちに本件「建前」の所有権が A に移転する理由はない。したがって**本件建前の所有権は C にあったにもかかわらず、本件建物が完成し、建前が建物の構成部分となったことによって失われたも**のであるから、A は 246 条・248 条の規定に従って C に対して償金を支払う義務を負うというものです。

　C の提供した「建前」について、**C に所有権があることを前提とした上**で、第二の請負人 D との関係ではその価格がより低いことから、完成建物の所有権は**加工の法理により D に帰属する。その上で、A と D の合意により、完成建物の所有権は D から A に移転する。ただ、完成建物は A の所有に帰するとしても、C の所有権に由来する価値が、C の意思に基づくことなく A に帰属することになるから、その価値は償金として、A から C に戻さ**れなければならない。第二審判決は、先に見た昭和 54 年判決の示す手順で判断しています。

(4) 請負契約における下請人の地位は？　　このように第二審の判決は、所有権の帰属と契約による所有権の移転とについて、ひとつひとつ事実を確かめながら議論を進めたものですが、最高裁は次のように述べてこれを破棄し、償金請求も否定しました。

　すなわち「建物建築工事請負契約において、注文者と元請負人との間に、契約が中途で解除された際の出来形部分の所有権は注文者に帰属する旨の約

定がある場合に、当該契約が中途で解除されたときは、元請負人から一括して当該工事を請け負った下請負人が自ら材料を提供して出来形部分を築造したとしても、**注文者と下請負人との間に格別の合意があるなど特段の事情のない限り**、当該出来形部分の所有権は注文者に帰属すると解するのが相当である。けだし、建物建築工事を元請負人から一括下請負の形で請け負う下請契約は、その性質上元請契約の存在及び内容を前提とし、元請負人の債務を履行することを目的とするものであるから、**下請負人は、注文者との関係では、元請負人のいわば履行補助者的立場に立つものにすぎず、注文者のためにする建物建築工事に関して、元請負人と異なる権利関係を主張し得る立場にはないからである**」という理由です。

　そして本件について「右の一括下請負にはＡの承諾がないばかりでなく、Ａは、Ｂが倒産するまで本件下請契約の存在さえ知らなかったものであり、しかも本件において**Ａは、契約解除前に本件元請代金のうち出来形部分である本件建前価格の２倍以上に相当する金員をＢに支払っている**というのであるから、Ａへの所有権の帰属を肯定すべき事情こそあれ、これを否定する特段の事情を窺う余地のないことが明らかである」と述べています。

　下請契約についての注文者の認識、また注文者が支払った金額にも注意が払われていますが、基本的な理由は下請を伴う請負契約の構造、すなわち下請人は元請人の履行補助者というべき地位にあり、注文者との関係では元請人と異なる権利関係を主張できないという点にあります。ですから、仮に注文者が、下請人が仕事をすることを知っていたとしても、**あくまでも注文者にとって契約の相手方は元請人**ですから、下請人との間に直接の契約関係が生ずるわけではありません（所有権の帰属を下請人に留保するためには、注文者と下請人との間で「格別の合意」が必要です）。また注文者としては、自己の契約の相手方に対して請負代金を支払えば自らの義務を履行したことになり、下請人から請求を受ける理由はありません。下請人は、もっぱら自己の契約の相手方である元請人に請求するべきだということになります。

4. まとめ——物権の法理上、
建物の所有権が下請人に帰属する場合は？

(1) 下請人の所有権と元請人・注文者の合意　3（2）の末尾で、**完成建物の価値につき、Cの寄与した分が大きかったときはどうなるか**という疑問を出しておきました。昭和54年判決に示された物権の法理からすると、下請人Cが完成建物の所有権を有し、Aに引き渡さない限りはその所有権を留保することになります。しかし上記の平成5年判決によれば、下請人が材料を提供して仕事をした場合であっても、**注文者と元請人との間においては、元請人が所有権を有するものとされ**、だからこそ本件のように、元請人と注文者との間で、出来形部分の所有権を注文者に帰属させるという特約をすることが可能となるということになります。この場合、Cの寄与した割合の大小は問題になりません。

　物権の法理上**客観的には下請人に所有権が帰属するというべき場合であっても、下請人は「元請負人と異なる権利関係を主張し得る立場にはない」ために、下請人は所有権を主張することはできないということになりそうですが、それでいいのでしょうか。注文者と元請人との合意で、下請人の所有権の主張を否定できるのでしょうか。**

　平成5年判決以前の下級審裁判例を調べてみると、材料を下請人が提供し、完成した建物の所有権が、まだ元請人への引渡しがないため**一応下請人に帰属する**とした上で、下請人は元来建物所有権を最終的に注文者に帰属させる地位にあり、下請人の建物所有権は、下請代金確保のために意義を有するものにすぎないことなどの理由により、下請人が建物の所有権に基づく明渡請求、保存登記抹消請求をすることは、**権利の濫用**として許されないと述べたもの（東京高判昭和58・7・28判時1087号67頁、東京地判昭和61・5・27判時1239号71頁など）、また元請契約、下請契約の双方において、目的不動産を注文者に原始的に帰属させる旨の**暗黙の合意**がなされたものと推認するもの（東京高判昭和59・10・30判時1139号42頁）がありました。

(2) 元請契約の合意と下請契約の合意　3（3）で見た平成5年判決における注文者Aと請負人Bの特約、すなわち中途解約の場合に「出来形部分」

はＡの所有に帰属するという特約が文字通りの効力を生ずるためには、その前提として、Ｂが「出来形部分」の処分権を有していなければなりません。そうすると、下請人Ｃが自らの所有する材料を用いて製作した「出来形部分」の所有権を失う、または第三者たる注文者Ａに所有権を主張できなくなるとするためには、下請契約において、一定の場合に所有権をＢに移転する、または所有権を移転するものではない（したがってＢに対しては所有権を主張しうる）が、注文者との関係ではＢに処分権を与えるという合意があると想定しなければならないのではないかと考えます。

その根拠としては、他人（注文者）の土地の上に建築をする場合、建築物を最終的には注文者に帰属させることは下請人も十分認識しており、かつ建築物が土地から切り離しえないものであるがゆえに、敷地利用権なくして建物所有権を主張する意味に乏しいことが契約の性質上明らかであるため、下請契約を合理的に解釈すれば、目的物の所有権は少くとも注文者との関係では下請人に主張させないという帰結が導かれると説明することになります。

このように考え方の手順としては、自ら所有する材料を用いて製作した物は自己の所有に属するという出発点を堅持した上で、その所有権を主張できなくなる根拠はほかならぬ自らの意思に求められるという、所有権の法理と契約の法理の双方を確かめること、したがって平成５年判決の論理を受け入れるとしても、その前提として、下請契約の合意内容と元請契約の合意内容を考えることが必要です。

VI 不動産の二重譲渡 105

VI　不動産の二重譲渡
──紛争はどのようにして生じたか──

1.　はじめに

　Ⅳ・Ⅴでは、問題となる事案の争点を明らかにした上で、事実をどのように捉え、どの規範を適用するべきかという問題を考えました。

　紛争が生じて法的な判断が必要になった場合には、事実の全体をよく観察し、争点に即して、事実の本質的な内容を整理した上で、適切な規範を適用するという手順をとります。これが法の解釈・適用の作業ですが、判例資料を見ていると、時折、当事者の間でなぜ紛争が生じてしまったのだろうかと思うことがあります。

　不動産の二重譲渡を例にとると、同一の不動産を別の人に譲渡することは正常なこととはいえませんが、なぜそのようなことが起きるのか。**売主が良からぬことを企む場合もあるでしょうが、すべてがそのような場合かどうか。売主にそのつもりがなくても、二重譲渡が「起きてしまう」場合もあるのではないか。**それらの個別事情には、法的な判断に影響するものもしないものもあるでしょうが、ともかく「紛争がどのようにして起きてしまったのか」という点を、判例資料から見てみたいと思います。

2.　不動産の二重譲渡──何を意味するか

(1)　対抗問題と無権利者からの譲渡の問題との区別　　判例資料を見る前に、不動産の二重譲渡とは何を意味するか、検討します。まず、2つの設例を考えてみましょう。

　①　Aは不動産甲の所有者である。ところがAの知らない間に、Bが書類を偽造して不動産甲についてBへの所有権移転登記手続を行った。その上でBは不動産甲をCに売却し、Cは登記事項証明書によって

Bが登記簿上所有者であることを確認して、Bに代金を支払い、Bからへの所有権移転登記手続を行った。

② Dは不動産乙の所有者である。DはEに対して、この不動産乙を売り、Eに引き渡した。しかし後になって、Dは同じ不動産乙をFに売り、Fへの所有権移転登記を行った。

　設例①の場合は、BC間で売買契約が締結されたとはいっても、**Bは所有権者ではなく、「何びとも自ら有する以上の物を譲渡することはできない」のですから、Cは所有権を取得することはできません。**Cにしてみれば、登記を調べてBが所有者であることを確かめ、するべき注意はしたのですが、**権利の実体に合わない登記は無効であり、また登記に「公信力」はありません**から、Bが所有者であると過失なく信じたとしても保護されません。これは無権利者からの譲渡の問題であり、Cは所有権を取得できなかったのですから、所有権の公示方法である登記の取得は意味をもちません。

　これに対して設例②の場合は、Eは所有者Dから売買契約によって不動産乙を取得しました。しかしその後で、Fも同様に所有者Dから乙不動産を取得しました。この段階では、**EもFも、所有者であるDとの有効な売買契約によって、乙の所有権を取得したものと主張することができます。しかしEとFは、ともに自らが排他的に乙の所有権を取得したと主張するのですから、両者の主張は相容れない関係にあります。この場合、177条によれば、所有権移転の「登記をしなければ」互いに「対抗することができない」**、すなわち自分が所有者であることを認めさせることができません。このように「対抗問題」が生じますが、設例では第二譲受人Fへの所有権移転登記が行われたのですから、Fは177条により、乙の所有権取得を、第一譲受人Eを含めた「第三者に対抗することができ」ます。したがって、Eは登記を取得することによって、誰に対しても所有権取得を主張できる唯一の権利主体となることができます。

　以上のように、**無権利者から譲渡を受ける契約をしても登記は意味をもちませんが、所有者から権利を取得したときには、権利の取得を第三者に認めさせるための対抗要件として、登記は決定的な意味をもちます。**

(2) **二重譲渡は原理的に不可能なのではないか**　　もっとも、設例②に対し

てはひとつの疑問がありえます。すなわち、176条は「物権の設定及び移転は、当事者の意思表示のみによって、その効力を生ずる」と規定していますから、**Dが第一譲受人Eと契約した時点で不動産乙の所有権はEに移転し、Dは無権利者となったのではないか、したがって、まだDのもとに登記が残っていたとしても、第二譲受人Fは無権利者Dと契約したのであるから、設例①のケースにあてはまり、乙の所有権を取得することはできないのではないか、すなわち所有権の二重譲渡は原理的に不可能なのではないか**という疑問です。

この疑問は、着実に推論を進めて提示されたものであり、これに対してはきちんと答えなければなりません。そのため第一に、**理論的な側面から、二重譲渡では権利関係に何が起きているのか**という点について考える必要があります。また第二に、**実際問題として、二重譲渡の場合に譲渡人を無権利者とするのではなく、譲受人間の対抗問題とするのはなぜか**という点についても考える必要があります。

3. 二重譲渡を認めることは、理論的に可能か

(1)「不完全物権変動説」　　それでは、第一点から考えてみましょう。まず、DがEに不動産を譲渡した以上、Dは無権利者となったのであるから「所有権の二重譲渡は原理的に不可能なのではないか」という疑問点について検討します。

この点について最判昭和33・10・14（民集12巻14号3111頁）は、**元所有者Dが本件土地をEに譲渡しても、「その旨の登記をしない間は完全に排他性ある権利変動を生ぜず、Dも完全な無権利者とはならないのであるから」、Dから本件土地を買い受けその旨の登記を得たFは、177条にいう「第三者」に該当する**と述べています。したがって、Fは自己の所有権取得を主張できることになります。ここに示されているように、所有権移転等の物権変動は、登記を備えてはじめて完全になる、登記がなければ不完全にしか効力を生じないという考え方は、**「不完全物権変動説」**と呼ばれます。

この考え方に対しては、①Eへの譲渡後にDがなお有する所有権（物権）

の内容が明らかでない、通常の所有権ならば一物上に複数の所有権があることになり、**一物一権主義に反するし**、通常の所有権と内容が異なるならば物権法定主義に反する、②登記を備えなければ物権変動の効力が完全にならないとすることは、**176 条の定める意思主義に反する**という批判が可能です（佐久間毅『民法の基礎 2　物権』（有斐閣・2006 年）55 頁参照）。

　他方、判例によれば、**不法行為者・不法占有者、また輾転譲渡の前々主は 177 条の第三者に該当しない**とされています。すなわち、前者については、何らの権原なくして他人の家屋を占有する不法占有者（H とします）は 177 条にいう「第三者」に該当せず、これに対しては登記なくして所有権の取得を対抗しうる、したがって家屋の明渡しを請求しうるとしています（最判昭和 25・12・19 民集 4 巻 12 号 660 頁）。後者については、Y が S に土地を譲渡、さらに S が X にこの土地を譲渡した場合、X は所有権を取得した旨の登記がなくても、Y に対してその所有権を主張することができるとしています（最判昭和 43・11・19 民集 22 巻 12 号 2692 頁）。

　それでは、これらの判例を受けて、前に挙げた設例②を変形してみます。

　③　**不動産乙の所有者 D は、E に対してこの不動産乙を売ったが、後になって同じ不動産乙を F に売った。さらに F は、この不動産乙を G に転売したが、登記はまだ D 名義のままである。**

　この場合、上記判例によれば、何らの権原のない H が不動産乙を占有している場合、また不動産乙を D（G にとっては契約当事者ではありません）が占有している場合のいずれについても、**G は H ないし D に対し、登記なくして所有権を主張し、明渡しを請求することができます**。E への第一売買によって D が既に無権利者になっているという構成をとるならば、G は F を介して所有権を取得できなかったことになり、このような結果は認められないのですが、判例に従いこのような結果を認めることとした上で、「**不完全物権変動説**」に対する上記の**批判**にどう答えるか、思考実験をしてみましょう。

(2) 所有権の「存在」と所有権の「移転」　　検討を始める前に確かめておかなければならないのは、乙土地の所有権という「実体」があり、それが権利主体である人に排他的に帰属する、時間の経過の中で、どの時点をとって

も排他的に誰かに帰属しているというように考えると、DがEに譲渡した後にFに所有権を移転することは不可能だということです。また、登記を取得するまでの間、EとFとがともに所有権を主張して、無権原の占有者に対して明渡しを請求することも不可能だといわなければなりません。そうすると、**上記の判例の結論を前提とする限り、ここでの「所有権」を、何か物的な実体のあるものと考えることはできません。**

　まず批判の②、すなわち**登記を備えなければ物権変動の効力が完全にならないとすることは、176条の定める意思主義に反するのではないか**という点から考えてみます。登記がなければ物権変動の効力が完全にならないというのは、具体的には、177条の「第三者」に対してその効力を主張できないことを意味しています。すなわち、判例の示すように、「第三者」にあたらない者に対しては登記がなくても所有者であることを完全に主張できるのですから、その限りで意思表示のみによって物権変動の効力が生ずるという176条の趣旨が妥当し、その上で、177条の「第三者」との関係でのみその主張が制約されるものです。したがって「完全ではない」＝すべての第三者に対して主張することができるわけではないというのは、**176条と177条との組み合わせの結果を示しているのであって、176条の趣旨が否定されているわけではありません。**

　むしろ問題は、先の設例で、**一方でE、他方でFないしGが取得した「所有権」とは何か**ということです。批判の①で、同時に2人の者に「所有権」を認めることは一物一権主義に反するのではないかという疑問が示されていますが、ここで「一物一権主義に反する」かどうかという意味は、たとえば前近代における上級所有権と下級所有権との併存という場面とは異なっています。すなわち、**安定した状態での所有権の「存在」態様ではなく、所有権の「移転」という過渡的な状態**（177条の文言を見ても、「物権の帰属」ではなく、「**物権の得喪及び変更**」の対抗と書かれていますね）、**しかも二重譲渡という正常でない状態をどのように捉えるかという問題です。**したがって、一物一権主義を理由に、直ちに「不完全物権変動説」を否定してしまう必要はないように思います。

(3) 所有権を主張する「資格」　　ⅰ）それでは、二重譲渡の場面で、一方

でE、他方でFないしGが、ともに「所有権」者でありうるということは何を意味するか。(2)で述べたように、「所有権」を実体的なものと捉えるならばそもそも二重譲渡は観念できませんから、それとは異なるものとして考えなければなりません。そこで、この場面、すなわちEまたはFないしGが、**登記を取得する前の段階で、自分が所有権者であると主張することができる「資格」**として考えてみることにします。

これに対しては、**債権が人と人との関係であるのに対し、物権は人と物との関係である**ところ、他人に対して自分が所有権者であると主張するというのは人と人との関係ではないかという疑問があるかもしれません。しかし、物権が権利として問題になるのは、その物と権利者との間においてではありません。その物との間には、支配という「事実」があるだけです。**権利として問題となるのは、権利者が他者に対してその物を支配する権利を主張する、また他者がその権利を承認するという形で、人と人との間においてのこと**です。したがって所有権の一面を「支配の承認を受ける資格」として捉え、この「資格」は、登記を取得した「第三者」(177条)を除いて誰に対しても主張できるものであるから、対世的な権利としての物権の内容である（物権ではあるが、177条によってその主張が制限されている）と考えてみます。

ⅱ）この考え方によって(1)で示した設例③を説明すると、次のようになります。

a）Dは不動産乙の所有者であり、自己名義の登記を有している。したがってDは、誰に対しても自らが所有権者であることを主張することができる。

b）Dは不動産乙をEに譲渡して、次のように言う。「**私はあなたに乙の所有権を移転した。したがって、今後あなたが乙の所有者であると対世的に主張することを認め、私は所有者であることを主張しない。**」これによれば、**今後乙の所有権を主張できるのはEだけである**ことになります。Eが所有権を主張できるのは、ひとつにはDが真正の所有権者であったこと、そのDの有効な意思表示によって（資格の）譲渡を受け（176条）、Dに代わって所有権を主張することが認められたことに基づきます。

c）ところがDは、その後に同じ不動産乙をFに譲渡して、同様に「私は

あなたに乙の所有権を移転した。したがって、今後あなたが乙の所有者であると対世的に主張することを認め、私は所有者であることを主張しない」と言う。所有権を物的な実体のあるものと捉えるならば、このようなことはできないはずですが、ここではそのような捉え方はしないという前提でした。そうすると、「DとFとの関係では」Fのみが所有権を（対世的に）主張できる地位にあることになります。

　　＊こう書いたものの、この記述は、Fが所有権を主張できる地位にあることの積極的な根拠づけにはなっていません。依然として、b）でDが自らEに乙を譲渡してしまった以上、c）でのDの意思表示は不合理であり、「客観的には」所有権を対世的に主張する資格をFに移転する前提を欠くのではないかという疑いがあります。しかし後述するように、Dが、Eへの譲渡の効力は既に消滅しており、Fへの譲渡は二重譲渡ではないと誤信することもありえます。そうすると、Eへの第一譲渡を確固たる前提として、DのFに対する意思表示が当然に無意味であると断ずることは必ずしもできず、Dにとって、Eへの譲渡とFへの譲渡とを同質のものとする理由があると考えます。

　d）もっとも、b）でDはEに対して「私は所有者であることを主張しない」と約束したはずでした。Cに挙げたDの行為はこの約束に反していますから、DはEに対して債務不履行責任を負う可能性があります。しかしこの矛盾は、EとF（ないしFからの譲受人であるG）が出会うまでは現実化しません。真の所有者が誰かという問題も、その時点ではじめて現実化します。

　e）その後FはGに不動産乙を転売して「私はあなたに乙の所有権を移転した。したがって、今後あなたが乙の所有者であると対世的に主張することを認め、私は所有者であることを主張しない」と言う。この場合、GはFに対してのみならず、Dに対しても、自分が所有者であることを主張することができる。DはFに対して、Fが所有者であることを認め、そのFがGを所有者として認めたのであり、Fに対して自分は所有権を主張しないと宣言したDの地位と、Fから譲渡を受けて所有権を主張することを認められたGの地位との間に矛盾はないからです。

　f）以上のように、DとE、DとGとの間では、所有権の移転（誰が所有権を主張できるか）については矛盾がありません。ところがその全体を客観的

に見ると、元の所有者Dによって、EもGも所有権の主張が認められたことになり、EとGは互いに相容れない関係に立ちます。かくして対抗問題が生じ、EとGは、所有権移転登記を取得しなければ、互いに（177条の「第三者」である）相手方に対して自分が所有権者であることを主張（対抗）できません。

(4) **小　括**　　以上、二重譲渡が可能であることを前提として「不完全物権変動説」の結論の根拠づけを試みました。所有権を物的な「実体」と捉えると、二重譲渡がそもそも不可能になるため、仮に、物権変動を、当事者間で「対世的に所有権を主張する資格」を移転することと捉えてみました。そうすると、不完全物権変動説のいう**「所有権移転等の物権変動は登記を備えてはじめて完全になる」**という説明は、**「所有権（を主張する資格）の移転は登記なくして効力を生ずるが、それだけでは177条の「第三者」以外の者にしか所有権を主張できず、完全な対世効は登記を備えてはじめて認められる」**と言い換えることになります。

4. 二重譲渡がなぜ「起きてしまった」か
──ひとつのケーススタディ

(1) **二重譲渡の（暫定的な）状態を認める実質的な理由はあるか**　　しかし、そもそも二重譲渡を認めることには、原理としてだけではなく実質的にも合理性がないという考え方もありえます。いったんEに譲渡しながらその後にFに譲渡するのは、Dの行為として矛盾している、**FがEよりも高価に買ってくれるからということでEとの契約を破るというのであれば、それは経済合理性で正当化できるものではない、そして対抗問題においては悪意の第二譲受人も登記を取得すれば保護されるというが、第一譲渡を知りながらそれを横取りする第二譲受人を保護することに合理性はない**ともいえそうです。

二重譲渡が常にそのようにして生ずるのであれば、確かに認める必要はなさそうですし、少なくとも、第一譲渡を知って譲り受けた悪意の第二譲受人は保護の必要がないといえるかもしれません。とはいえ、二重譲渡は常にそ

のようにして生ずるものか。当然ながら、売主が二重に譲渡しなければ二重譲渡は生じないのですが、**売主が意図することなく二重譲渡が「起きてしまう」**ことはないか。この点につき、サンプルとして１つの事案を観察します。

(2) 各当事者の請求内容　取り上げるのは、最判昭和47・4．20（民集26巻3号520頁）の事案です。この判決は、履行不能による損害賠償額の算定に関する判例として知られるものですが、ここでは**二重譲渡が生じた経緯について、各当事者の言い分を聞いてみたい**と思います。

登場人物は次の通りです。

　　Ｙ：本件土地・建物の元の所有者

　　Ｘ：Ｙから本件建物を借りていたが、昭和23年2月にＹから本件土地・建物を買い受けた。

　　Ａ：昭和33年3月にＹから本件土地・建物を買い、昭和35年3月にＺらの父Ｂにこれを売却して、所有権移転登記の手続をした。

　　Ｚら（複数）：父Ｂが、Ｙから昭和25年4月に本件建物の階下表の部分を賃借し、米穀商を営んでいた。ＺらはＢの死亡により、Ｂの地位を共同相続した。

この裁判ではＸ対Ｙ、Ｘ対Ｚらの2つの対立関係があり、当事者の請求内容は次の通りです。

　　①　ＸのＹに対する請求：ＹはＸに対して損害賠償金を支払え。

　　②　ＺらのＸに対する請求：ＸはＺらに対し、本件建物の階下北の部分と2階部分を明け渡せ。

　　③　ＸのＺらに対する請求：ＺらはＸに対し、本件土地・建物につき所有権移転登記をし、本件建物のうち階下表の店舗部分を明け渡せ。

(3) 各当事者の言い分　それぞれの請求に関し、各当事者はどのような主張をしているのでしょうか。

1) ①ＸのＹに対する請求について

　Ｘの言い分：Ｘは昭和2年以来、Ｙから本件建物を賃借していたが、昭和23年2月1日、本件土地・建物を買い受ける契約を締結した。代金7万

114

1000円、支払期限は昭和23年4月末日、代金完済まではそれまでの賃貸借契約を継続し、月56円の賃料を支払うという内容であった。その後代金支払期日は延期されて昭和27年8月26日となり、Xは、この期日までに約定賃料および代金を完済して本件土地・建物の所有権を取得した。

　ところがYは、昭和33年3月24日、本件土地・建物をAに譲渡、登記を移転し、昭和35年3月27日、AはBに本件土地・建物を売却して登記移転手続をした。Yの行為は債務不履行であるのみならず、不動産の横領たる不法行為であるから、損害賠償金を支払え。

　Yの反論：YがXに本件土地・建物を売却したのは、固定資産税等の支払資金を得るためであった。しかしXは、代金支払いを3年以上遅らせて迷惑をかけただけでなく、登記手続をするよう再三（昭和27年から33年まで前後数十回にわたって）要求したにもかかわらずこれに応じず、Yが立て替えた固定資産税分についての支払督促にも応じなかった。そこでYは「権利失効の原則」に基づき、昭和33年1月17日、**本件売買契約を解除した。したがって、Aに売却したことは二重売買ではなく、損害賠償をする**理由はない。

　Xの再反論：**賃料・売買代金として支払った分は過払いになっており、**固定資産税立替内金として支払った分と合わせれば、XはYに対して経済的負担を負わせていない。

　＊少し補足をしておきますと、昭和26年12月末頃、Yの代理人が「Xから同年12月末日までの約定賃料及び本件売買代金の内金の支払を受けると同時に、残売買代金の支払期日は当初の約定を変更して、昭和27年8月24日とし、賃料についても、当初の約定を変更して、昭和27年1月1日以降はXはこれを支払わず、その代り昭和27年度以降の本件土地建物に対する固定資産税をXが負担する旨の契約をなしたこと」が第一審判決によって認定されています（民集26巻3号537〜538頁）。上記の「Yが立て替えた固定資産税分」というのはこのような経緯によるものです。

　またYの主張するところによると「Yは、終戦当時東京都内だけでも8万坪程の土地を所有していた地主であったので、戦後これら不動産に対する固定資産税等の支払いをする必要から、右支払資金を得る目的で、不動産使用者にそれを売却することとした。Xに本件土地建物を売却したのも右目的達

成のためであったところ、Xは、代金支払期日たる昭和24年末日（ママ）までに支払をなさず、3年以上遅れた昭和27年8月26日に漸く代金を完済し、このことによってYに迷惑を掛けたのみならず、更に、本件土地建物につき登記名義が移ると固定資産税等の支払をしなければならないので、右諸税の支払を免れるため、Yの再三の〔所有権移転登記手続の〕要求（……）に拘らず、これを拒んだ」とされています（民集前掲532～533頁。なお裁判所は、Xの登記手続の遅延について、長い付き合いからXがYに甘える気持ちもあったものの、固定資産税を免れる意図があったとはいえないとしています。同541頁参照）。

　事実はわかりませんから勝手な推測をしてはいけませんが、**戦後復興の必要から、固定資産税等、不動産の所有者に重い税が課せられた時代背景のもと、Yからすれば、固定資産税の負担から早く解放されなければ本件土地・建物を売った意味がないと言いたいところでしょうし、Xからすれば、一度に払えないのは申し訳ないが、できる限りの努力はして、時間はかかったものの代金については完済したではないかと言いたいところでしょう。**

2）②ZらのXに対する請求について

　Zらの言い分：Zらの父BはAから本件土地・建物を買い受け、ZらはこれをBから相続した。Xは本件建物の階下北側と2階部分に居住し、占有している。ZらはXに対し、所有権に基づいて明渡しを求める。

　　＊次に見るように、Zらは、BがAから本件土地・建物を買ったのは、Bの米穀商としての営業を続けるためだと説明しています。そうするとZらがXに明渡しまで求めるのは穏やかでない気もしますが、この点についてZらは「ZらがXに対し本件明渡請求の訴を提起するに至ったのは、XがZらの右店舗部分の使用を不法に妨害するため、これを排除するためになしたものであって権利の濫用ではない」と主張しています（民集前掲534頁）。XとZらの関係はかなりこじれているようですね。

3）③XのZらに対する請求について

　Xの言い分：XはYから本件土地・建物を買い受けた後である昭和25年4月1日、Zらの父Bに建物の階下表の店舗部分を賃貸し、Bはそこで米穀商を営んでいた。ところが昭和33年4月9日、**AがXおよびBを共同被告として建物明渡請求訴訟を提起し、XとBは共同で防御した。**したがってBは、XがYから本件土地・建物を買い、代金を完済していたことを知

っていた。しかしBは、訴訟係属中に本件土地・建物をAから買い受けて
登記をすませ、本件建物の貸主であるXに対して明渡訴訟を提起するに至
ったが、これは背信行為であり、BはXに対して「登記の欠缺を主張し得
る第三者」にはあたらない。したがってBの地位を承継しているZらは、
Xに対して所有権移転登記をし、占有部分を明け渡す義務がある。

　Zらの反論：Bが本件土地・建物を買い受けて登記をしたのはやむを得な
い事情による。すなわち、生活の基盤である本件建物店舗部分における米穀
商営業を継続するためには、毎年関係官庁に米穀配給所としての届出をしな
ければならず、その届出には自ら建物を所有するか、建物所有者の同意を得
る必要があったから、やむを得ず本件土地・建物を買い受けたものである。

　＊BはXと共同してAからの訴訟に対処したのですから、**本件土地・建物をX
　が買ったことを知りながらAからこれを買い受けた（悪意の第二譲受人）**と
　いえそうです。第一審判決は、この点について次のように認定しています。
　すなわち、（当時の食糧管理法のもとで）**「借家を店舗とする米穀商は毎年中
　央食糧販売所に家主の使用承諾書を貰って届出をする必要があったところ、
　右訴訟を続けられては右届出はできなかったこと、さらに〔Bは〕前記〔Y
　の顧問〕弁護士Cから本件土地建物は一旦Xが買い受けたが既に右売買は解
　除され、Aが買い受けたもので、その当時Xが所有権を争って訴訟にはなっ
　ているが、その所有権がAにあることは間違いないとの説明を受けて、これ
　を信用して買い受けたものである」**と。その上で、裁判所は、BがYの「横
　領行為」に加功したものということはできないと述べています（民集・前掲
　545頁）。

(4) 裁判所の判断　　以上、X、Y、Zの主張を見ると、それぞれ一応の言
い分があるようにも見えます。**譲渡人Yは、Xへの第一譲渡を解除したつ
もりだったのですから、二重譲渡をする意図はなかったということができま
す。ここでは、二重譲渡は必ずしもより高価に売却することを目的として意
図的にする場合だけではないことを確認すればよいのですが、**これらの主張
を受けて第一審の裁判所がどのような判断をしたか、見ておきましょう。

　まずYのXに対する契約解除の効力を否定し、①XのYに対する損害
賠償請求を認めました。すなわち、売買代金7万1000円に対し、固定資産
税立替えによる損害額は、Xによる賃料・売買代金の過払金を控除すると

約 1 万 2850 円となる。「この程度の金額では、**元来このような義務違反は、売買の附随条項に属する義務違反であって、その不履行は売買自体につき法定解除権を発生させるものでない**ことを考え合せれば、Y は、右事実のみによっては、X の信義則違反の責任を問い、或いは『失効の原則』の適用のある事案として、本件売買契約につき解除権を取得しない」という判断をしました。

　次に、③ X の Z らに対する登記移転請求については、(3) の末尾で示したように、**B が X の所有権を侵害する意図のもとに本件土地・建物を A から買い受けたものということはできない、X は Z らに対して所有権の取得を対抗できない**という理由で斥けました。

　最後に、② Z らの X に対する建物明渡請求も斥けました。建物の所有権を取得した Z らは、Y と X との間の賃貸借契約を引き継いでいるので、X に対して明渡しを請求することはできないという理由です。

5. 第二譲受人の地位——単純悪意者と「背信的悪意者」

(1) 第一譲渡を知りながら譲り受けることは？　　 i) 4 の事例は、解除を有効だと考えた譲渡人の手違いで二重譲渡が「起きてしまった」ケースでした。その中で B は、Y と X との間の第一譲渡と、X が所有者としての権利を主張していることを知った上で（悪意）、Y 側の言い分を聞いて A から本件土地・建物を譲り受けています。そして X は、B のこの行為を「背信行為」であると非難しています。そこで次に、二重譲渡における第二譲受人、とりわけ第一譲渡の事実を知っている者について考えてみたいと思います。二重譲渡の各譲受人は、互いに 177 条にいう「第三者」にあたりますから、先に登記を取得した方が他方に対して権利の取得を対抗でき、それは**他方への譲渡の事実を知っていた（悪意）としても妨げない**とされています。しかし譲受人が第一の譲渡を知っているにもかかわらず、第二の譲渡を受けることに問題がないのかどうか。たとえば次のような場合はどうでしょうか。

　設例④：A は事業資金が必要であったため、不動産甲を 3000 万円で B に売却した。B は内金 1000 万円を支払ったものの残額を支払ってくれ

ないので、AはBとの契約を解除したいと考えているが、受け取った1000万円はすでに使ってしまっているため、解除してもBに返還できない。そこでCに相談したところ、Cは、それならば不動産甲は自分が買おうと言って、3000万円を即金で支払った。AはCへの所有権移転登記手続を行った。

Cは既にBが不動産甲を買い受けたこと、**自分が甲を買えばBを害することを知っているのですが、窮地に陥っているAを助けるつもりで譲渡を受けたものです。**この場合、Cの権利主張は「信義に反する」とまではいえないように思われます。判例にも、**借地人Aが借地上に所有する建物をXに贈与し、Aの口添えのもとにXと土地所有者Yの間に土地賃貸借契約が締結され、以来その関係が9年余にわたって継続してきた等の事実があった**が、**Xが登録税等の費用を旧借地人Aに払わず地代をYに払わないため困惑したAに同情して、Aからこの建物を買ったYについて、「いまだ民法177条の第三者としての保護に値しない背信的悪意者とすることはできない」**としたものがあります（最判昭和40・12・21（民集19巻9号2221頁））。

ⅱ）これに対し、4で見た昭和47年判決の事案においては、Bは自己の米穀商としての経営を守るため、Yの顧問弁護士から事情を聞き、YX間の第一譲渡契約が解除されたとの説明を信用して買い受けたものでした。この場合は**自己の利益を守るための行動**ですが、Xからすれば、BはそれまでXの所有権取得を認めた上で、Aとの訴訟に共同で対処していたにもかかわらず、掌を返したようにXの所有権を否定してAと売買契約を結ぶというのは行為として矛盾しており、Xに対する信義にも反すると言いたいところでしょう。しかしBからすれば、結果としてはYによるXとの契約の解除は無効だったのですが、Aと訴訟をしている時点ではそのことが明らかであったとはいえず、Yによる解除が有効である可能性も否定できないと考え、しかも自己の経営の継続がかかっているという状況のもとで、確実に経営を守るための措置をとったものだと言いたいところでしょう。(2)で見る**昭和43年判決のように不当な利益を得ようとする事案ではなく、またY側の説明を聞いてXの主張が否定される可能性ありと考えたことに基づく行為ですから、これだけでは「背信的」とはいえないように思います。**

iii）そうすると、二重譲渡を4（1）のように考え、第一譲渡があったという事実を知っていたというだけで、直ちに177条の「第三者」にあたらないとすることは適切ではないと考えます。そこで次に「背信的悪意者」について考えてみます。

(2) 典型的な「背信的悪意者」と売主の意図

ⅰ）最判昭和43・8・2（民集22巻8号1571頁）は、第一譲受人に登記がないのを奇貨として、第二譲受人が不当な利益を得る目的をもって譲渡を受けたという事案につき、「**実体上物権変動があった事実を知る者において右物権変動についての登記の欠缺を主張することが信義に反するものと認められる事情がある場合には、かかる背信的悪意者は、登記の欠缺を主張するについて正当な利益を有しないものであって、民法177条にいう第三者に当らない**」という定式を示しています

この判決は、他人が山林を買い受けて23年余の間占有している事実を知っている者が、その買主が所有権取得の登記を経由していないのに乗じ、その買主に高値で売りつけて利益を得る目的で、この山林を売主から買い受けてその旨の登記を得たという事例でした。このように、第一譲渡が登記を備えていないことを奇貨として、不当な利益を得ることを目的として目的物を譲り受けるのが「背信的悪意者」の典型的な場合です。

このような場合に、売主はどのような意図で二重譲渡をするのでしょうか。たとえば、AがBに不動産の譲渡をしておきながら、移転登記の手続がされていない場合、Cが不当な利益を得る目的で「登記名義を安く譲ってくれ」ともちかけ、Aが二重譲渡になることを知りながらこれに応ずるということもあるかもしれません。しかし、次に挙げる平成8年判決の事例は、Aが事情をよく知らないまま「背信的悪意者」に利用されたと見られるケースです。

ⅱ）最判平成8・10・29（民集50巻9号2506頁）は、**ある手違いのために背信的悪意者に乗ぜられる結果となった**ケースです。

a）本件土地は、もとAが所有していた土地の一部です。X市は、旧国鉄M駅前整備事業の一環として、昭和30年、**本件土地をAから買い受け、代金を完済しました**。その後、本件土地は市道として整備されました。

ところが、土地の分筆の際に手違いが生じました。すなわち、A 所有の「幸町 361 番 363 番合併 1」と表示された土地から分筆するにあたり、A が X 市に提出した買上げの「承諾書」には、本件土地は「合併 6」と表示されていました。しかし「合併 6」の公簿は作られず、「合併 6」の土地は法的には存在しないことになりました。そして分筆された本件土地には「合併 7」の支番が付されて、これが土地台帳、登記簿に登載されました。分筆の段階では、「合併 7」の登記簿用紙の「表題部」は作られたものの、所有権に関する「甲区」欄は未記入のままでしたが、昭和 37 年 2 月になって、A の家督相続（昭和 18 年）による所有権取得の登記が、分筆前の「合併 1」の登記簿用紙から転写されました。これにより、本件土地は「合併 7」と表示され、登記簿上は A 所有名義が記入される結果となりました。

他方、本件土地について登記簿用紙が作られた後も、昭和 47 年までは固定資産税課税台帳に登録されませんでしたが、**X 市の固定資産税課で登記簿と同台帳を照合して登録漏れを発見し、同台帳に登録して昭和 48 年度から A を納税義務者として固定資産税を賦課し始めました。**この課税は、道路維持課の調査により、昭和 56 年に本件買収の事実が判明した結果、昭和 57 年度から非課税となるまで続きました。

b）A 家に出入りし、同家の財産管理に関与していた Q は、昭和 57 年の夏、A 夫妻から、本件土地を一例として、**登記簿上 A の所有となっているため固定資産税が課されているが所在のわからない土地があるので、処分して 500 万円を得たい**旨の相談を受けました。Q は知人の P に協力を求めました。

P は B・C・D の実質的経営者ですが、Q の話を聞いて本件土地を購入することとし、昭和 57 年 10 月 25 日、B を代理して、A を代理する Q との間で代金を 500 万円とする売買契約を締結し、27 日、B 名義で所有権移転登記を経由しました。その際、売買契約を締結しても確実に所有権を移転できる確信が持てなかった Q は、P から、**万一本件土地が実在しない場合にも A に代金の返還を請求しない**旨の念書をとりました。昭和 57 年当時、道路でないとした場合の本件土地の価格は、およそ 6000 万円でした。

B は、昭和 58 年 1 月、本件土地に関し、市道の廃止を求めるため付近の

住民から同意書を集めるなどしましたが、功を奏さず、本件土地については、C、次いでDにそれぞれ所有権移転登記が経由され、その後Yに譲渡されました。

　c）第二審判決・最高裁判決はBが背信的悪意者にあたることを認めました。最高裁は「**Bは、本件土地が市道敷地として一般市民の通行の用に供されていることを知りながら、Xが本件土地の所有権移転登記を経由していないことを奇貨として、不当な利得を得る目的で本件土地を取得しようとしたものということができ、Xの登記の欠缺を主張することのできないいわゆる背信的悪意者に当たる**」と述べています。

　Bについては典型的な背信的悪意者といえるでしょうし、結果的に二重譲渡をしたAには、二重譲渡の意図があったわけでもありません。そして本件では第一譲渡自体について問題はなく、上記のように、分筆と登記の際に間違いが生じた結果、Bがこれに乗じたものであるということができるのですが、昭和30年から昭和37年2月まで「登記簿用紙の表題部は起こされたが、甲区欄は未記入のまま」であったとすると、分筆・譲渡の時点で、X市の側あるいはAの側で気づくことができなかったのか、疑問が残ります。

　このケースでは、間違いにより第一譲渡の登記がされていなかったのですが、4で見た二重譲渡のケースでは、Yが登記手続をするようXに再三求めたにもかかわらず、Xが登記手続をしなかったものです。登記を取得しない第一譲受人は、登記を取得した第二譲受人に所有権の取得を対抗できないのですが、二重譲渡が「起きてしまう」条件として、**第一譲渡について移転登記がされないという現象があるとすれば、それはどのような事情によるものなのでしょうか。**

6. まとめ——第一譲渡の移転登記がされていないことをどう考えるか

　ⅰ）176条では、物権の移転は意思表示のみによって生ずるとされており、所有権移転時期について特別の合意がなければ、直ちに所有権移転の効力が生じますし、そして、その移転による所有権取得の効果を対世的に確保

するために、対抗要件として177条の登記を備えることが必要だということは、民法を勉強した者にとっては明らかです。しかしこのことについて、実際の取引の当事者はどのように考えているか、とりわけ契約が締結され引渡しもされたものの、登記手続がされていない状態において問題になるように思います。法的判断の問題とは別に、何故二重譲渡が「起きてしまう」のかという点を考えるとき、**移転登記がされていないという状態は、売主、買主（第一譲受人）、第二譲受人から見たとき、それぞれどのように捉えられるでしょうか。**

　買主の側からすれば、登記が済んでいるか否かにかかわらず、買った以上は自分の所有になっていると思うかもしれません（法的にはその通りです）。しかし所有権の移転時期等は当事者の合意で決することができるのですから、売主の側からすれば、当該売買をめぐる様々な事情、たとえば代金だけでなく、公租公課の負担の合意が付随的なものにとどまるか重要な意味をもつか等の事情によって、明確な合意がないとしても、登記の移転がない間はまだ終局的に所有権が移転したとはいえないと考えるかもしれません。

　他方、買主が登記を引き取らないということは、当事者において何を意味すると考えられるか。対抗要件を備えないことは、買主にとっては権利の不行使を意味するにとどまるとしても、公租公課の賦課の点で売主に負担をかける場合があり、売主が、（法的には正当でないにせよ）まだ終局的に所有権が移転したとはいえないと考えて譲渡の効力を否定しようとするリスクを招くこともあると考えられます。移転登記の手続をするのに障害がないにもかかわらず、買主があえて登記を引き取らないことは、目的物の所有権を取得できないリスクを引き受けたと評価されても仕方がないかもしれません。

　また、売主が権利の移転についてどのように考え、第二の譲受人に対してどのように説明するかということによって、第二譲受人が、第一譲渡の事実は認識しているが（その点については悪意）、その効力が生じていない、または消滅したと考えて譲り受ける場合もありえます。この場合の第二譲受人は「悪意者」と評価されることになるのか、4で見たケースで、BがY側の説明だけを聞いて譲り受けたことが、Xとの関係で全く問題がないといえるかどうか（また、仮に問題になりうるとすれば、Bはどうすればよいか）という

点も考える必要がありそうです。

ⅱ）最初に、意思表示によって所有権が移転する以上、二重譲渡は原理的に不可能なのではないかという疑問を取り上げました。理論的には、第一譲渡の意思表示によって所有権は移転し、移転登記がされたかどうかは、所有権移転という結果を左右するものではありません。しかし、実際に移転登記がされていないという状態があるとすると、それは何を意味するか。様々な事情があるのでしょうが、**第一譲渡において、明確に契約内容とされていない付随的な（しかし場合によっては重要な）事柄について問題が残っている場合もあろうかと思います。その場合には、譲渡人が完全な無権利者となったという意識は当事者になく、そのような問題を背景にして二重譲渡が「起きてしまう」こともあるのではないかと考えます。**

そして、**具体的な事情が様々であるからこそ、第一譲渡は登記という形式を備えて完全な対世的効力を獲得することが必要である**ということができます。それによって、残された問題を債権的な領域にとどめ、物権の移転に影響を及ぼさないようにすることができます。したがって、契約による物権変動については、二重譲渡が「起きてしまう」ことを防ぐために、譲受人が確実に移転登記手続を受け、その内容を確認することが不可欠であると考えます。そのようにして、形式的にも完結した物権変動こそが完全なものとして保護されるという点では、3で見た「不完全物権変動説」は、ここで生ずる現象の意味を案外的確に表現しているのではないかと思います。

124

Ⅶ　意思表示と権利外観法理
——説明概念・整理概念——

1.　権利の外観に対する信頼の保護
——外観の作出と外観への信頼

(1) 外観に対する信頼保護の諸制度　　Ⅵの冒頭で、次のような設例を出しました。

　　　　Ａは不動産甲の所有者である。ところがＡの知らない間に、Ｂが書類を偽造して不動産甲についてＢへの所有権移転登記手続を行った。その上でＢは不動産甲をＣに売却し、Ｃは登記事項証明書によってＢが登記簿上所有者であることを確認して、Ｂに代金を支払い、ＢからＣへの所有権移転登記手続を行った。

　この場合には、Ｂが所有権者ではないため、Ｃは所有権を取得することができません。Ｃからすれば、きちんと登記によってＢが所有者であることを確認したのだから、所有権を取得できないのは不当だと言いたいところですが、登記には公信力、すなわち、「**通常、真実の権利関係の存在に伴って存在する外形的事実（権利関係の表象）が、たまたま真実の権利関係に伴っていない場合に、この外形を信頼して取引をする者に対し、真実の権利関係が伴っていると同様の法律効果を生じさせる法律的効力**」（竹内昭夫・松尾浩也・塩野宏編集代表『新法律学辞典　第 3 版』（有斐閣・1989 年）418 頁）がありませんので、保護はされません。

　それでは、権利者であるかのような外形的事実を信頼した者が保護されるのは、どのような場合でしょうか。今引用した辞典では、最も顕著な例として**即時取得（192 条以下）、表見代理（109 条・110 条・112 条）、債権の準占有者に対する弁済の保護（478 条）**が挙げられています（竹内ほか前掲・417 頁）。この辞典ではさらに「近時の判例は不動産登記に**民法 94 条 2 項の類推適用を認め**」ていると書いており（竹内ほか前掲・417〜418 頁）、上記の設例

はこの問題として判断することになりますが、94条2項の文言に厳密には一致していませんから、どのような場合に類推適用ができるかはひとつの問題です。この点については、後に3で説明します。

(2)「権利外観法理」の定義：広義と狭義　このような、外観への信頼を保護する考え方は「権利外観法理」と呼ばれています。この概念につき「テキスト」（山下純司・島田聡一郎・宍戸常寿『法解釈入門』（有斐閣・2013年）。以下同じ）の83頁では、94条2項の類推適用に関連して、『法律学小辞典（第4版補訂版）』（有斐閣）の「**真実に反する外観を作出した者は、その外観を信頼してある行為をなした者に対し外観に基づく責任を負うべきであるという理論**」という定義を引用しています。他方86頁では、即時取得に関する公信の原則に関連して、内田貴教授の教科書から「**権利の外観を信頼した者を保護するという法理（権利外観法理）**」という記述を引用しています。

　また（1）で引用した『新法律学辞典　第3版』の98頁では、「外観主義」という事項について次のような説明をしています。すなわち「真実に反する外観が存在する場合において、**外観を作り出した者に作り出したことについての、何らかの責任があり**、他方外観を信頼した者に責任がないときは、前者を犠牲にしても後者を保護せよという考え方。法外観の理論、権利外観理論ともいう」と定義づけた上で、「民法の表見代理・即時取得・準占有者の弁済はこの理論の現れである」と説明しています。この定義は表見代理には当てはまりますが、即時取得・債権の準占有者への弁済には、少なくとも条文上は当てはまりません。どうやら「**権利外観法理」の定義には、広い意味と狭い意味の2つのもの**がありそうです。

　さらに、狭い意味での「権利外観法理」の説明においても、『法律学小辞典（第4版補訂版）』では「真実に反する**外観を作出した者**」とされているのに対し、『新法律学辞典　第3版』では「外観を作り出した者に**作り出したことについての、何らかの責任があり**」とされています。これも、権利外観法理のキーワードとなっている「**帰責性**」の意義を考えるために注意するべき点です。

(3)「権利外観法理」自体はルールではない　次に「権利外観法理」の内容につき、「テキスト」の85頁で、具体的な判決をもとにして説明がされて

126

います。

事案は、不動産取引の経験のない売主Xが、所有権移転及び移転登記手続を代金の決済と引換えに行う約定があったにもかかわらず、不動産業者である買主Aの言葉巧みな説明により、地目変更手続のためと信じて登記に必要な書類を交付したところ、Aが自己名義の所有権移転登記手続をした上、善意無過失のYに転売したものです。最高裁は「Xは、本件土地建物の虚偽の権利の帰属を示す外観の作出につき何ら積極的な関与をしておらず、本件第一登記〔Aへの所有権移転登記〕を放置していたとみることもできないのであって、民法94条2項、110条の法意に照らしても、Aに本件土地建物の所有権が移転していないことをYらに対抗し得ないとする事情はない」としました（最判平成15・6・13判例時報1831号99頁）が、この判決に関連して、「テキスト」85頁は次のように述べています。

> 本判決では、Xが「虚偽の外観の作出につき積極的な関与をして」いるか、少なくとも「本件第一登記を放置していた」という事情がなければYは保護されないが、**権利外観法理を「①真の権利者の帰責性により、②虚偽の外観が作出され、③その外観を信頼した第三者がいる場合には、第三者が保護される」というルールとして丸暗記している学生には、本判決の結論がうまく説明できない。**登記に必要な書類を交付したXに帰責性があるかないかだけを問題としようとすると、「ある」という判断に傾きやすく、外観作出に対するXの関与の仕方を問題にしようという発想が出てきにくいのである。

その上で、権利外観法理というのはそれ自体はルールではなく、「民法のしくみを統一的な観点から説明するための理論にすぎない」、即時取得についていえば「**即時取得のルールは192条によって与えられるのであり、公信の原則というルールが存在するわけではないのと同様に、権利外観法理というルールは民法の中に存在してはいないのである**」と強調しています（山下ほか・前掲85～86頁）。

このような、規範（ルール）は条文によって与えられるのであり、説明のための概念を規範そのものと混同してはならないという点については、山本教授も、表見代理に関して次のように戒めています。

「表見代理は、あくまでも無権代理の例外である。無権代理である以上、代理行為がされても、その効果は本人に帰属しないのが原則である。したがって、それにもかかわらず本人に責任を課すためには、特別な理由が要求される。そうした特別な理由を限定的に定めたのが、109条・110条・112条である。これらの規定の要件がみたされないかぎり、原則どおり、本人は責任を負う必要はない。

ところが、初学者は、往々にしてこのことを忘れやすいようである。たとえば、表見代理の主張をするのに、外観や相手方の信頼、本人の帰責性を云々するだけで、根拠条文を明示しない。それどころか、どの規定の要件もみたさないのに、安易に表見代理の成立を認めてしまうことも少なくない。本人は立派な法律論を展開しているつもりかもしれないが、これでは通用しない。たしかに、表見代理は重要である。しかし、それにもとづいて相手方を保護する要件を民法自体が限定している以上、それを無視することは許されない。**立法者が条文を通じて示した決定を前提とすることが、法律論の出発点である。**そのことを、しっかりと理解してほしい。」（山本敬三『民法講義Ⅰ　総則〔第3版〕』（有斐閣・2011年）404～405頁）

　山本教授の示す「立法者が条文を通じて示した決定を前提とすることが、法律論の出発点である」という指摘を受けて、以下では条文に立ち戻り、「権利外観法理」さらには「帰責性」の概念の使い方について考えてみたいと思います。

2.　外観への信頼を保護する規定──条文の趣旨の確認

(1)　外観への信頼を保護する理由　　1 (1) で見たように、『新法律学辞典第3版』では、権利者であるかのような外形的事実を信頼した者が保護される場合の例として即時取得（192条以下）、表見代理（109条・110条・112条）、債権の準占有者に対する弁済の保護（478条）、さらに94条2項の類推適用が挙げられていました。

　これらの条文において、外形的事実を信頼した者を保護するのはどのよう

な理由によるのでしょうか。94条については、次の3で扱いますので、ここでは動産の即時取得に関する192条、債権の準占有者への弁済に関する478条、表見代理のうち、代理権授与表示の表見代理（本人が直接に外観を作出した場合）に関する109条について確認することとします。

(2) **梅謙次郎博士の説明**　　まず動産の即時取得について、192条は「〔取引行為によって、〕平穏に、かつ、公然と動産の占有を始めた者は、善意であり、かつ、過失がないときは、即時にその動産について行使する権利を取得する」と規定しています（当初は「取引行為によって」の文言はありませんでした）。その趣旨について梅謙次郎博士は次のように説明しています。

　　　動産は、その所在が確定せず、また頻繁に取引されるものであるため、甲から乙、乙から丙へと移転した後に、意外な人から権利を主張され、結局これを返還しなければならないことになると、**商業その他一切の取引は安全でないものとなり、取引の円滑を欠き、商業の発達を妨げる恐れがある**。（梅謙次郎『訂正増補民法要義　巻之二物権編』（有斐閣・1984年・明治44年版復刻版）59～60頁）

　次に、**債権の準占有者への弁済**について、478条は「債権の準占有者に対してした弁済は、その弁済をした者が善意であり〔、かつ、過失がなかった〕ときに限り、その効力を生ずる」と規定しています（当初は「善意ナリシトキニ限リ」と規定され、「かつ、過失がなかった」の文言はありませんでした）。梅博士は、次のように説明しています。

　　　「債権の準占有者」とは、自己のためにする意思をもって債権を行使する者である。たとえば、**相続権のない者が誤って相続人の権利を行使し、または他人の不在に乗じてその財産を横領し、世人に対してあたかも自分が所有者であるかのようにふるまう者**である。これらの者に対してした弁済を、弁済者が善意の場合に限って有効としたのは、**弁済者は他人の相続権など他人間の関係を熟知するのはきわめて困難であるから、これらの場合に弁済を無効とするならば不測の損害を被る**からである。まして、債権の準占有者が債権証書を持参して弁済を求めた場合に、弁済者がこれを正当な債権者と信ずるのは当然である。

　　　そして、債権の準占有者がある場合、多くは真の債権者に「怠慢」が

あるがゆえに、善意の弁済者を助けて債権者を保護しないのが妥当である。債権者は債権の準占有者に対して求償権を有するから、多くの場合には、債権者が「全ク損失ヲ被ムル」ことは稀であろう。（梅謙次郎『訂正増補民法要義　巻之三債権編』（有斐閣・1984年・大正元年版復刻版）246～247頁）

　最後に、**表見代理に関し、109条**は「第三者に対して他人に代理権を与えた旨を表示した者は、その代理権の範囲内においてその他人が第三者との間でした行為について、その責任を負う。〔ただし、第三者が、その他人が代理権を与えられていないことを知り、又は過失によって知らなかったときは、この限りでない〕」と規定しています。梅博士の説明は、次の通りです（110条については、後で見ることにします）。もっとも、ただし書は平成16年の現代語化の際に付加されたものですから、以下の説明は本文のみに関するものです。

　　本人が第三者に対して、ある者を自己の代理人とする旨の表示をしたときは、たとえその者に代理行為を委任していなかったとしても、第三者は必ず代理行為の委任があったものと信ずるのが当然であり、この場合、第三者が本人の通知を信じてその者と法律行為をしたところ、後になって、その者は代理行為の委任を受けていないからその法律行為は本人に対して効力が生じないとすると、第三者が受ける損害は少なくない。**このようなことであれば、容易に人の言葉を信じて取引をすることができず、取引の円滑を妨げる恐れがある。**そこで、代理関係は発生しないが、本人が履行の責任を負うべきものとした公益規定である。（梅謙次郎『訂正増補民法要義　巻之一総則編』（有斐閣・1984年・明治44年版復刻版）277～278頁）

＊なお、この段階ではただし書がありませんから、第三者が善意であることが必要ではないかという疑問が生じますが、梅博士は、本人の通知があった時点で第三者が代理の委任がないことを知っていたとしても、本人が通知をする以上、直ちに代理人と委任契約を締結すると信ずるのが通例であるから、その第三者を保護する必要があるとしています（梅・前掲278頁）。**「本人が通知したこと」が、110条の場合と異なる109条の特徴であること**を頭に置いて

おきましょう。

(3) 192 条・478 条と 109 条：外観作出行為が要件となっているか　192 条の即時取得については、条文上、権利を失う者の行為・態様は要件になっておらず、梅博士の説明においては取引の安全という制度目的が示されています。**478 条の債権の準占有者への弁済**についても、条文上、権利を失う者の行為・態様は要件になっていません。したがって、この 2 つの制度は端的に「外観への信頼」を保護する制度であるということができます。

　これに対して **109 条の表見代理**は、取引の円滑の保護という観点を示すとともに、本人が第三者に対して、他人に代理権を与えた旨を「表示」したことを要件として挙げています。これは「外観の作出」をしたことによる責任です。したがって外観への信頼保護という共通点を持ちつつ、この点で、即時取得、債権の準占有者への弁済の場合と異なっています。

　先に 1（2）で、「権利外観法理」には、「権利の外観を信頼した者を保護する法理」という、より広い定義と、「真実に反する外観を作出した者」ないし「外観を作り出したことについての何らかの責任がある者」が外観を信頼した者に対して責任を負うという、より狭い定義とがあるようだということを言いました。192 条と 478 条は前者にあたり、109 条は後者にあたるということができます。それでは 94 条 2 項についてはどう考えるべきでしょうか。

3.　94 条 2 項の類推適用をめぐって

(1) 94 条 2 項の本来の適用場面　1（3）で見た平成 15 年の最高裁判決によれば、94 条 2 項の類推適用については「虚偽の外観の作出への積極的関与」を必要としていることがわかりました。そこで 3 では、**94 条 2 項の類推適用における「虚偽の外観の作出への積極的関与」という要素**と、**権利外観法理一般につき、要素のひとつとされる「帰責性」という表現**（1（3）参照）との関連について考えてみたいと思います。

　まず、94 条 2 項が直接に適用されるのはどのような場合でしょうか。次の設例で確かめてみましょう。

Ａは不動産甲を所有していたが、債権者から差し押さえられることを心配して、Ｂに対し、（実際には売買はしないのだが）売買を仮装してＡがＢに売ったこととして登記をＢ名義に移転したいと申し入れ、Ｂもこれを承諾した。そこで、ＡとＢは甲の売買契約書を作成し、これに基づいてＢへの所有権移転登記手続を行った。ところがＢは、事情を知らないＣに甲を売却し、Ｃへの所有権移転登記手続を行った。

94条1項は「相手方と通じてした虚偽の意思表示は、無効とする」と規定しています。仮装売買についてＡがＢに申し入れ、Ｂが承諾していますから、Ａが「相手方（Ｂ）と通じてした」（甲を売るという）意思表示です。そして、Ａは真実に売る意思はありませんから、これは**「虚偽の意思表示」**です。この意思表示は無効ですから、甲についての売買契約は無効であり、したがってこの売買契約に基づくとされるＢへの所有権移転登記も無効です。すなわち、**意思表示が無効である結果、それに基づいてされたＢ名義の登記は「虚偽の外観」を示すもの**であることになります。その上で、Ｂの所有権の根拠であるＡＢ間の売買契約が無効であり、真実にはＢが所有権者でないことについてＣが善意であったときは、Ａは「前項の規定による意思表示の無効」したがって甲の所有権はＡにあることを「善意の第三者（Ｃ）に対抗することができない」（94条2項）ため、ＣはＡＢ間の売買契約を有効なものである、したがってＢに甲の所有権が移転し、そのＢから所有権を譲り受けたものであると主張することができます。

(2) 虚偽の「意思表示」をしたという事実　　以上のように、94条2項の趣旨は、虚偽の意思表示が無効である結果、その意思表示に基づく虚偽の権利の外観が生じた場合に、その外観を信じた第三者に対して意思表示の無効を対抗できない、すなわち有効である場合と同様の効果について責任を負うというものです。Ａが甲の所有権を失う結果となりますが、梅博士は、それは両人が虚偽の意思表示によって第三者を欺こうとした結果であり、自ら作った罪であると説明しています（梅・前掲総則編216頁）。

すなわち、**94条が要件として挙げているのは、表意者が相手方と通じて虚偽の「意思表示」をしたという事実であり、その意思表示が無効であるにもかかわらず、有効であるのと同じ効果に服するのはなぜかという問いに対**

する説明が、表意者の「帰責性」の指摘、ここでは、虚偽の意思表示によっ
て第三者を欺こうとしたことは、「取引ノ安全ヲ害シ一般ノ信用ヲ傷クル」
ものであり（梅・前掲216頁）、無効を対抗できない不利益を甘受する理由と
なるという評価です。重要なのは、要件としての事実類型（および規範にお
けるその抽象的な表現）が何かということであり、「帰責性」とは、その要件
を充たす行為をした表意者が不利益を甘受する理由の説明以上のものではあ
りません。すなわち「帰責性」とは規範の内容をなすものではなく、説明の
ための概念であることを確認した上で、判例によって94条2項が類推適用
された事例を見てみましょう。

(3) 94条2項の類推適用：どのような事案について行われるか　　i ）94
条2項の類推適用を認めた最初の最高裁判決は、最判昭和29・8・20（民集
8巻8号1505頁）です。

　事実関係は、Aが妾Cに、家屋を買ってくれるように頼まれたが、現金
が自由にならなかったため、妻Xに懇請した。XはBから家屋甲を自ら買
い受けた上でCに使用させることとし、代金をAに渡したところ、Aがこ
れをCに渡し、CはこれをBに支払ってXのために家屋甲を買い受けた
が、Aと協議してC名義で所有権移転登記をした。ところがその後、Cは
甲をYに売却し、登記も完了したというものです。

　XがCおよびYに対して、Xへの所有権移転登記をするよう請求し、原
審はその請求を認めたのですが、最高裁は「右の場合、**本件家屋を買受人で
ないC名義に所有権移転登記したことが、Xの意思にもとづくものならば、
実質においては、Xが訴外Bから一旦所有権移転登記を受けた後、所有権
移転の意思がないに拘らず、Cと通謀して虚偽仮装の所有権移転登記をした
場合と何等えらぶところがないわけであるから、民法94条2項を類推し、
XはCが実体上所有権を取得しなかったことを以て善意の第三者に対抗し
得ないものと解する**」と述べて原判決を破棄しました。

　所有権者Xが、自らCと協議してC名義の所有権移転登記をしたのであ
れば、XとCとが通謀して所有権移転の原因となる意思表示をしたものと
して94条が直接適用されますが、このケースではXはそのような意思表示
をしていないため、適用することはできません。しかし最高裁は、**所有権の**

移転が、Xが自らした意思表示に基づくものでなくとも、その登記がXの意思に基づくものであれば——たとえばXがあらかじめ与えた承認のもとにAがCと協議したものであれば—— X自らCと通謀して虚偽の登記をした場合と変わらないため、94条2項を類推適用することができる、したがってYが善意であれば、XはCが所有権者でなかったこと、したがってYは所有権者ではないと主張することができないとしたものです。

ⅱ）次に最判昭和45・9・22（民集24巻10号1424頁）は、X所有の土地建物についてAが勝手に自己名義に所有権移転登記をし、後にYに売却して移転登記を行った事案です。A名義の虚偽の登記がされたのはXの意思に基づくものではないため、昭和29年判決の基準によれば類推適用ができないようですが、この判決は「不実の所有権移転登記の経由が所有者の不知の間に他人の専断によってされた場合でも、**所有者が右不実の登記のされていることを知りながら、これを存続せしめることを明示または黙示に承認していたときは、右94条2項を類推適用**」するとして、その理由を「**不実の登記が真実の所有者の承認のもとに存続せしめられている以上、右承認が登記経由の事前に与えられたか事後に与えられたかによって、登記による所有権帰属の外形に信頼した第三者の保護に差等を設けるべき理由はないからである**」と述べました。

その上で、当該事案において「Xは、その所有する……土地につき昭和28年6月4日にAがXの実印等を冒用してXからAに対する不実の所有権移転登記を経由した事実をその直後に知りながら、経費の都合からその抹消登記手続を見送り、その後昭和29年7月30日に右Aとの婚姻の届出をし、夫婦として同居するようになった関係もあって、右不実の登記を抹消することなく年月を経過し、昭和31年11月12日にXがB相互銀行との間で**右土地を担保に供して貸付契約を締結した際も、Aの所有名義のままで同相互銀行に対する根抵当権設定登記を経由したというのであるから、Xから**Aに対する所有権移転登記は、実体関係に符合しない不実の登記であるとはいえ、**所有者たるXの承認のもとに存続せしめられていたものということができる**」としました。

昭和29年判決が、Xが自らの意思によって不実の登記を「発生」させた

か否かを問題にするのに対し、昭和45年判決は、Xが自らの意思によって不実の登記を「存続」させたことを問題にしています。いずれも、意思表示の規定である94条2項を類推適用するにあたり、Xが自らの意思によって不実の登記の発生・存続をコントロールしたことを重視しているものと考えます。

(4) 平成18年判決:「帰責性の程度」　このように、判例によれば、94条2項の類推適用がされるのは、**自ら虚偽の外観の作出に積極的に関与した場合やこれを知りながらあえて放置した場合**です。しかし「テキスト」(90頁以下)でも扱われている最判平成18・2・23(民集60巻2号546頁)は、直接にはこれにあたらない場合について、94条2項(および110条)の類推適用により、第三者を保護しています。

　Xがその所有地を大分県土地開発公社の仲介により日本道路公団に売却した際に、同公社の職員であるAと知り合い、本件不動産の賃貸に関する事務等をAに任せていたところ、AがXから預かった登記済証、Xから交付を受けた印鑑登録証明書およびXの実印を使い、Xに無断で自己の所有名義に移転登記をした上で、これをYに売却して所有権移転登記をしたものです。

　Xが積極的に関与したり、知った上で放置したものではない事例ですが、判決は、事実関係を「Xは、Aに対し、本件不動産の賃貸に係る事務及び7371番4の土地についての所有権移転登記等の手続を任せていたのであるが、そのために必要であるとは考えられない本件不動産の登記済証を合理的な理由もないのにAに預けて数か月間にわたってこれを放置し、Aから7371番4の土地の登記手続に必要と言われて2回にわたって印鑑登録証明書4通をAに交付し、本件不動産を売却する意思がないのにAの言うままに本件売買契約書に署名押印するなど、Aによって本件不動産がほしいままに処分されかねない状況を生じさせていたにもかかわらず、これを顧みることなく、さらに、本件登記がされた平成12年2月1日には、Aの言うままに実印を渡し、AがXの面前でこれを本件不動産の登記申請書に押捺したのに、その内容を確認したり使途を問いただしたりすることもなく漫然とこれを見ていたというのである」とまとめた上で、次のように述べていま

す。

　「そうすると、A が本件不動産の登記済証、X の印鑑登録証明書及び X を申請者とする登記申請書を用いて本件登記手続をすることができたのは、上記のような **X の余りにも不注意な行為によるもの**であり、A によって虚偽の外観（不実の登記）が作出されたことについての **X の帰責性の程度は、自ら外観の作出に積極的に関与した場合やこれを知りながらあえて放置した場合と同視し得るほど重いもの**というべきである。そして、前記確定事実によれば、Y は、A が所有者であるとの外観を信じ、また、そのように信ずることについて過失がなかったというのであるから、民法 94 条 2 項、110 条の類推適用により、X は、A が本件不動産の所有権を取得していないことを Y に対し主張することができないものと解するのが相当である。」

(5) 何らかの「帰責性」があればそれだけでよいか　　i）1 (3) で触れた最判平成 15・6・13（判例時報 1831 号 99 頁）は、X が「工業高校を卒業し、技術職として会社に勤務しており、これまで不動産取引の経験のない者」であり、不動産業者 A が、「不安を抱いた X やその妻からの度重なる問い合わせに対し、言葉巧みな説明をして言い逃れをしていた」という事案について、X は「外観の作出につき何ら積極的な関与をしておらず、本件第一登記を放置していたとみることもできない」と評価しています。これに対して平成 18 年判決は、（**本来は説明のための概念である**）「帰責性」という概念を**判断のための独立の要素として用いた**上で、「**自ら外観の作出に積極的に関与した場合やこれを知りながらあえて放置した場合と同視し得る**」と評価しています。

　ii）いずれのケースも、「自らの意思による虚偽の外観の作出」、「自らの意思による虚偽の外観の存続」という行為形態をとるものではありません。平成 18 年判決はこのことを認めた上で、「帰責性の程度」が重いことを理由にこれらの場合と同視できるとしたのですが、それはこれらの「行為形態」の質的評価を「帰責性」の量的評価へと置き換えたことを意味するのかどうか。次のような教室設例についてはどう考えることになるでしょうか。

　　　D は、自己の所有する不動産甲を担保として融資を受けるため、実印と書類一式を応接間の棚に出しておいたところ、鍵のかかっていない

玄関からEが侵入し、実印とこの書類を盗み出して、Eへの所有権移転登記を行い、その上で甲をFに売却した。Fは甲がEのものでないことを知らず、知らないことについて過失もなかった。

この設例の場合も、Dは虚偽の外観を積極的に作出し、あるいはそれを知った上で放置したものではありません。しかし玄関に鍵をかけず、また重要な書類や実印を出しっぱなしにしておいたことにより、虚偽の外観が作出される結果を招いたのであるから、Dには「帰責性」がある。したがって平成18年判決によれば94条2項の類推適用が理論上は可能であるが、「帰責性の程度」が重くないため、「自ら外観の作出に積極的に関与した場合やこれを知りながらあえて放置した場合と同視」することはできない、ということになるのかどうか。

1 (3) で引用した「テキスト」の指摘、すなわち「権利外観法理を『①真の権利者の帰責性により、②虚偽の外観が作出され、③その外観を信頼した第三者がいる場合には、第三者が保護される』というルールとして丸暗記」するならば、「帰責性」という言葉が権利者側の関与についての「評価」を示すだけでその「行為形態」を限定するものではないため、このような議論になるかもしれません。しかし、**上記設例は94条2項類推適用の問題ないでしょう。平成18年判決の事案では、Xは自らの意思で登記関係書類等をAに渡しているのに対し、上記設例でEが書類等を入手したのはDの意思に基づくものではないからです**（「自らの意思による虚偽の外観の作出・存続」という、判例の承認する行為形態から完全に離れています）。

ⅲ）他方、平成18年判決の事案では、Aへの書類等の交付はXの意思によるものですが、それは直ちに判例のいう「自ら外観の作出に積極的に関与した場合やこれを知りながらあえて放置した場合」にあたるものではありません。しかし**自己の不動産管理をAに任せきりにして、言われるままに重要書類等を渡したことに、Xが責任を負う理由がある**というのであれば、それはむしろ110条の表見代理の構造、すなわち本人が、代理人と相手方との間で権限を超えた意思表示がされていることを把握してはいないが、代理人を信頼して意思表示を任せたリスクを負担するという構造に近いとも考えられます（もちろん、Yの信頼がAの代理権ではなく、Aが甲の所有者であるこ

とに向けられている点は違っていますが）。実際、第一審判決、原判決は110条を類推適用してYを保護しています。

さて、そうすると、「権利外観法理」と呼ばれるもののうち、狭い意味での捉え方、すなわち同じく権利者（または本人）が原因を与えたことに責任根拠が求められるものの中にも異なる構造を持つものが含まれていることになりそうです。このことを、表見代理について見てみましょう。

4. 表見代理── 109条と110条

(1) 109条と110条の違い　　i）109条については、2(2)で触れましたが、もう一度、条文を確かめてみます。

> 「第三者に対して他人に代理権を与えた旨を表示した者は、その代理権の範囲内においてその他人が第三者との間でした行為について、その責任を負う。ただし、第三者が、その他人が代理権を与えられていないことを知り、又は過失によって知らなかったときは、この限りでない。」

ここでは、本人が「第三者に対して他人に代理権を与えた旨を表示した」ことが要件とされています。たとえば次のような場合です。

> AはCとの間で、ある契約を締結しようとしていた。Aはその交渉をBにさせることとして、Bに次のように指示した。すなわち「Cと交渉してできるだけ有利な条件を確保し、正式の契約をする前に自分に報告しなさい。自分がその条件でよいと判断したら、正式に契約を結ぶための代理権を与えよう。ただ、交渉の際に代理権がないということが知られると、Cが軽視されたと思ってうまく交渉ができない恐れがある。そこでCには一応、Bに代理権があると言っておくが、自分に報告しないで契約を結ばないように」と。その上でAはCに対し、文書によって、この契約の締結についてはBに代理権を与えると通知した。BはCと交渉し、条件を詰めて契約するばかりの段階に至ったので、Aに報告するため、Cに「それでは次回に正式に契約しましょう」と言ったところ、Cは、Bには代理権があるのだから今日契約しよう、そうでなければこの契約は締結しないと答えた。そこでやむなく、BはAの

代理人としてＣと契約を締結した。

2 (2) で見たように、梅博士は、第三者（ここではＣ）が本人（ここではＡ）の通知を信じてその者（ここではＢ）と取引したところ、その者は代理行為の委任を受けていないからその法律行為は本人に対して効力が生じないとすると第三者が損害を被るため、本人に履行の責任を負わせる公益規定であると説明しています。

ⅱ）他方、110条は次のように規定しています。

　　「前条本文の規定は、**代理人がその権限外の行為をした場合において、**第三者が代理人の権限があると信ずべき正当な理由があるときについて準用する。」

この規定について、梅博士は次のように説明しています。

　　「正当な理由」がある場合とは、たとえば代理人が従来同種の法律行為をした場合に、本人はこれを承認して履行を拒んだことがない、または慣習上同種の代理人が皆その権限を有する場合などである。あるいは、代理人と法律行為をするにあたり、相手方は代理人の権限を調査しなかった点に過失がある一方、本人には過失がないのだから、相手方を保護するのは権衡を失するのではないかという疑問があるかもしれない。しかし**権限を守らないような不誠実な代理人を選任したところに、本人の過失がある**というべきである。

109条、110条とも「表見代理」として整理されていますが、責任を負う根拠について仮に「帰責性」という表現を使うとするならば、**109条は、実際には代理権限を与えていないにもかかわらず、与えたものと本人自ら相手方に通知した点に「帰責性」あり**と評価されるのに対し、**110条は、代理人の不誠実を見抜けなかった点に「帰責性」あり**と評価されます。他方、1(2) で見た「権利外観法理」の定義に照らすならば、責任の根拠として本人が「外観を作り出した」ことが求められますが、**109条の場合は、94条と同様、本人が自ら、直接に虚偽の外観を作り出した**ということができます。し**かし110条の場合は、「虚偽の外観」は、代理人の権限踰越行為を介してあくまでも間接的に作り出された**ものです。

そうすると、「帰責性」というまとめ方をするとしても、**94条・109条と**

110条との違いを無視することはできません。「帰責性」の中身を問わずにマジックワードとして使うのではなく、1（3）の末尾で見たように、山本教授の示す、立法者が「条文を通じて」示した決定を確かめながら解釈作業を進めることが不可欠だということができます。

（2）代理権授与教示（109条）：白紙委任状　それではまず、109条の帰責構造について考えてみます。109条に関する判例では、特に**「白紙委任状」による代理権授与表示**が問題とされます。「白紙委任状」とは、代理人氏名の欄、委任事項の欄の一方または双方を白紙のまま交付し、後日これを、委任を受けた者が補充して行使するというものです。

> ＊どのような場合に用いられるかにつき、長尾治助『表見代理論序説』180～181頁（成文堂・1971年）の記述を見てみましょう（少し古い制度が出てきますが）。
> ①権利譲渡の対抗要件具備について譲渡人の協力が必要な場合、手続の煩瑣を避けまたは費用を節約するために、譲渡ごとに対抗要件を具備せず最後の譲受人が対抗要件具備の手続をとる必要から交付されるもの。「旧商法の下において商慣習とされた記名株式添附の白紙委任状、中間省略の登記申請に使用される白紙委任状はその例である。」（このうち、株式の譲渡に伴うものは、後述の「輾転流通型」であるということができます。）
> ②「債権者が経済的に優位な立場を利用し、債務者の代理人との間に自己に有利な契約を締結する目的で債権者が債務者の代理人を選任することができるように白紙委任状が利用される。金銭消費貸借、不動産賃貸借の公正証書、和解証書の作成を申請するために使用される白紙委任状はその例である。」
> ③「社団法人等の社員総会の開催にあたり総会の通知とともに社員自身が出席できない場合には他人をして議決権を行使せしめるため予め委任状を送附しておき社員は委任状に自己の氏名を記載しこれに捺印しただけでこれを社団法人等に交付する場合である。」
> ④個々の法律行為について「何心なく」白紙委任状が使用される場合。

白紙委任状には必ずしも合理的とはいえないものもあるようですが、いずれにしても、**白紙委任状が本人の意図に反して使われた場合、109条の表見代理はどのような場合に成立するか**、いくつかの判例を見てみましょう。

（3）転得者による濫用：当然に本人が責任を負うものではない　まず最判

140

昭和39・5・23（民集18巻4号621頁）です。XはAから12万円を借り、その債務の担保として本件不動産に抵当権を設定することとし、**必要書類と白紙委任状をAに交付**しました。ところがAは、自己のための抵当権設定登記手続をとることなく、Bを介して他から金融を得る目的で**これらの書類をCに交付**、Cはこれらの書類を用いてXの代理人と偽り、CがYとの間の継続的商品取引契約より生ずる将来の債務の担保として、本件不動産に極度額100万円の根抵当権を設定しました。**Xは、自己の債務のために抵当権を設定するつもりが、Cの債務のための根抵当権が設定される結果となった**ものです（委任事項についての濫用）。XはYに対し、根抵当権設定登記の抹消を請求しました。

　第一審判決は、「XがX名義の白紙委任状および印鑑証明を権利証とともにAに交付した行為は、右A又はAより更にこれを交付を受くべき者、本件におけるCに、一切の代理権を与えた旨をYの如く同人らと取引をしようとする相手方に対し表示したものと解するのが相当である」として、109条の代理権授与表示があったと評価しました。

　これに対して原判決は、「AやCが右のようにこれらの書類を使用することについて、Xが承諾を与えた事実」はないことが明らかであるとして、代理権授与表示を認めることはできないと述べ、第一審判決を取り消してXの請求を認容しました。そして最高裁も、次のように述べて原判決を支持し、Yの上告を棄却しました。

　「けだし、不動産登記手続に要する前記の書類は、これを交付した者よりさらに第三者に交付され、輾転流通することを常態とするものではないから、不動産所有者は、前記の書類を**直接交付を受けた者において濫用した場合**や、とくに前記の書類を**何人において行使しても差し支えない趣旨で交付した場合は格別、右書類中の委任状の受任者名義が白地であるからといって当然にその者よりさらに交付を受けた第三者がこれを濫用した場合にまで民法109条に該当するものとして、濫用者による契約の効果を甘受しなければならないものではないからである。**」

　「輾転流通することを常態とするもの」とは、(2)で見た①の型、株式の譲渡に際して用いられる白紙委任状などをさしますが、そうでない場合に

は、本人が「何人において行使しても差し支えない趣旨で交付した場合」にのみ、109条の代理権授与表示が認められるとしています。濫用者が白紙を補充した場合、それを示された相手方（Y）からは、本人がどのような趣旨で交付したかはわからないのですが、それでもこの点が重要な意味をもつものとされています。

(4) BまたはBの委任する第三者に代理権を与える目的での交付　次に最判昭和42・11・10（民集21巻9号2417頁）です。AはYから57万5000円を借り、その際、Xの白紙委任状等を用いて、Xの代理人としてYと連帯保証契約を締結しました。この白紙委任状等は、当初、AがBの斡旋で**他から金融を得るに際してXが保証人となるため、「BまたはBの委任する第三者に代理権を与える目的で」XがBに交付したものですが、Bを通じての融資が不成功に終わったため、AがBからこれらの書類の返還を受け、これを用いて自らXの代理人として本件連帯保証契約を締結した**ものです。

　第一審判決は、Xの白紙委任状はBまたはBの委任する第三者に代理権を与える目的でBに交付されたもので、Aに代理権を与える意思であったとは解しがたいとしてAの代理権は否定しつつ、「白紙委任状および印鑑証明書を交付した者は、たとえそれが当初の目的以外に利用された場合であっても、第三者に対する関係ではその所持人に対し包括的に代理権を与えたことを表示したものというべきである」として、109条によりXの責任を認めました。原判決もこれを支持し、最高裁も「**右事実関係によれば、XはYに対し、Aに右代理権を与えた旨を表示したものと解するのが相当である**」として、Xからの上告を棄却しました。

　本件は、(3)で見た昭和39年判決のいう「**何人において行使しても差し支えない趣旨で交付した場合**」にはあたりませんが、「BまたはBの委任する第三者に代理権を与える目的」で交付されたものであることから、**行使をBに限る趣旨でもない**と評価することが可能です。調査官解説では「本件では、その目的は保証をするにあったが、本人甲〔X〕が、丙〔B〕またはその委任する第三者に代理権を与える目的で白紙委任状を交付したというのであって、これを行使する者を特定の者に限定したものではなく、本人の主観

的意思はともあれ、客観的にみれば、ほとんど、行使者は誰でもよいというのに近いとみられるのであって、本判決はこうした事実関係を捉えて表見代理の成立を肯定したものではないかと思われる」（『最高裁判所判例解説民事編昭和42年度』586頁〔杉田洋一〕）と説明しています。

> ＊ 109条の、代理権授与表示の要件については以上の通りですが、学説は、**昭和39年判決が委任事項について白紙委任状が濫用され、本人が全く想定していなかった事項について効果を引き受けさせられるのに対し、本判決では委任事項についての濫用はなく、Ａの負担する債務について保証するという点については齟齬が生じない（委任事項欄非濫用型）**という点にも着目しています。だからこそ上記調査官解説のように「行使者は誰でもよい」ということがいえるのでしょう。

(5) **本人から信頼を受けた特定他人による濫用**　最後に、最判昭和45・7・28（民集24巻7号1203頁）です。Ｙは、Ａの代理人Ｂを介して、自己所有の本件山林甲を205万円でＡに売り、手付金20万円を受け取って、**登記に必要な書類等および白紙委任状を、Ｂを介してＡに交付**しました。山林甲の所有権を取得したＡは、Ｂを代理人として、山林甲をＸ所有の山林乙と交換する契約の交渉にあたらせましたが、ＢはＸに対して自分がＡの代理人であることを告げず、Ａからあらためて交付されていた上記書類等を示して、自分がＹの代理人であるかのように装いました。そのため、Ｘは契約の相手方をＹであると誤信し、Ｂとの間で、Ｘ・Ｙ間の山林の交換契約を締結し、Ｙに対して山林甲の所有権移転登記を請求しました。

　このケースでは、**ＹがＢに交付した白紙委任状がＡに渡され、ＡからあらためてＢに交付されて、Ｂがこれを濫用したもの**ですが、これがＹによる代理権授与表示にあたるかどうかが問題とされました。第一審判決は前掲昭和39年判決を引用して「本人が不動産登記手続に必要なこれら書類〔白紙委任状、処分証書、権利証等〕を何人において行使しても差支えない趣旨で交付したのではないのに、本人からこれが交付を受けた特定他人においてこれを更に他の者に交付し、その者がこれを濫用し第三者に対し本人の代理人と称して不動産処分行為に及んだ場合にまで、本人はその第三者に対し同条にいう表示をしたと解さなければならないものではない」とした上で、Ｙ

から見て「特定他人」はＡであって、Ｂは「特定他人」ではないと述べて
Ｘの請求を棄却しました。原判決も第一審判決を支持しましたが、最高裁
は次のように述べて原判決を破棄、差し戻しました。

「なるほど、右各書類はＹからＢに、ＢからＡに、そしてさらに、Ａか
らＢに順次交付されてはいるが、Ｂは、Ｙから右書類を直接交付され、ま
た、Ａは、Ｂから右各書類の交付を受けることを予定されていたもので、い
ずれもＹから信頼を受けた特定他人であって、たとい右各書類がＡからさ
らにＢに交付されても、右書類の授受は、Ｙにとって特定他人である同人
ら間で前記のような経緯のもとになされたものにすぎないのであるから、Ｂ
において、右各書類をＣ〔Ｘの代理人〕に示してＹの代理人として本件交
換契約を締結した以上、Ｙは、Ｃに対しＢに本件山林売渡の代理権を与え
た旨を表示したものというべき」である。

(6) 白紙委任状の濫用：109条の問題か？　　以上、白紙委任状に関する３
つの判決を見てきました。**白紙委任状を誰かに交付することは、それがさら
に別の者に交付されて濫用される危険を作ることになりますが、それだけで
は代理権の存在を信じた者に対する責任を根拠づけるものではない、しかし
「何人において行使しても差し支えない趣旨」で交付した場合、あるいは本
人が想定した範囲内の者が濫用した場合には109条の責任を負う**という考え
方を見て取ることができます。

交付を受けた者（および想定内の転得者）が白紙委任状を濫用した場合、
とりわけ本来の委任事項ではない事柄について「代理行為」をした場合に
は、**本人が知らない「虚偽の外観」について責任を負う**ことになりますか
ら、ある事項について代理権があることを「本人が通知したこと」および相
手方が「本人の通知を信じたこと」を責任の根拠とする109条よりも（2
(2) で見た梅博士の説明を参照のこと）、**むしろ110条の表見代理責任と似た
要素**が認められます。

そして昭和45年判決が、Ｂが「Ｙから信頼を受けた特定他人」である
がゆえに、ＹがＢに当該行為の代理権を授与したことをＸに表示したものと
評価した点は、やはり110条において、本人がある者を信頼して代理人とし
たことにより、その代理人が権限を超えて法律行為をするリスクを引き受け

ることと似た考え方であるということができます。したがって、(1) で見た
ように、109条と110条の違いを考えるときは、白紙委任状が濫用された場
合を109条の代理権授与表示の典型とするのは適切ではないでしょう。

(7)「法律行為」の規定：本人のコントロールによる意思伝達　　とはいえ、
白紙委任状に関する一連の判例を見るについては、白紙委任状を誰かに交付
した以上、輾転譲渡され濫用される危険を作り出したものであるから、「虚
偽の外観」を作り出したことについて「帰責性」があり、それだけで責任を
負う十分な理由があるとはしなかったことにこそ、注意する必要がありま
す。

　すなわち、本来の意図とは異なる外観の作出について、本人（権利者）が
何らかの原因を与えている場合としては、第一に本人（権利者）が自らの意
思で外観を作り出した場合が挙げられます。たとえば94条の通謀虚偽表示
の場合、また109条の代理権授与表示の場合（白紙委任状の濫用の場合を除
く）がこれにあたります。94条2項の類推適用を認める判例が、虚偽の外
観を自ら積極的に作出した場合に加えて、「不実の表示が真実の所有者の承
認のもとに存続せしめられている」場合（3 (3) ii で見た前掲最判昭和45・
9・22）を挙げているように、「外観」が本人（権利者）の直接のコントロー
ルのもとに作出され、あるいは存続している場合です。

　第二に、本人（権利者）の間接的な関与によって「外観」（というよりも本
人（権利者）の意図との食い違い）が生ずる場合です。たとえば110条の代理
人の権限踰越の場合、また（109条の問題とされる）白紙委任状の濫用の場合
がこれにあたります。この場合は、「外観」を本人（権利者）が自ら作り、
あるいは承認したものではありませんが、本人（権利者）の意図と食い違う
表示をした者を信頼し、その表示を委ねたことのリスクを負担するというも
のです。したがって白紙委任状についても、109条の表見代理の成立が問題
とされるのは、(5) で見たように、本人から信頼を受け、間接的なコントロー
ルのもとにある「特定他人」の行為に限られることになります。

　第一の場合も、第二の場合も、「法律行為」の章に置かれた規定であり、
表意者が直接に、または代理人を通じて間接的に、自らの意思をコントロー
ルして相手方に伝えることに伴う規律を意味しています。「帰責性」評価の

対象である「外観作出に対する権利者の関与の仕方」はこのように限定されているのであり、外観に対する第三者の信頼を出発点として、その外観作出に対する何らかの「帰責性」があればよいというものではないことがわかります。

5. 動産の即時取得・債権の準占有者への弁済

(1)「帰責性」が要件ではないこと　　以上のように、94条や109条・110条は「法律行為」の章に置かれた規定であり、**権利外観法理における「帰責性」は、意思表示の構造のもとで考えることが必要**でした。これに対して、動産の即時取得に関する192条や債権の準占有者への弁済に関する478条は、**端的に取引の安全を目的とする規律であるということができます。**

即時取得の規定を見ると、**192条には、権利を失う者の「帰責性」にあたるものが要件とはなっていません。**ただ、193条・194条では、盗品・遺失物についての例外規定があり、盗難または遺失の時から2年間に限り、占有者に対する回復の請求を認めています。この規定を、占有の喪失につき権利者に帰責性がない場合には192条によって権利を喪失しないのであるから、その裏として、192条は、権利者、たとえば所有者がその所有物を誰かに預け、または貸したという「帰責性」のゆえに権利を喪失するのであると理解することも不可能ではないように見えます。

ただ、192条それ自体は文言上「帰責性」にあたる事実を要件としていないこと、さらに193条・194条の回復請求が2年間に限られていることからすると、193条・194条はあくまでも**例外規定**であり、これによって192条の即時取得による権利喪失が「帰責性」に基づくものであるという**根拠**とすることはできないと考えます。

また**478条の規定も、準占有者への弁済が有効とされた場合に権利を失う真の債権者について、その「帰責性」を要件としていません。**2 (2) で、起草委員である梅博士の説明を見ましたが、それによると、多くは真の債権者に「怠慢」があるゆえに、善意の弁済者を助けて債権者を保護しないのが妥当である、そう考えたとしても、債権者は債権の準占有者に対して求償権を

有するから、債権者が「全ク損失ヲ被ムル」ことは稀であろうとされていますから、真の債権者の「帰責性」が前提とされているということもできるかもしれません。

しかし梅博士が478条の「準占有者」の例として挙げているのは、相続権がないのに誤って相続人の権利を行使した者や他人の不在に乗じてその財産を横領した者であるのに対し、現在、478条の準占有者としては、多くの場合、預貯金の通帳と届出印を所持する者が問題とされています。相続人や不在者については、自己の財産管理について「怠慢」があるとしても、それは「外観」を作出する行為といえるか。また通帳や届出印を誰かに預けた場合でなく、知らない間に盗まれた場合にも、預貯金者に「帰責性」があるということができるか。預けた場合にのみ「帰責性」ありとして弁済者を保護することにした場合、弁済者の側で、本人が預けたものと盗まれたものを区別することができるか。何よりも、条文において真の債権者の「帰責性」にあたるものが要件とされていないことからすると、やはり478条の準占有者への弁済による権利喪失が「帰責性」に基づくものであるということはできないと考えます。

(2)「権利外観法理」は「帰責性」を要素とするか　　しかし「テキスト」87頁は、478条の問題につき、内田貴『民法Ⅲ　債権総論・担保物権〔第3版〕』55頁（東京大学出版会・2005年）の「**理論的には、478条は権利外観法理の一環として理解するのが妥当であり、したがって、ある程度は真の債権者の帰責事由を考慮すべきだと思われる。**しかし、通常の法律行為と違い、弁済の特殊性（債務者は弁済に慎重であると債務不履行のリスクを負うことになる）から、弁済者の『過失』要件の中でそれを考慮するというのが解釈論としては適当だと思われる。」という記述を引用した上で、次のように述べています。

　　「この記述からもわかるように、内田教授は、権利外観法理にとって、本人の帰責性が重要な要素であることは否定していない。しかし、各条文で要求される帰責性の程度は、その条文が想定している適用場面ごとに異なり、478条の場合においては、本人の帰責性は債務者の準占有者への信頼の判断の中に吸収されてしまうと考えている。いってみれば、

権利外観法理にとって、①真の権利者の帰責性、②虚偽の外観、③外観に対する信頼という3つの要素は重要ではあるが、3つの要素は適用場面ごとに、異なるブレンドがされて具体的なルールとなる。内田教授は478条の適用場面に合った、カクテル・レシピを記述しているのである。」

しかし、**帰責性が「過失」要件（準占有者への信頼の判断）に吸収されてしまうのであれば、解釈において問題となるのは「過失」の判断のために考えるべき個別の要素であって、「帰責性」はもはや要素としては機能していない**のではないでしょうか。そして、法解釈が説得力をもつためには、それが事実の把握、法概念の把握、論証の過程において適切かどうかを検証できるものであることが必要ですが、「ルール」の内容が「異なるブレンド」の「カクテル・レシピ」であるならば、その「ルール」の把握と適用が適切なものであることを（自ら、または第三者が）どのように検証するのか、**検証のためには、要件となる諸要素について、それぞれ明確な形で判断できるようにしておく必要があり、「ブレンド」してしまってはいけないのではないか**という疑問が生じます。

ちなみに「テキスト」86頁では、動産の即時取得に関する192条の趣旨としての「公信の原則」につき、内田貴『民法Ⅰ　総則・物権総論〔第4版〕』467頁（東京大学出版会・2008年）の次の記述を引用しています。

「公信の原則は、**権利の外観を信頼した者を保護するという法理（権利外観法理）**の一環として理解することができるが、同様な法理に基づく制度は、すでに民法の中にいろいろある。これまでに出てきたものとして、94条2項、96条3項、表見代理などがあり、またこれから出てくるものとして、478条、480条などが有名である。」

この記述の中に478条も出てきていますが、この**「権利外観法理」の広義の定義、すなわち「権利の外観を信頼した者を保護するという法理」という定義を使えば、無理に「帰責性」について論ずる必要はなかったのではないか**と考えます。

6.「権利外観法理」の定義
——「整理概念」か「説明概念」か

(1)「帰責性」を要素とする「権利外観法理」の定義　478条の解釈においても「債権者の」帰責性が要素となるが、それは「弁済者の」過失の判断において考慮されるという考え方に対しては、前述の通り、もはや「帰責性」は要素として機能していないのではないかという疑問があります。にもかかわらずこのような考え方が生ずるのはなぜか。あるいは次のような手順によるのかもしれません。

　1（2）で見たように、法学用語辞典における「権利外観法理」の定義では、外観の作出ないし外観作出の責任、すなわち権利者の「帰責性」を要素として含むものとされ、かつ条文上は帰責性を要件としない即時取得、債権の準占有者への弁済の制度もその例に挙げられています。そうすると、**478条の場合も、「権利外観法理」に位置づけられる以上は、その「定義」により、必然的に「帰責性」を要素としているのでなければならない。しかし条文上は「帰責性」にあたる要件が定められていないため、別の要件の中で判断するべきであるという手順です。**

　しかし、「帰責性」を要素とした「権利外観法理」の定義は、条文上の根拠に基づくものではなく、学説によって設定されたものです。すなわち、その例として挙げられる諸制度全体を含む「権利外観法理」という実体が存在するのではなく、「権利外観法理」という位置づけから何らかの結論を導きうるものではありません。「テキスト」86頁も、ルール自体はそれぞれの条文によって与えられるのであり、「権利外観法理というルールは民法の中に存在してはいないのである」と指摘しています。したがって、「権利外観法理」という言葉の意味も、それによって示されている具体的な諸制度に立ち戻って確かめることが必要です。

(2)「権利外観の信頼が保護される場合」：それらをまとめる「整理」概念

　一般に「権利外観法理」としてまとめられる諸制度の中には、動産の即時取得（192条）、債権の準占有者への弁済（478条）のように、①真の権利者の「帰責性」を要素とすることなく、端的に取引の安全のために設けられた

制度、②「帰責性」として捉えられるものが積極的な「意思表示」の過程を意味するもの、その中でも代理権授与表示による表見代理（109条）、不動産登記に関する94条2項の類推適用のように、自ら直接に表示行為を行った（または外観の作出・維持を行った）ことに基づいて責任を負う制度、③権限踰越による表見代理（110条）のように、自らコントロールするべき者を通じて間接的に表示行為を行ったことに基づいて責任を負う制度など、構造を異にするものがありますが、**それぞれの解釈は、各条文によって示される内容に従って行う**ことになります。

　これらをまとめて「権利外観法理」と表現するのであれば、「権利外観法理」は、根拠・構造・要件等を異にする様々な制度のいわば最大公約数として、**「権利の外観を信頼した者を保護するという法理」**（「テキスト」86頁参照）という広い捉え方をする、そして権利の外観を信頼した者の保護のために真の権利者等の「帰責性」等が必要であるかどうかは各条文に照らして判断するというように、**「説明概念」**というよりも、**「整理概念」と捉えるのが適切ではないか**と考えます。「権利外観法理」という表現が、上記①②③に挙げた諸制度による外観への信頼保護の根拠を「説明」しているとはいえないからです。

(3) 外観への信頼の保護——表示のコントロールの「結果」か、それ自体が「目的」か　そうすると、①②③を含ませる以上、整理概念としての「権利外観法理」の要素から「帰責性」を外すことが適切ではないかと考えます。「帰責性」とは、ある場合に効果意思なり代理権が欠けるにもかかわらず、ある人がその効果を引き受けるのは何故かということを「説明」するにあたり、その人が作った「原因」が、その効果をその人に引き受けさせるに値するという「評価」そのものを意味するものであり、そのように評価される根拠を示すものではありません。その根拠を示すためには、たとえば民法94条2項の類推に関する平成18年判決の場合、Xの「余りにも不注意な行為」が、同条項の類推適用の規範の中に含まれる「自ら外観の作出に積極的に関与した場合やこれを知りながらあえて放置した場合」と何故「同視し得る」か（本質的に同一であるか）を示すことができなければ、それは規範に根拠を持つ判断であるということはできません。そうすると、**問題は「帰責**

性」そのものではなく、帰責するに値すると評価すべき根拠が何かということになります。

　そうすると、②の場合には自ら直接に行う表示のコントロール、③の場合には間接的な表示のコントロールの結果、その表示を信頼して法律行為をした者があったときは、その者の信頼を保護するものですから、**意思表示の規範を根拠とする場合には、外観への信頼の保護は自ら直接・間接に行った表示の「結果」であり**、外観への信頼保護を規範の目的として、表示がそのための単なる「帰責性」となるものではありません。これに対して、①の場合には、**法が外観への信頼の保護を直接の「目的」とした**ものです。この場合には、外観への信頼の保護は取引の安全の要請に基づくものですから、権利者の「帰責性」は問題になりません。したがって、①②③の各場合を「権利外観法理」としてまとめるのであれば、それは「帰責性」を外し、整理概念として、「権利の外観を信頼した者を保護するという法理」というように広い捉え方をするのが適切であると考えます。

Ⅷ　バランス論から考える
──体系的解釈の手掛かりとして──

1.　体系的解釈とバランス論

　Ⅰで法の適用と解釈について検討しましたが、そこで「体系的解釈」という言葉が出てきました（3（1）⑩）。「他の制度との比較・均衡等を考慮して解釈する」ことと説明され、法解釈における「均衡」という観点が示されています。

　制定法は法源として最も明確なものであり、条文の文言を的確に解釈することは不可欠な作業です。しかし、条文の文言どおりに解釈し、事案に適用すると、アンバランスな結果になってしまうことがあります。その場合、**条文の文言に忠実に従った以上、アンバランスが生じてもやむをえないということになるのかどうか。そうではないとすると、何を根拠としてバランスを回復するか。当該条文に関連する制度全体の中に、何か手掛かりはないか。**このように視野を広げて考える作業が、「体系的解釈」であるといってよいかと思います。

　そこで本章では、2つの問題について、バランス論と体系的解釈について考えてみることにします。

　第一に、以下の2～5で、**「無権代理と相続」**について、ひとつの最高裁判決を取りあげます。本人が無権代理人を相続した場合には、追認を拒絶することができるが、無権代理人が本人を相続した場合には、信義則上追認拒絶ができないとするのが判例法理の基本だとされています。したがって、本人を相続した無権代理人は履行を拒絶できないのですが、この事件は、相手方に過失があるため、無権代理人の責任（117条）を問うことができないという事案でした。そうすると、無権代理であるため、本来なら相手方が本人に対して履行を請求することはできず、また無権代理人の責任を追及することもできません。しかし本人が死亡した場合、本人を相続した無権代理人が追

認を拒絶できない結果、「本人が自ら法律行為をしたのと同様な法律上の地位」に置かれるとすると、相手方はこれに対して履行を請求することができることになります。**本人の死亡・相続の発生という偶然的な事実により、結果が違ってくるのはバランスを欠くのではないか**という疑問について検討します。

第二に、6〜8で、**共同抵当における後順位者の代位と弁済者代位の競合**の問題を検討します。共同抵当について 392 条は、同時配当の場合と異時配当の場合とで結果が変わらないようにする規律を行っています。ただ判例は、一方の不動産が債務者所有（後順位抵当権者があるとします）、他方の不動産が物上保証人所有の場合において、物上保証人所有の抵当不動産が競売されたときは、物上保証人の弁済者代位の利益を、債務者所有の抵当不動産の後順位者の利益に優先させることとしています。しかし同時配当の場合はどうか。同様に、物上保証人の利益が優先されるべきであるとする考え方がある一方、同時配当の場合には弁済者代位は生じないのであるから、物上保証人の弁済者代位の利益を観念することはできないため、392 条の条文通り、後順位者の利益が保護される、**同時配当と異時配当とで結果が異なるのは、条文の解釈上やむをえないという考え方もあります。それでよいか、バランスをとった解釈が可能であるとすれば、その根拠を何に求めるか**という問題を検討します。

2. 問題①：無権代理人による本人相続

(1) 事案の特徴―なぜ無権代理をすることになってしまったか　Ⅵの 4 で、不動産の二重譲渡は必ずしも、第二譲受人が第一譲受人よりも高く買ってくれるという理由で譲渡人がする場合だけではない、譲渡人が二重譲渡をしたという意識がないままに「起きてしまう」こともあるという例を紹介しました。

ここでは、**無権代理人である子が本人である父親を相続したケース**である最判平成 5・1・21 民集 47 巻 1 号 265 頁を見ることにします。親子間の無権代理というと、たとえば、**父親の不動産の権利証などを息子が勝手に持ち出**

して、自分の借金のために父親の代理人として抵当権を設定する、あるいは父親の名でこの不動産を売却するというようなケースが思い浮かびます。このようなケースでは、無権代理人が本人を相続した場合について、その行為を当然に「直接本人がしたと同様の効果が生じ、有効な契約となる」と言ってもよさそうです。しかし、**必ずしもそのようなケースばかりではないと**すれば、無権代理人の本人相続の事例について、どのような手順で検討するべきか、特に**無権代理行為の効力の問題**と、**無権代理人の責任（117条）の問**題との関連について考えてみたいと思います。

(2) **事実関係─相手方の側のイニシアチヴ**　　第二審判決によると、事実関係は次の通りです。Ａおよびその親戚にあたるＤは、本件山林を所有していたところ、不動産業者であるＢがこれを買い受けたいとの申込みをしてきました。Ａは入院中であったため、交渉は長男ＹがＡに代って行いました。ＡはＹから経過報告を受けるとともに、**山林売買および「右山林売買に関して買受人側の資金都合により３か月未満の短期決済を目途に200万円の銀行融資を受けるのについてその保証をする件についても、その了承を与え、これらの件について、ＹがＡの名により代理して契約を結ぶ権限」**を与えました。

　売買契約は、買主側のＢ、売主側のＤ（およびその夫）、Ｙ、および**Ｂが連れてきた金融業者Ｃら**が会合して締結されました。この売買契約においては、契約成立と同時に手付金として、買主から売主に100万円ずつ合計200万円を払うこととされていましたが、買主Ｂにその資金がなかったため、Ｂがその融資をＣに依頼し、Ｃが資金を準備した上で交渉に同席したものです。

　Ｃは、手付金にあてる200万円を融資する条件として、Ｂに対して有していた未回収の600万円の貸金債権に利息を加え、新規融資分と併せて**850万円**について、Ｂがあらためて借用証書を書き換え、Ａがそれに連帯保証人として署名・押印することを求め、**その条件が充たされなければ融資に応じない**態度をとりました。Ｂは、残代金支払期までには自己の責任において上記債務を処理することを誓って、Ｙに対し、Ａの名で借用証書に連帯保証人として署名・押印することを依頼し、**Ｙは、Ｂが短期間でその責任で債務を**

処理し、Aが連帯保証人として責任を問われることはあるまいと考えて、Aの了承を得ることなくBの依頼に応じ、Bの850万円の借用証書に、連帯保証人としてAの名を署名・押印しました。

その後、Cは上記貸金債権をX（Cの元妻）に譲渡しました。Aは、無権代理を理由に、上記消費貸借契約の公正証書の執行力排除を求める請求異議の訴えを提起し、Yに対して本件連帯保証契約締結の代理権を与えたことはないと述べたため、XはYに対し、**民法117条に基づく履行の請求として、上記850万円および遅延損害金の支払いを求める訴訟を提起しました。第一審判決はXの請求を棄却しました。**

買主Bが手付金を用意できず、他から借り入れなければならない状況であるのみならず、過去の借財が残ったままであるというときに、Yが、Bが自己の責任で債務を処理することができると考えたのはなぜなのか、事情はよくわかりません。ともあれ、(1)で例に挙げたような無権代理人の側のイニシアチヴではなく、相手方の側のイニシアチヴによって、無権代理をしてしまったというケースです。

(3) 本人Aの死亡と、無権代理人を含む共同相続　第一審判決後、Aが死亡し、Aの妻EとYが相続しました。Xは控訴して、YがAの権利義務の2分の1を相続によって承継したため、上記連帯保証の義務の2分の1については「本人たるA自らが行為をしたのと同様の効果が生じた」として保証契約に基づき（予備的に117条の無権代理人の責任に基づき）、残余の2分の1については117条の無権代理人の責任に基づいて請求するというように主張を改めました。

第二審判決はまず、「**本件連帯保証契約のうち、YがAから相続により承継した2分の1の部分については、無権代理人が本人を相続した場合に当り、直接本人が行為をしたと同様の効果が生じ、有効な契約となり、その相続承継人であるYがその契約に基づく責任である連帯保証債務を負うべきものである**」としました。

しかし「**残余の2分の1については、Aの地位を共同相続人たるEが相続したものの、この分は無権代理人の行為として無効**」であるとし、この分についてYに117条の無権代理人の責任を問うことができるかどうかを検

討しました。そして、CはYをA本人と考えていたが、Aの印鑑証明書の交付を受けていたところ、印鑑証明書記載のAの生年月日に照らしてYがはるかに若いのであるから、YがA本人でないことを知ることができたため、**Cに過失があり、Yに対して117条に基づく無権代理人の責任を追及することはできない**と判断しました。

　結局、2分の1については「Yが本人たるAの地位を相続したことによる連帯保証自体に基づく責任」を負うが、117条に基づく無権代理人の責任はないとして、Yに対し、元金425万円および遅延損害金の支払いを命じました。

(4) 最高裁の判断　　これに対して最高裁は、次のように述べて、原判決を破棄し、Xの控訴を棄却しました（Xの全面敗訴です）。

　「無権代理人が本人を他の相続人と共に共同相続した場合において、**無権代理行為を追認する権利は、その性質上相続人全員に不可分的に帰属すると**ころ、無権代理行為の追認は、本人に対して効力を生じていなかった法律行為を本人に対する関係において有効なものにするという効果を生じさせるものであるから、**共同相続人全員が共同してこれを行使しない限り、無権代理行為が有効となるものではないと解すべきである。そうすると、他の共同相続人全員が無権代理行為の追認をしている場合に無権代理人が追認を拒絶することは信義則上許されないとしても、他の共同相続人全員の追認がない限り、無権代理行為は、無権代理人の相続分に相当する部分においても、当然に有効となるものではない。そして、以上のことは、無権代理行為が金銭債務の連帯保証契約についてされた場合においても同様である。」**Yの共同相続人Eの追認があった事実についてXの主張立証がない本件においては、Yの2分の1の相続分に相当する部分においても、本件連帯保証契約が有効になったものということはできない。

3. 単独相続の場合との比較──「追認拒絶は信義則上許されない」とは何を意味するか？

(1) 追認拒絶ができないことは、追認をしたことと同じか？　　最高裁の論

理は、①無権代理人が本人を相続した場合、無権代理人自身（本件ではY）は、追認を拒絶することができない、②本人について共同相続があった場合、追認の権利は、共同相続人全員が共同して行使しなければ、無権代理行為は有効とならない、③本件の場合、他の共同相続人Eが追認した事実が認められないのであるから②の要件を充たさず、無権代理による連帯保証契約が有効となったものということはできない、というものです。

そうすると、仮に相続人がY1人であったときは、どのような結論になるでしょうか。上記の論理のうち、②以下が妥当しないのですから、①のみに、つまり「追認を拒絶することはできない」ということになります。しかしそれは、直ちに無権代理行為が有効になることを意味するのかどうか。というのは、最判昭和40・6・18（民集19巻4号986頁）は、無権代理人の本人相続により「本人と代理人との資格が同一人に帰するにいたった場合においては、**本人が自ら法律行為をしたのと同様な法律上の地位を生じたもの**」としており、原判決も、無権代理人が本人を相続した場合には直接本人が行為をしたと同様の効果が生ずるとしていますから、これによると、相続が生じたときには無権代理行為は当然に有効だということになります。これに対して上記平成5年判決によると、相続人はいったん本人の有する追認権・追認拒絶権を承継した上で、追認または追認拒絶をすることにより、無権代理による行為の効力を確定することになるが（すなわち、**追認または追認拒絶が必要？**）、**無権代理人が相続人であるときは追認拒絶ができない**という組み立てになっています。

ただ、**追認拒絶権を行使できないということは、追認をしたということと同じかどうか**。無権代理人が単独で本人を相続した場合、追認拒絶ができないとすると、直ちに追認されたのと同様、**無権代理行為が有効となるの**でしょうか。それとも、追認拒絶はできないが、追認されたわけではないので無権代理行為が有効となったわけではなく、「本人の追認を得ることができなかったとき」（**117条1項**）という状態が継続しているのでしょうか（これを「第一の疑問」とします）。もし後者であれば、無権代理人が任意に追認しないときは、相手方は追認するよう催告をし（114条と同じような考え方で）、本人を相続した無権代理人が「期間内に確答をしないときは」、無権代理人

は信義則上追認拒絶を許されないため、「追認をしたものとみな」し、その結果有効となるという過程をとることになるのでしょうか。

> ＊117条の条文を確かめておきましょう（改正前の文言です）。1項は「他人の代理人として契約をした者は、自己の代理権を証明することができず、か**つ、本人の追認を得ることができなかったときは、相手方の選択に従い、相手方に対して履行又は損害賠償の責任を負う**」、2項は「前項の規定は、他人の代理人として契約をした者が代理権を有しないことを相手方が知っていたとき、若しくは過失によって知らなかったとき、又は他人の代理人として契約をした者が行為能力を有しなかったときは、適用しない」と規定しています。

(2) 117条2項から考える

上記の疑問は、本件の事案につき、無権代理人の責任（117条）との関連を考える中で生じたものです。もしAが死亡していなければ、相手方CはAに対して連帯保証債務の履行請求ができないだけではなく、Yに代理権がないことを知ることができたため過失があり、Yに対して履行または損害賠償を請求することもできません（同条2項）。**これがAの死亡、Yによる相続という事実の発生によって変わるのかどうか、変わるとすればなぜか。**

Aを相続したYがAから承継した追認権を行使していない場合、117条1項にいう「本人の追認を得ることができなかったとき」という状態が継続しているのであれば、2項の適用が可能ですから、Xは本人に対する履行請求としても、無権代理人に対する履行請求としても、Yに対する請求をすることはできません。しかし、**無権代理人Yが信義則上追認を拒絶できないために、追認があったと同じことになるのであれば（または催告によって追認があったものとみなされることになるのであれば）、XはAの死亡という偶然の事実によって有利な地位を得ることになりますが、このアンバランスは説明が可能なのでしょうか**（これを「第二の疑問」とします）。

また、本判決では、共同相続の場合に追認権は共同で行使しなければならないため、無権代理行為が当然に有効になるものではないとしましたが、**単独相続の場合には常に有効になる（または催告によって有効とすることができる）というのであれば、やはりバランスを欠いています。その説明はどのようにすれば可能なのでしょうか**（これを「第三の疑問」とします）。この点に

158

関して、本判決に付された三好達裁判官の反対意見を見てみることにします。

4. 三好裁判官の反対意見

(1) 追認の要否（「第一の疑問」）について　　三好裁判官は、多数意見と異なり、2分の1についてYの連帯保証責任を認めた原判決を維持してYの上告を棄却するべきであると主張します。

　三好裁判官は、前掲最判昭和40・6・18（民集19巻4号986頁）につき、その結論は実務においても一貫して採用され、学説の多くも支持するところであるが「**本来追認という行為によってのみ有効となるべき無権代理行為につき、本人の死亡により開始した相続の効果だけから、本人又は相続人による何らの行為なくして、これを有効なものとするのには、論理的に困難な点があることは否定できない**」と述べています。3（1）で示した「第一の疑問」ですね。

　三好裁判官は、「この結論を導く理論付けについて判例、学説等が必ずしも一致していない」が、その「根底にあるものは、自ら無権代理行為をした者が本人を相続した場合に、本人の資格において追認を拒み、その行為の効果が自己に帰属するのを回避するのは、身勝手に過ぎるという素朴な衡平感覚であるといえよう」と述べた上で、無権代理人が本人の資格において追認を拒むことは信義則に反するがゆえに許されないため「相手方は、追認の事実を主張立証することなくして、無権代理人たる相続人に対しその行為の効果を主張することができることとなり、**結局相続人は、本人が自ら法律行為をしたのと同様な法律上の地位におかれる結果となる**」と述べています。3⑴で見たように、仮に114条のような催告をした場合、**本人を相続した無権代理人には追認拒絶の選択肢はないのですから、追認をするほかはない、したがって追認をした事実を主張立証するまでもない**という趣旨であろうと考えます。

(2) 単独相続と同様に考える（「第三の疑問」）　　ⅰ）その上で三好裁判官は、これまでこの法理がとられてきたのは無権代理人が単独で相続した場合

であるが、共同相続の場合も追認拒絶が信義則に反することは同じであるから、単独相続の場合と同様に考えるべきである、そうすると「無権代理人は、相手方から、自己の相続分に相当する限度において、その行為の効果を主張された場合には、共同相続人全員の追認がないことを主張して、その効果を否定することは信義則上許されず……相手方は、追認の事実を主張立証することなくして、無権代理人たる相続人に対して、その相続分に相当する限度において、その行為の効果を主張することができる」とします。相手方が無権代理行為の効果を主張することができるのは、無権代理人の相続分の限度においてですから、単独相続の場合と共同相続の場合とのアンバランス（「第三の疑問」）はありません。

　ⅱ）そして、部分的にのみ効果を認めることが、相手方に不利益をもたらすのではないかという疑問に対しては、自分の考えは、**無権代理行為が相続分の限度で（当然に）有効となるというものではなく**（この点では多数意見も同じ）、相手方が相続分の限度で無権代理行為の効果を主張したときに、追認がないことを理由として否定しえないというものであるにすぎず、**相手方において、115条の取消権を行使し、あるいは117条により無権代理人の責任を追及することを妨げるものではないと答えています。**

　たとえば、無権代理行為が連帯保証契約ではなく、本人所有の不動産甲の売買であったとします。本人を無権代理人と他の共同相続人1名が相続した場合、無権代理人の相続分の限度で無権代理行為が当然に有効になるとすると、相手方は甲の所有権の2分の1の持分を取得することになります。しかし2分の1の持分というのは使い勝手が悪いですから、相手方としては、甲の所有権全部を取得するか、それができないならば全く取得しない（場合によっては所有権全部に代わる損害賠償を請求する）ことを望むかもしれません。三好裁判官は、相続によって無権代理行為が当然に有効になるのではないから、相手方は115条によって契約を取り消し、117条によって無権代理人の責任を追及することもできるが、2分の1の持分でもこれを取得したいと考えるならば「その行為の効果を主張することができる」と主張します。3(1)の「第一の疑問」で考えたように、追認と同様の効果を生じさせるかどうかの選択を相手方のイニシアチヴに委ねるという考え方ですね。

160

(3)「本人が自らしたのと同様な地位」と117条責任の追及は両立するか？
（「第二の疑問」） そうすると、ここでも「第二の疑問」にぶつかります。
三好裁判官の考え方によれば、**相手方は、追認したのと同様「その行為の効
果を主張することができる」一方、117条によって無権代理人の責任を追及
することもできる。しかし「代理人」に代理権がないことを知り、または知**
らないことに過失があったため、**117条2項により無権代理人の責任を追及
することができない**（このときは、本人に対する履行請求ができないことが前提
です）ときであっても、「その行為の効果を主張する」ときには追認の事実
を主張立証することなく本来の効果を主張することができるとするならば
（これは「その行為の効果」ですから、117条2項の制約はありません）、やはり
バランスがとれないことになります。これをどう考えればいいでしょうか。

5. 追認権・追認拒絶権の承継の問題か、117条の問題か
──能見教授の見解

(1) 無権代理人への履行請求：売買契約の効力か、無権代理人の責任か

　ある日のゼミで、学生諸君と一緒に本判決を読み、三好裁判官の意見を検
討しているうちに、次のような疑問が出てきました。4 (2) 末尾の例で、本
人を相続し不動産甲の所有権を取得した無権代理人が、相手方の請求によ
り、不動産甲の所有権を相手方に移転する場合、これは**無権代理による売買
契約が効力を生じた結果、売主としての債務を履行しているのか、あるいは
あくまでも無権代理人として、117条1項の「相手方の選択に従い、相手方
に対して履行又は損害賠償の責任を負」い、その責任の内容として「履行」
をしているのか、どちらなのか。**三好裁判官が「その行為の効果を主張する
ことができる」とするのは、実際には117条1項の「履行」の請求にあたる
のではないか。もしそうであれば、三好裁判官の結論とは異なり、相手方が
代理権の欠缺について悪意または有過失の場合には履行請求ができないので
すから、アンバランスはありません。

　ゼミの終了後、おそらく同じような疑問を持って検討をした人がいるに違
いないと考えましたが、私はこの領域については不案内ですので、民法担当

の同僚に、この点について文献があれば教えてほしいとメールを出しました。そうすると同僚の1人から、**能見善久「無権代理人の本人相続」法学教室 205 号 4 頁以下**（1997 年）があるという返事がありました。以下、能見教授の見解を見てみましょう。

(2) 能見教授の見解　能見教授は「無権代理人Bが本人Aを相続する場合については、無権代理行為が当然有効になるというのが従来の判例・通説である。本稿は、これに対して、**本人を相続した無権代理人Bと相手方Cとの関係は 117 条によって解決すべきであり、本人の生前に無権代理人が 117 条の責任を負っていないならば**（相手方に過失があるなどして）、**本人を相続してもその責任が加重される**（履行義務が生じる）**ことはない、という**立場を主張するものである。**無権代理人と相手方の利害の調整は基本的には民法 117 条によって図られているのであり、相続という偶然の事実によって一旦解決されていた利害調整が変更されるのは合理的な理由がないと考える**からである」と述べています（能見・前掲 4 頁）。

> ＊能見教授は「このような立場自体はすでに一部の学説で主張されており（幾代通・民法総則〔第 2 版〕363 頁、高森八四郎・高森哉子「無権代理と二重相続」関西法学 39 巻 1 号 41 頁など）、目新しいわけではない」としています（能見・前掲 4 頁）。

能見教授はまず、その後の判例の基本的な立場を確立した大判昭和 2・3・22（民集 6 巻 106 頁）は「無権代理人が本人を相続し本人と代理人との資格が同一人に帰するに至りたる以上本人が自ら法律行為を為したると同様の法律上の地位を生じたるものと解するを相当とす」と述べているが、これは原審が、相続人（無権代理人）Bは本人の資格で追認を拒絶できるが無権代理人としての資格で 117 条の責任を負うとしたのに対し、大審院は、原審の立場は「いたずらに相手方を不利益なる地位に陥れる」としてこれを破棄し、無権代理行為を有効としたものであることを紹介した上で（能見・前掲 4〜5 頁）、本判決（平成 5 年判決）が「**本人の相続人による追認があって初めて無権代理行為が有効になる、という立場を明確にした**」ことにより「**従来の当然有効説に小さな綻びが生じたのである**」と指摘しています（能見・前掲 6 頁）。

その上で能見教授は、無権代理人Bが117条の責任を負う場合につき、相続がなければ相手方Cは無権代理人Bに対して損害賠償を請求するしかなかったときでも、Bが本人Aを相続したことにより目的物を取得した以上は履行が可能になったと評価します（117条は、相手方が履行請求または損害賠償請求を選択できると明示していますから、そのように考えるのが適切だと思います）。そして「このように、**相手方Cは無権代理人Bに対して相続による目的物取得後は117条で請求できると考えるならば、『無権代理人による本人相続によって無権代理行為が有効になる』という判例理論は必要がない**」という結論を示します（能見・前掲8頁）。

次に、無権代理人Bが117条の責任を負わない場合について、当然有効説によれば、相続がなければCは（Aのみならず）Bに対して何らの請求もできなかったところ、BがAを相続することによってBに履行を請求することが可能となるが、それでよいか。能見教授は次の2つの点を指摘します。

①「問題は、**無権代理人による追認拒絶が信義則に反すると本当に言えるのか**である。……確かに本人の印鑑・権利証などを盗用したような無権代理人の場合には、信義則上追認拒絶をするのは信義則に反すると言えなくもない。しかし、与えられた権限の範囲を誤解したために無権代理行為をしたような場合にはそう簡単ではない（平成5年の事案はこのような場合であった）。無権代理行為をした張本人であるからという理由で常に追認を信義則上強制されるのは行き過ぎではないであろうか。」

②「さらに、**仮に本人の印鑑などを盗用した悪性の高い無権代理人であっても、その責任は基本的に117条によって解決されているのである。**117条が相手方と無権代理人の利害調整を図る規定なのであり、その規定によって責任がないとされた以上、相続を理由に追認を強制されるというのはおかしな解決ではないであろうか。」（能見・前掲8頁）

(3) **アンバランスの発生：「体系」の確認が必要**　　3では、追認拒絶ができないことと追認したことは同じかどうか（「第一の疑問」）、相手方が無権代理人の責任を追及できない場合に、相続が生じたことによって本来の履行請求ができるのはバランスを欠くのではないか（「第二の疑問」）、他の共同相続

人の追認がなければ全部について効力が生じない共同相続の場合と単独相続の場合との間にアンバランスがあるのではないか（「第三の疑問」）という疑問を提出しました。しかし能見教授の見解によれば、事案は追認の有無ではなくもっぱら117条によって規律されるため、いずれも問題にはならず、アンバランスが生ずることはありません。

能見教授の見解は、「**無権代理人と相手方の利害の調整は基本的には民法117条によって図られている**」こと、すなわち無権代理に伴うさまざまな問題に対して組み立てられた諸制度の「**体系**」を根拠としています。実用法学の「体系」とは、それを運用する「方法」と別のものではありません。したがって、**ある制度や法概念をさまざまな場面で動かしてみたときに、根拠の説明できないアンバランスが生ずるならば、それは「体系」を的確に把握できていないのではないかと疑う理由があります。**能見教授が紹介するように、昭和2年の大審院判決が、問題を無権代理行為の効力の問題として把握したことが体系的に適切であったかどうかは、たとえそれが判例法理として確立したものであるとしても、なお検討の対象とする必要が認められます。

いずれにせよ、**アンバランスが生じ、その根拠が説明できないときには、何らかの解明するべき問題が隠れている**ということを確かめた上で、2つめの問題を考えてみることにしましょう。

6. 問題②：共同抵当と弁済者代位
——価値判断による体系の選択

(1) 共同抵当：ともに債務者所有不動産である場合　アンバランスを手掛かりに体系の問題を考えるために、もうひとつ、共同抵当における後順位者の代位（392条）と弁済者代位（500条）の競合の問題を取り上げることとします。まず、392条の内容を確認しましょう。

　　〔設例〕AはSに対して1億円の債権を有し、その担保として、甲不動産（時価9000万円）と乙不動産（時価6000万円）の上に第一順位の共同抵当権を有している。甲不動産には、Bの3000万円の債権のために、第二順位の抵当権が設定されている。

まず、甲・乙とも債務者Ｓの所有するものであるとします。392条1項によると、甲不動産・乙不動産について同時にその代価を配当するべきときは、その各不動産の価額に応じて債権の負担を按分する、すなわちＡの1億円の債権の負担は、甲不動産と乙不動産に3：2の割合で、すなわち**甲不動産には6000万円、乙不動産には4000万円**が「割り付けられる」ことになります。したがって、**同時配当の場合**には、甲不動産からＡが6000万円、Ｂが3000万円の、乙不動産からＡが4000万円の、それぞれ配当を受けることになります。

この場合において、**まず乙の代価のみを配当する場合**には、Ａは「その代価から債権の全部の弁済を受けることができる」とされていますから（392条2項前段）、Ａが6000万円の配当を受けます。その後、甲の代価を配当するときに、まず1番抵当権者Ａが債権の残額4000万円の配当を受け、2番抵当権者Ｂが3000万円の配当を受けることになります。これは抵当権の順位通りです。

これに対して、**まず甲の代価のみを配当する場合**には、同様にＡが9000万円の配当を受けます。第二順位のＢは配当を受けることができません。しかしそれでは、**乙が先に売却されるか、甲が先に売却されるかという偶然の事情によって結果が異なる**ことになるため、392条2項後段は、ＢはＡが「弁済を受けるべき金額を限度として」、すなわち乙に割り付けられた4000万円の限度でＡに代位して抵当権を行使することができると規定しています。したがって、Ｂは乙の上には抵当権を有していませんが、乙に割り付けられた4000万円のうち、Ａが残額1000万円の配当を受けた残りから3000万円の配当を受けることができます。

(2) 一方が債務者所有、他方が物上保証人所有の場合　　それでは、〔設例〕の甲不動産が債務者Ｓの所有、乙不動産が物上保証人Ｐの所有であるときはどうでしょうか。異時配当の場合から見てゆくことにします。

第一に、先に乙の代価のみを配当する場合です。判例はこの場合、392条2項の適用はなく、Ａの債権額の「割付け」は行われないとしています。すなわち大判昭和4・1・30（法律新聞2945号12頁）は、そうでないと「抵当権の実行に遇ひ其の不動産の代価を以て代位弁済を為したる第三者の代位権

は常に債務者所有の不動産に対する後順位抵当権の設定に依り不当に害せられる」ためであると説明しています（同13頁。表記をひらがなに直しました）。

* 〔設例〕に即して説明します。甲不動産・乙不動産にＡのための共同抵当権が設定されたとき、Ｐからみると、**乙が先に売却されれば、6000万円がＡに配当され、Ｐは債務者Ｓに対して6000万円の求償権を取得する。この求償権を確保するため、ＰはＡの有していた債権およびそれに付された担保権を代位行使することができる**（500条・501条）。したがって次に甲が売却されたときには、Ａが残債権額4000万円の配当を受け、Ｐは残り5000万円についてＡの権利を代位行使することができるはずである。ところが、Ａの1番抵当権設定後に甲にＢのために2番抵当権が設定され、**392条2項によりＢに代位の権利が認められるとするならば、その前提として甲・乙にＡの債権が割り付けられ、Ｐ所有の乙が4000万円を負担することとされて、乙が売却されたときにＰは（負担額を超える）2000万円の限度でしかＡの権利を代位行使することができなくなる。これは、Ｐの弁済者代位の期待を害することになるため、392条2項の適用はない。**このような趣旨です。したがって、甲が売却されたときにはＰによる弁済者代位が優先し、Ｂは配当を受けることはできません。

第二に、先に甲の代価のみを配当する場合です。最判昭和44・7・3（民集23巻8号1297頁）は、昭和4年の大審院判決を引用して①「共同抵当権者が〔物上保証人所有の〕乙不動産のみについて抵当権を実行し、債権の満足を得たときは、右物上保証人は、民法500条により、右共同抵当権者が甲不動産に有した抵当権の全額について代位するものと解するのが相当である。けだし、この場合、**物上保証人としては、他の共同抵当物件である甲不動産から自己の求償権の満足を得ることを期待していたものというべく、その後に甲不動産に第二順位の抵当権が設定されたことにより右期待を失わしめるべきではないからである**」とまとめた上で、②「これを要するに、第二順位の抵当権者のする代位と物上保証人のする代位とが衝突する場合には、後者が保護されるのであって、甲不動産について競売がされたときは、**もともと第二順位の抵当権者は、乙不動産について代位することができないものであ**」ると述べました。したがって、〔設例〕において甲不動産が先に売却

された場合には、Aが甲から9000万円の配当を受け、次に乙不動産が売却されたときにAが残債権額の1000万円の配当を受ける、第二順位のBは乙不動産について権利を行使することはできないということになります。

(3) 同時配当の場合には？　　次に、同時配当の場合はどうでしょうか。**昭和44年判決が「第二順位の抵当権者のする代位と物上保証人のする代位とが衝突する場合には、後者が保護される」**（②）**と表現しているところを見**ると、同時配当の場合でも、**同様に物上保証人を優先させ**、割付けをすることなく被担保債権はまず甲不動産から回収され（9000万円）、残額1000万円が乙不動産から回収される、甲不動産の2番抵当権者は配当を受けることができないと考えてよさそうです。そもそも392条が、1項の同時配当の基準に従って2項で異時配当の場合の処理をすることを定めているのですから、そう考えるのがバランスを維持する点でも適切ではないかと思われます。

　しかし、次に見るように、**下級審裁判例の判断は分かれています。**昭和44年判決は、物上保証人が債権者に第三者弁済をして債権者が乙不動産上の抵当権を放棄した場合において、この物上保証人が弁済者代位により甲不動産に対して権利を行使した事例であり、①の部分では、物上保証人の代位の期待の保護に触れていますから、物上保証人に具体的な代位の期待があることが重要であるようにも見えます。そうすると、物上保証人の代位が生じない同時配当の場合には、昭和44年判決の法理が及ばないということもできそうです。ともかく、裁判例を見てみましょう。

　ⅰ）まず、**同時配当の場合と異時配当の場合とで異なる規律をするものとして、東京地判平成25・6・6**（判例タイムズ1395号351頁）**が挙げられま**す。事案は、Aの所有する土地の上に土地の賃借人Xが建物を所有していたところ、この土地と建物に、Aの債務を担保するための共同根抵当権が設定され、競売によって土地・建物が売却されたものです。執行裁判所が、被担保債権を本件土地と建物に割り付けて配当表を作成したのに対し、Xがまず債務者A所有の土地の代金から配当を行うべきであると主張しましたが、裁判所は以下の理由でXの主張を斥けました。

　「民法392条1項によれば、債権者が同一の債権の担保として数個の不動産につき抵当権を有する場合において、同時にその代価を配当すべきとき

（同時配当のとき）は、その各不動産の価額に応じて、その債権の負担を按分すべきものとされているところ、同項にいう数個の不動産については、明文上、その所有権の帰属に関して何ら定めがなく、これが同一人に帰属することまで求められているものとは解されないから、債務者所有不動産と物上保証人所有不動産とに共同抵当権が設定されている場合にも、同時配当が実施されるときは同項の適用があるというべきである。」したがって本件共同根抵当権の被担保債権の負担は、本件土地・建物の各価額に応じて各々に割り付けるべきである。

　Ｘは、同時配当の場合に、民法392条1項の適用により物上保証人所有不動産に被担保債権の負担が割り付けられると、債務者所有不動産から求償権の満足を受ける期待が害されると主張するが、「同項は共同抵当の目的となる不動産の所有関係について何ら定めていないのであって、このような規定の仕方からすれば、共同抵当の目的となる不動産が債務者所有不動産と物上保証人所有不動産とになる場合であっても同時配当が実施されるときは同項の適用があることについて、物上保証人としてもあらかじめ予期し得るのであるから」、物上保証人の期待を不当に害するとはいえない。

　またＸは、異時配当の場合との不均衡を主張するが、異時配当の場合には、競売により「代位弁済が生じる時点において、代位の対象となる抵当権者の債務者所有不動産に対する抵当権が存在するから、物上保証人が自己の債務者に対する求償権を確保するために抵当権者に代位することは、民法500条の趣旨から当然に導かれるところである。これに対し、同時配当の場合には、債務者所有不動産と物上保証人所有不動産の各代価が同時に抵当権者に配当されるのであり、物上保証人所有不動産の代価が抵当権者に配当される時点においては、代位の対象となる抵当権者の債務者所有不動産に対する抵当権も存在しないのであるから、同条による代位は生じないと解される」。同時配当の場合と異時配当の場合とで結論が異なるのは「条文解釈上やむを得ないこと」であって、不合理な扱いということはできない。

　ⅱ）次に、同時配当の場合と異時配当の場合とで同じ扱いをするものとして、大阪地判平成26・12・4（判例時報2279号60頁）が挙げられます。この事件では、執行裁判所が被担保債権を債務者所有の不動産にのみ割り付け、

物上保証人所有の不動産には割り付けなかったことから、債務者の一般債権者であるＸが配当異議訴訟を提起し、392条１項により物上保証人所有の不動産にも価格に応じて割り付けるべきだと主張しました。裁判所は以下の理由でＸの主張を斥けました。

「主債務者所有の不動産（以下、『甲不動産』とする。）と物上保証人所有の不動産（以下、『乙不動産』とする。）に、抵当権者Ａの共同抵当が設定され、乙不動産のみに競売が申し立てられ、債権の満足を得た場合（いわゆる異時配当の場合）、物上保証人は、主債務者に対する求償権を、甲不動産から満足を得ることで、確保する正当な期待を有するというべきであるから、民法500条により、抵当権者Ａが甲不動産に有した抵当権について代位することができると解すべきである。

他方、甲不動産のみに競売が申し立てられて売却された場合は、たとえ甲不動産に抵当権者Ａより後順位の抵当権者Ｂの抵当権が設定されていたとしても、前記の物上保証人の求償権の満足を受けるという期待を保護すべきであるから、後順位抵当権者Ｂが、乙不動産に設定された抵当権者Ａの抵当権について、民法392条２項に基づく代位をすることは許されないというべきである。（最高裁昭和44年７月３日第一小法廷判決民集23巻８号1297頁参照。…）」

「この点、同時配当の場合に、Ｘ主張方法のとおり民法392条１項を適用し、乙不動産に抵当権者Ａの被担保債権の負担を案分すると、代金納付後は、甲不動産に設定された抵当権者Ａの抵当権も消滅するから（民事執行法59条１項、79条）、異時配当の場合とは異なり、物上保証人の求償権確保に対する期待は保護されないこととなる。しかし、同時配当が行われるか異時配当が行われるかは、抵当権者の意向などの偶然の事情によって決せられるものであるところ、このような偶然の事情によって物上保証人に不利益な結果を生じさせることは、民法500条及び501条の趣旨に照らし、相当ではないというべきである。

そうすると、同時配当の場合と異時配当の場合とで結論を異にするＸ主張方法は相当ではなく、共同抵当が設定された物上保証人所有不動産と主債務者所有不動産が競売されて同時配当が行われる場合には、民法392条１項

は適用されないというべきである（本件と同様に、同時配当の事案で X 主張方法を採用すべきかが争点となった当裁判所昭和 58 年（ワ）第 6826 号、同第 6885 号事件の上告審である最高裁昭和 61 年 4 月 18 日第二小法廷判決集民 147 号 575 頁参照）。」

iii）**東京地裁の判決は「条文解釈上やむを得ないこと」と述べ、条文解釈の必然的な結果であるとしているのに対し、大阪地裁の判決は「偶然の事情」によって不利益が生ずるのは相当ではないとして、バランスを重視する判断をしています。**民法解釈の方法にもかかわってきそうですので、節を改めて、少し考えてみましょう。

＊もうひとつ、東京地裁の判決が、最高裁昭和 44 年判決の示す「代位の期待」の保護を問題にしているのに対し、大阪地裁の判決が「求償権確保の期待」の保護を問題にしている点にも違いがあります（7（3）ii）で後述します）。

7. 裁判例における対立の根拠の検討①： 同時配当と異時配当とで異なる結果になってもよいか

(1) 2 つの問題：バランスの問題と、どちらを保護するかという問題　後順位抵当権者の代位と物上保証人の弁済者代位との関係については、問題は 2 つの局面に分かれます。第一は、**同時配当の場合と異時配当の場合とで異なる結果になることもやむをえないと考えるかどうかという点**です。これは、2〜5 で見た「無権代理人の本人相続」と同様、アンバランスが生じた場合に、その制度の組み立て＝体系を再確認する必要が見出されるという問題です。

　第二は、**後順位抵当権者の代位の利益と物上保証人の弁済者代位の利益とのいずれを優先させるべきかという点**です。「無権代理人の本人相続」については、追認に関する規定とともに、追認なき場合の無権代理人の責任について規定が設けられていますから、代理法の体系の中で手がかりを見出すことができます。しかし、**共同抵当に関する制度と弁済者代位に関する制度との間には、民法の規定上、明確な関連づけを見出すことができません。**そうすると、いずれを優先させるかについての価値判断が必要となり、その価値

判断を基礎として、制度相互、あるいは制度内部の関連づけを明らかにしてゆくことが必要になります。

(2) バランスの問題　それではまず、**同時配当の場合と異時配当の場合とで異なる結果になってもやむをえないと考えるかどうかという問題を検討し**ます。

これを肯定する東京地裁判決は、①392条1項には、明文上、所有権の帰属について定めがなく、甲・乙不動産が同一人に帰属することまで求められてはいないこと、②そのような規定の仕方からすれば、債務者所有不動産と物上保証人所有不動産が共同抵当の関係になるときでも「同時配当がされるときは同項の適用があること」すなわち割付けがされることについては「物上保証人としてもあらかじめ予期し得る」ことを挙げています。

確かに、条文の文言解釈によるときは、392条に（1項のみならず、2項にも）所有権の帰属について定めがない以上、債務者所有不動産と物上保証人所有不動産が共同抵当の関係になった場合、異時配当のときにも割付けがされるという帰結になります。それは同条2項に「前項の規定に従い他の不動産の代価から弁済を受けるべき金額」と明示されていることからも明らかになります。

その上で、東京地裁判決は、異時配当の場合につき、③物上保証人所有の不動産が先に競売された場合には物上保証人が求償権確保のために「抵当権者に代位することは、民法500条の趣旨から当然に導かれる」としています。このことは、代位した物上保証人は、2番抵当権者に優先して「全額について」権利を行使しうることを意味するかどうか。501条には、代位行使できるのは「その債権者が有していた一切の権利」であると規定されています。東京地裁判決の①②で示されたように、所有権の帰属いかんにかかわらず392条によって割付けがされていることを前提とすると、債権者が債務者所有の不動産に（最終的に）有しており、物上保証人が代位行使できるのは、割付けの限度内の権利ということになります。前掲の設例を少し修正して考えてみます。

〔設例（修正）〕AはSに対して1億円の債権を有し、その担保として、S所有の甲不動産（時価9000万円）とP所有の乙不動産（時価3000

万円）の上に第一順位の共同抵当権を有している。甲不動産には、Bの3000万円の債権のために、第二順位の抵当権が設定されている。

この場合、不動産の価額は3：1ですから、Aの1億円の債権は、甲不動産には7500万円、乙不動産には2500万円が割り付けられることになります。乙が競売されるとAは3000万円の配当を受け、次に甲の競売により、残額7000万円の配当を受けることになります。Pは求償権確保のために、甲の上にAが有していた抵当権を代位行使することができますが、**Aは割付額7500万円の限度において甲の上に抵当権を有していますから、まずAが7000万円の配当を受け、残りの500万円について、PがAに代位して権利を行使できる**ことになります。

(3) 392条に内在する判断　i）このように、392条および500条・501条の文言解釈上は、**同時配当の場合と異時配当の場合とは同じ結果となります。しかし東京地裁判決は、両者の結論を異なるものとしました。**それは、条文の解釈からではなく、**前掲最判昭和44・7・3が、**物上保証人所有の不動産のみについて抵当権が実行された場合、「右物上保証人は、民法500条により、右共同抵当権者が甲不動産に有した抵当権の全額について代位するものと解するのが相当である」とした判断を受けたものであろうと考えます。

そして、この判断の射程を考えるにあたり、昭和44年判決が、その判断の理由を物上保証人の代位の期待の保護に求めたことから、**同時配当の場合に物上保証人の優先を否定する根拠として、同時配当の場合には代位が生じる余地がないことを指摘したものと考えます。**

昭和44年判決は、（東京地裁判決の理解によると）392条が行った判断を一定の場合について否定するものであり、**東京地裁判決のいう「条文解釈上」は導きえない帰結をもたらしたものです。確かに、そのような例外はできる限り制限的にのみ認める**（そのためにアンバランスが生じてもやむをえない）**という考え方は、一般的には理由があると思いますが、392条自身が、同時配当の場合と異時配当の場合とについて同じ結果になるようにするという判断を含んでいることからすると、392条については、**適切であるかどうか疑問があります。

ⅱ）これに対し、両者の場合に同じ扱いをすべきものとする**大阪地裁判決**は、**同時配当か異時配当かは「偶然の事情」**であることを指摘し、「**バランス論**」を重視していますが、一般的な均衡の要求だけでなく、上記のように、両者の場合に同じ結果とすることが 392 条の判断であることに基づいて、その結論を制度の構造からも体系的に根拠づけることができたのではないかと考えます。他方、大阪地裁判決は、物上保証人の期待を「**主債務者に対する求償権を、甲不動産から満足を得ることで、確保する正当な期待**」と表現しています。「代位の期待」と表現すると、同時配当の場合には代位が生ずる余地がないという反論も可能となりますが、代位という「手段」ではなく、甲不動産によって自らの最終的な負担を免れるという「結果」が問題であることを示したものと考えることができます。

8. 裁判例における対立の根拠の検討②
——後順位者を保護するか、物上保証人を保護するか

(1) 同様に扱うとしても、どちらを保護するか　　以上のように、392 条の内容に照らすならば、同時配当の場合と異時配当の場合とで異なる結果になることは適切ではないと考えます。しかし、このことからは、**後順位抵当権者の代位の利益を優先するか、物上保証人の弁済者代位の利益を確保するかという点は明らかにはなりません**。7 (1) で見た第二点、すなわち価値判断の問題として考えることが必要です。

　この点につき、我妻博士は、当初、物上保証人を優先させる前掲大判昭和 4・1・30 に対して「然し、**共同抵当の目的物を提供して物上保証人となれる者は不動産の価格に応じた被担保債権の按分額だけはこれを負担すること**を甘受せるものとして、債務者所有の不動産の上の後順位抵当権者の地位を保護する…をもって、**不動産の担保価値を充分に利用する目的**からみてより平明な理論となすのではなからうか」と述べていましたが（我妻榮『担保物権法（民法講義Ⅲ）』201 頁（1936 年。引用は、1942 年の第 9 刷によります）)、後に改説し、その理由を「けだし、**物上保証人の期待を保護し、〔物上保証人所有の〕乙不動産の担保価値は L〔物上保証人〕をしてなさしめることが**

一層妥当だと考えるようになったからである」と説明しています（同『新訂担保物権法（民法講義Ⅲ）』457頁（1968年。引用は、1975年の第6刷によります））。

　我妻博士の説明は、割付けをした結果、債務者所有の甲不動産の担保価値に余裕が生じた場合、物上保証人は、自己所有の乙不動産への割付額の負担を甘受し、甲不動産の担保価値の余裕は債務者の活用に委ねる（その結果、甲不動産の後順位抵当権者が割付額の範囲で乙不動産に代位することを認める）か、それとも物上保証人は、債務者が第一次的に自己の財産によって責任を負担することを期待し、乙不動産への負担はそれでなお足りない分だけについて甘受することとする（したがって、割付けによって負担を甘受することはしない）かは**政策的な価値判断による**ということを示しています。

> ＊また星野博士は、昭和44年判決の評釈において、物上保証人と後順位抵当権者との利益衡量について詳細に検討し「どの説をとるかは、決め手はなく、ほんの僅かの差であって、価値感覚によるほかはない」として同判決を支持しつつ、「しかし、**同時配当の場合との不均衡は、どうしても問題がある**」として、同時配当・異時配当の場合を同じように扱う方法について検討しています（星野英一「判批」法学協会雑誌89巻11号1636頁）。

(2) 昭和61年判決：同様に扱った上での意見の対立　　それでは、同時配当・異時配当の場合を区別しない**最判昭和61・4・18**（裁判集民事147号575）を見てみましょう。この判決の多数意見は、昭和44年判決の理は「**両不動産が同時に競売された場合についても異ならないというべきである**」と述べて、同時配当の場合にも物上保証人が後順位抵当権者に優先するとしましたが、**香川裁判官の反対意見**は、我妻博士の改説前の見解と同様、同時配当・異時配当いずれの場合についても割付けがされ、後順位抵当権者が保護されるべきであるというものです。したがって、多数意見・反対意見とも、**同時配当の場合と異時配当の場合とで同じ扱いをしつつ、後順位抵当権者を優先するか、物上保証人を優先するかという点で逆の判断をしています。**

　ⅰ）香川裁判官は、まず、392条1項・2項の趣旨を「共同抵当の目的不動産についての後順位抵当権者、配当要求をした債権者その他の利害関係人の利害を調整するとともに、共同抵当の目的不動産の余剰担保価値の活用を

可能ならしめようとするものである」と捉えた上で、共同抵当の目的不動産の一部が債務者以外の者（物上保証人又は第三取得者）の所有に属している場合に、弁済者代位をする者との利害の調整が必要になるとします。

そして同時配当の場合には「共同抵当の目的たる各不動産のうちに物上保証人等の所有に属するものがあるときでも、各不動産は、共同抵当の被担保債権を分担額によって負担を分つこととしている限りにおいて、**後順位抵当権者はもちろん各不動産の所有者間の利害は既に調整されているの**であって、この場合に、さらに物上保証人の右分担額の出捐についてまで弁済代位を他の不動産について認めることは、**実質的には共同抵当の負担を物上保証人以外の者の所有不動産のみによって負担させることに帰し、同項の規定に反する**」と評価します。

次に「民法第 392 条第 2 項の場合における後順位抵当権者と弁済代位する物上保証人との利害の調整」について検討します。弁済者代位をする場合ですから、異時配当の場合はこれにあたりますね。この場合について香川裁判官は、「物上保証人の弁済代位は、利害関係人に対する関係においては、自己の所有不動産の分担額については当然自己負担の義務があることを前提とし、右の分担額を超える出捐部分の求償債権についてのみ他の不動産の分担額を限度として代位を認めるのが相当であり、**自己の所有不動産上の後順位抵当権者に対しては、物上保証人は当然その負担の義務があるのであるから、物上保証人の弁済代位も、後順位抵当権者の民法第 392 条第 2 項の規定による代位に劣後するものと解すべきである**」と述べています。

ⅱ）ここに示されている論理は、第一に、自己所有の不動産を他人の債務のための共同抵当に供した者は、「利害関係人」との関係においては、その**「分担額」の限度で自ら負担を引き受けるものであり、他の不動産に対して弁済者代位をすることが可能なのはそれを超える分についてのみである**こと、第二に、自己所有の不動産の後順位抵当権者と他の不動産の後順位抵当権者は、ともに「利害関係人」として、それぞれ先順位抵当権の「分担額」を超える分について権利を確保されるべきであるというものです。

この論理について、香川裁判官は次のように説明しています。すなわち、392 条 2 項による後順位抵当権者と弁済者代位をする物上保証人との利害の

調整には、501条3号・4号［改正後の501条3項2号・3号］の規定の趣旨が重要な拠り所になる。これらの規定の趣旨は「共同抵当権についての物上保証人の弁済代位も、利害関係人たる他の物上保証人又は第三取得者に対する関係においては、当該物上保証人が自己の不動産を共同抵当債務の担保に供した以上、自己の不動産の分担額の負担義務はこれを甘受すべきであり、実質的には自己の分担額を超える出捐部分の求償債権についてのみ、しかも、他の不動産の当該分担額を限度として弁済代位するにとどまるものとしている」のであり、このような弁済者代位によって当該不動産上の後順位抵当権者には何ら不利益を及ぼすものではなく「その間の利害の調整が合理的に図られているということができる」と。

　しかし、**501条3号・4号から、あらゆる「利害関係人」について、民法上「その間の利害の調整が合理的に図られている」ということを読み取ることは困難であると考えます**。確かに、392条1項において、共同抵当の関係にある不動産の所有権の帰属に関して何らの定めがないこと、また501条3号・4号が複数の第三取得者・物上保証人がある場合の「分担額」について規定していることから、共同抵当不動産の所有権の帰属如何にかかわらず、「割付け」がされるべきであるというように、一見、民法自体によって「その間の利害の調整が合理的に図られている」と解することができそうに見えます。**しかし、501条3号は第三取得者相互間、4号は物上保証人相互間の調整規定ですし、同条2号［改正後の501条3項1号］では「第三取得者は、保証人に対して債権者に代位しない」と規定されていて、どのような「利害関係人」かによってその保護の程度にも差があることが示されています。そうすると、物上保証人との利害調整をする相手方を「利害関係人」として一括して捉えてよいか、疑問が残ります。**

(3) 価値判断の根拠の探究　　のみならず、香川裁判官は、物上保証人が「自己の不動産の分担額の負担義務はこれを甘受すべき」であるとの評価のもとに、債務者提供の不動産上の後順位抵当権者に392条2項の代位を認めていますが、このことは後順位抵当権者の保護を介して、自己所有の不動産の担保価値を充分に活用する債務者自身の利益を保護することを意味します。これは改説前の我妻博士の見解と同じです。

我妻博士は、説を改めるにあたり、率直に、債務者と物上保証人のどちらを保護するのが妥当かという価値判断の問題であると説明しています（（1）参照）。この「価値判断」の問題を、どのように条文解釈の中で扱うべきか、考えてみましょう。

文言から見るならば、前掲東京地判平成 25・6・6 が指摘するように、392条 1 項は、共同抵当の関係にある不動産の所有権の帰属に関して何らの定めをしていません。このことが直ちに、民法が、一方が債務者所有、他方が物上保証人所有の場合をも考えた上で、両者を区別しないものと判断したことを意味するとはいえませんから、文言上、不動産の所有権の帰属について区別がないことを根拠に、常に割付けをするという内容で利害の調整が完了しているということはできません。したがって、一方の不動産が債務者所有であり、他方の不動産が物上保証人所有である場合には、両不動産への割付けを行う 392 条は適用されないという「縮小解釈」をすることは妨げられないと考えます。

その場合、縮小解釈をする根拠を、直ちに民法典自体から導き出すことは困難であり、ここでは価値判断が不可欠になります。ただその場合、後順位抵当権者と物上保証人のどちらが保護に値するかという問題は、その根拠の探求とともに検討しなければなりません。すなわち、392 条の共同抵当の規律の根拠は何か（配当の前後という偶然の事情から後順位抵当権者を保護することに加えて、さらに債務者所有不動産の担保価値活用の促進という趣旨をも認めるかどうか）、また、他人の債務のために債務や物的負担を負う者を保護するべきであるという判断を、弁済者代位等の民法の諸制度の中からどこまで広く読み取ることができるか等、後順位抵当権者の地位、物上保証人の地位を、民法全体の中で見極める作業が必要となります。前掲最判昭和 44・7・3 が「この場合、物上保証人としては、他の共同抵当物件である〔債務者所有の〕甲不動産から自己の求償権の満足を得ることを期待していたものというべく、その後に甲不動産に第二順位の抵当権が設定されたことにより右期待を失わしめるべきではない」と説示していますが、単に主観的な「期待」の保護の問題ではなく、後順位抵当権者、物上保証人の「地位」に関して上記のような価値判断をしたものと考えます。そして上記のような根拠の探求

については、昭和44年判決自身は示していませんが、**この判決を支持するにせよ反対するにせよ、その根拠を明らかにするために**民法全体を見渡した作業が必要であると考えます。

9. まとめ──バランス論は体系検討の手がかりとなること

(1) 手続法の影響の考慮：民法の解釈にとどまらない場合　ある事実が要件を満たすかどうかを検討するにあたって場合分けをすることは、条文を解釈・適用する際の基本的な作業ですが、ある場合ａの適用結果と、場合ｂの適用結果とが異なることもありえます。そのときには、結果が異なる理由を考え、併せて考えるべき要件を探求することになります。たとえば、同じ権利の行使ではあるが、それが破産や民事再生の手続の影響を受ける場合と、そのような手続の影響を受けない場合とで、結果が異なるときには、**破産・民事再生手続の影響**ということで、**説明が可能**です。そのような手続の影響を受けることが妥当かどうかという疑問が生じたときは、民法だけでなく、破産法・民事再生法の解釈の問題として検討することになります。

(2) 要素に還元するのではなく、体系によって把握すること　これに対して、結果が異なる理由が明確に説明できない場合もありえます。当該事案の特別な事情による場合には、一般条項や他の規定の類推などによって対応することも考えられます。しかし、**常に場合ａのときは結果Ａが導かれ、場合ｂのときは結果Ｂが導かれる、そしてその違いの説明が明確にできない**というときには、「体系」すなわち「方法」の把握の点で、**何らかの問題があることの表れと考えることが必要です**（5（3）参照）。

　2～5で検討した無権代理人による本人相続の問題では、能見教授の指摘するように、無権代理行為の追認・追認拒絶の問題ではなく、もっぱら無権代理人の責任の問題として取扱うならば、追認の問題とする場合に生ずるアンバランスが生じないことが明らかになりました。行為の当初は権限（代理権・目的物の処分権）がなかったところ、相続によって権限が追完される（本人の地位の承継・所有権の承継）という点で、無権代理人による本人相続の場合は、**他人の物の売主がその物の所有者を相続した場合**（能見教授も論

考の末尾（能見・前掲 9 頁）で触れていますが）と似ています。しかし、**他人物売買においては、売主は自己の名で行為をし、自ら売主として権利移転義務を負担しているのに対し、無権代理人はあくまでも代理人としての行為をしている点で、構造が異なっています。**また、特定物の売買による所有権の移転の可否が問題になる限り、他人物売買と無権代理による売買契約とで大きな違いは生じませんが、平成 5 年判決のように連帯保証契約の無権代理の場合は、新たな債務負担行為ですから、既存の財産の処分行為である他人物売買の場合とは同じではありません。「権限の追完」という要素を強調し、この 2 つの場合の共通性を過度に重視すると、それぞれの全体が見えなくなる危険が生じます。

　したがって、**問題を「行為」「本人の権限」「その追完」という要素に絞り込んで、それだけで考えることなく、代理法の体系に戻して考える、**そうすると、追認がされない場合の無権代理人の責任の規定によって、無理のない解決をすることができることがわかる。「追認権・追認拒絶権の相続」という角度から検討する中で生じたアンバランスは、代理法の体系に立ち戻る必要を知るための手がかりとなるということができます。

(3) 体系を構想すること　　これに対して、6〜8 で検討した共同抵当における後順位抵当権者の代位と弁済者代位の問題については、**共同抵当の制度と、弁済者代位の制度とが、それぞれ別の制度として作られていて、後順位抵当権者と弁済者代位をする物上保証人との関係が直接には定められていないため、立ち戻る体系が明らかではありません。**その場合、「価値判断」を避けることができませんが、**後順位抵当権者と物上保証人のどちらが保護に値するかを直接判断するというよりも、民法の中で、後順位抵当権者はどのような理由でどのように保護されているか、弁済者代位をする物上保証人はどのような理由でどのように保護されているかというように、それぞれを保護する諸制度のつながり（体系）を見極めて、両者を含む体系を構想することが必要**になります。

　7 で見た 2 つの地裁判決は異なった結論を示していますが、392 条の組み立てを見るならば、異時配当がどちらの不動産からされたとしても、同時配当と同じ結果になることを求めているのであるから、同時配当の場合と異時

配当の場合とは同じにならなければならない。しかし、同じ結果とした上
で、物上保証人の利益を優先するか、後順位抵当権者の利益を優先するかと
いう点は、条文から直接導くことはできない。この点、我妻博士が当初、
「不動産の担保価値を充分に利用する目的」を重視したが、後に「物上保証
人の期待を保護」することが一層妥当であると考えて改説したように、「価
値判断」を避けることはできない。その場合、物上保証人の利益を保護する
前掲最判昭和44・7・3を前提にするのであれば、その価値判断に照らして
考える必要がある。すなわち、392条の「割付け」に、債務者がその「不動
産の担保価値を充分に利用する」利益を保護するという目的を読み込むか否
かという判断にあたり、昭和44年判決の趣旨に抵触するがゆえにそのよう
な目的を含むものではないと解すべきであるとするならば、文言上は両不動
産の所有権の帰属を問題にしていない392条を、不動産の一方が債務者、他
方が物上保証人の所有に属するときには適用しないという「縮小解釈」を行
うという結論に至ることになります。したがってこの場合のバランス論は、
物上保証人の利益との関係という問題に取り組み、392条を読み直す作業を
進めるための手がかりとしての役割を果たします。

　以上、2つの問題を見てきましたが、バランス論はそのままでは判断のた
めの根拠にはならないが、理由の説明できないアンバランスが生じるときに
は、（民法の明文にあるものであれ、あらためて読み込みが必要になるものであ
れ）「体系」すなわち制度の組み立てや根拠に立ち戻って考えるべき問題を
提起するものであるということができます。

IX 学説の対立は何を意味するか

1. 基本概念についての対立の意味

(1) 整理概念と説明概念　　Ⅶで見たところによると、「権利外観法理」という言葉には2種類の捉え方があるらしいことがわかりました。動産の即時取得（192条）や債権の準占有者への弁済（478条）をも含む広い意味で捉えるときは、「**権利の外観を信頼した者を保護する法理**」として、**外観への信頼を保護する様々な制度をまとめる「整理概念」**という意味を持ちます。その整理は、各制度に共通の「外観への信頼」がどのようなものか、「善意」だけで足りるのか、「無過失」まで必要とするのか、ある制度については「善意」だけでよく、ある制度については「善意・無過失」が要求されるとすれば、それはなぜかというような問題を研究するのに役立ちます。

　これに対して、「真実に反する外観を作出した者は、その外観を信頼してある行為をなした者に対し外観に基づく責任を負うべきである」というように、**外観の作出・維持に対する権利者の「帰責性」を要素とする定義をする**ときは、**各制度を分析した上で、責任の根拠について「説明」するための概念**という意味を持ちます。すなわち、その外観に対応する内容の効果意思がないにもかかわらず、なぜ効果が生じたのと同じ責任を負うのかという問いに対し、直接・間接にその外観を作出ないし維持することによって外観への信頼を生じさせた行為が「責任を帰属させるに相応しい性質」（すなわち「帰責性」）を有するものと法律によって評価されたためであると説明するものです。

(2) 基本概念の内容についての対立　　以上のように、条文に示された個々の制度を整理し、あるいは「統一的な観点から説明する」（「テキスト」（山下純司ほか『法解釈入門』）86頁）場合には、学説の対立はあまり問題になりません。(1) のような「権利外観法理」を広く捉えるか狭く捉えるかという点

IX 学説の対立は何を意味するか 181

は、2つの捉え方をどのような言葉で区別するかという定義の問題ですから、**「権利外観法理」という言葉を使う必要があるときに、自分がどのような意味でこの言葉を使うのかを明らかにするように注意すれば足ります。**

これに対して、基本的な概念の内容について、学説上、客観的な対立がある場合にはどう考えるべきでしょうか。「テキスト」98頁以下では、売主の瑕疵担保責任（改正前の570条）に関して契約責任説と法定責任説との対立があるが、条文の解釈をするにあたっては、条文の規定する要件を充たすかどうかという判断が問題であって、契約責任説・法定責任説について論ずる意味はないという、適切な指摘がされています。

そして「テキスト」96頁では、**「重要なことは、なぜそこに学説の対立が生じるのかを理解することである。その意味では、2つの学説が対立しているのであれば、両方の学説を理解していなければならない」**という指摘がされています。確かに、仮に一方の学説が完全に正しく、他方の学説が完全に誤りであるならば、何年かの議論の結果、誤りであることが明らかにされた学説は消滅してしまうでしょうから、**なおも対立が続いているということは、両方の学説（ないし両者の対立）に何らかの意味がある**と考えてよさそうです。そこで本章では、**第一に、瑕疵担保責任の性質に関する学説の対立が何を意味するか、第二に、瑕疵担保責任の性質についての判断が、具体的な解釈論にどのように影響するか**という問題を検討します。

＊瑕疵担保責任は、改正により、「契約不適合」の場合として債務不履行責任に吸収されましたが、改正前の規定を確かめておきましょう。

570条　売買の目的物に隠れた瑕疵があったときは、第566条の規定を準用する。ただし、強制競売の場合は、この限りでない。

566条①　売買の目的物が地上権、永小作権、地役権、留置権又は質権の目的である場合において、買主がこれを知らず、かつ、そのために契約をした目的を達することができないときは、買主は、契約の解除をすることができる。この場合において、契約の解除をすることができないときは、損害賠償の請求のみをすることができる。

2　前項の規定は、売買の目的である不動産のために存すると称した地役権が存しなかった場合及びその不動産について登記をした賃貸借があった場合について準用する。

3 前2項の場合において、契約の解除又は損害賠償の請求は、買主が事実を知った時から1年以内にしなければならない。

2. 法定責任説の考え方と債務不履行責任説の考え方

(1) **柚木博士と北川博士**　　まず、対立する2つの説の内容を確かめておきましょう。

　現在、「法定責任説」を代表するものとしては、**柚木馨博士**の見解を挙げるのが一般です。柚木博士は、自身の見解について次のように説明しています。

　　「特定物売買においては、たとえ目的物にかしがあっても、**かしあるがままの給付によって売主の債務は履行されたこととなる**が、その結果として買主の不知により生ずる売主・買主間の利益の不均衡は売買の有償性とマッチしないから、その補正のために法定された責任がかし担保責任なのである。原始的一部不能を問題としたのは、かしなきことは原始的に不能であるから、**かしなき物の給付義務を生ぜず**、したがって売主に債務不履行なきことを説かんとしたにとどまる。」（柚木馨『売主瑕疵担保責任の研究』（有斐閣・1963年）201頁）

これに対して**北川善太郎博士**は、「**特定物のドグマ**」の批判として次のように述べています（なお、この叙述はドイツの学説を引用してされています）。

　　「理論的に、**給付をまったく対象的に理解する立場**を前提とすれば、特定物売買で純粋に外面的なものをこえた給付・履行概念をもちこむことは不可能であろう。まさに……この特定物の供給に給付義務はつきるのである。しかし、給付が対象的・即物的にのみ思惟されるのでなしに、**当事者が目的とした結果から把握されうるとすれば、自ら結論はことなる**（……）。つまり特定物の給付義務で、『あるがままの状態で義務を負う』ことが唯一の可能な構成でなしに、『**あるべき状態で義務を負う**』との構成にも立ちうるのである。これは、給付の可能性をSollenの裏打ちとしない理論に帰着する。」（北川善太郎『契約責任の研究』（有斐閣・1963年）174頁）

(2) 給付の「行為」と給付の「目的（結果）」　　ⅰ）対立のポイントは、**特定物売買において目的物に契約締結の当初から（原始的に）瑕疵があった場合、売主の債務として『瑕疵なき物の給付義務』を観念することが可能かどうかという点にあります。**設例を使って、両説の考え方を整理してみましょう（〔　〕内は、両書の記述からは直接読み取れず、私が補足した部分です）。

　　〔設例〕Ａは祖母の遺品の中から指輪甲をみつけた。コレクターであるＢは、それを売ってほしいと申し入れた。Ａ・Ｂは、指輪甲が金製であるという前提で、30万円で売買する契約を結んだ。ところがＢが引渡しを受けた後に詳しく調べてみると、金製ではなく金メッキであることが明らかとなった。金メッキの指輪としては、指輪甲は３万円程度に評価される。

　この場合、Ａは指輪甲をたまたま祖母の遺品の中からみつけたもので、売買の目的物としてはそれだけを考えており、**紛失などで指輪甲を引き渡せなくなったとき、Ａが同種の指輪を市場から探してきてＢに引き渡すことは想定していません。**Ａ・Ｂとも売買の目的物を、指輪甲という個体に限定して定めているとき、（指輪甲と同じタイプの個体が市場にあったとしても）この売買は**特定物売買**です。

　　ⅱ）さて、柚木博士の見解によると、どのように考えることになるでしょうか。〔債務の内容は、債務者が義務づけられた「行為」を現実に行うことです。〕特定物売買においては、**特定した「この物」**（指輪甲）**だけを給付の目的として想定しているのですから、初めから「この物」に瑕疵がある以上、瑕疵のない「この物」を給付することは不可能です。**金製でない指輪甲を金にすることは不可能だからです。〔不可能な行為を実際に行うことを義務づけることは背理であり〕債務者である売主Ａにつき金製である**指輪甲を引き渡す債務を観念することはできません。**

　Ａが現実にできることは、金メッキである指輪甲を引き渡すことに限られ、**金製である指輪甲を渡さなかったからといって債務不履行責任ありということはできませんが、**Ａ・Ｂは指輪甲が金製であることを前提として30万円という対価を定めたのですから、金メッキの指輪に対して30万円を支払わなければならないとすれば、**契約の有償性のバランス（対価的均衡）を**

欠くことになります。したがって、それを補正するために法が定めたのが瑕疵担保責任であると説明されることになります。

ⅲ）これに対して、北川博士の紹介する見解によると、**当事者であるAとBがこの契約を通じて実現しようとした目的**（結果）は、売買により、Bが金製の指輪甲を入手し、その対価としてAが30万円を入手することでした。指輪甲が実は金製でなかったとすると、Aの給付を通じて実現するべき目的（結果）は実現していませんから、Aの債務が履行されたということはできない、したがって債務不履行であると評価されることになります。

(3) **法定責任説と「債務不履行責任説」**　　柚木博士の見解を「法定責任説」、北川博士の紹介する見解を「債務不履行責任説」と呼ぶことにします。後者は「契約責任説」と呼ばれることもありますが、柚木博士の示す「売買の有償性」・対価的均衡はその契約の存在を基礎とするものですから、「**法定責任説**」は契約の要素を完全に否定するものではありません。したがって、明確に対立する点、すなわち**特定物に原始的瑕疵があった場合に債務不履行を観念できるかどうかという点**に着目するのが適切であると考えます。そうすると、法定責任説・債務不履行責任説の考え方は、次のように表現することができます。

＊**法定責任説**：債務の目的である「給付」は、契約によって約束した結果を実現**するために必要な「行為」を現実に行うことである。債務不履行とは、その**行為をしないことをいう。しかし、売買目的物である特定物に原始的な瑕疵があるときは、瑕疵のないその特定物を引き渡すことは事実上不可能である。したがって、瑕疵ある目的物を引き渡したとしても、**債務者（売主）が現実にできる範囲のことはすべて行ったのであるから、それをもって債務不履行ということはできず**、債務不履行責任は否定される。ただ、両当事者は目的物に瑕疵がないことを前提に、対価を決め、契約を締結したものであるから、瑕疵があるにもかかわらず、買主が約束通りの対価を払わなければならないとすると、契約の対価的均衡を崩すことになる。したがって、民法は、債務不履行責任とは別立ての責任として、瑕疵担保責任を認める。これは、**債務者は契約に基づき、給付のための「行為」をすることを引き受けてはいるが、現実に「結果」を実現することまで引き受けてはいないところ、「結果」が実現しなかった場合の責任を法が補充するものである**。この意味で、瑕疵担保

責任は、法律によって認められた「法定責任」である。

＊**債務不履行責任説**：債務の目的である「給付」は、**債務者の行為を通じて、契約によって約束した「結果」を実現することである。事情はどうあれ、その結果が実現されていなければ、債務が履行されたとはいえない。**売買契約は、瑕疵のない物であることを前提として締結されたのであるから、債務者（売主）の債務の内容は、瑕疵のない目的物を引き渡すことである。すなわち債務者は、瑕疵なき物の給付という「結果」を引き受けているのであるから、目的物である特定物に原始的な瑕疵があるときは、債務を履行したとはいえない。したがって、**債務者は債務不履行責任を負うのであるが、この場合、目的物を瑕疵なき物にすることは事実上不可能であるから、債務者は、民法の定めた瑕疵担保責任の規定に従って責任を負う。**この意味で、瑕疵担保責任は、契約に基づく「債務不履行責任」である。

(4) 基本概念・体系にかかわる対立　1 (2) で触れたように、具体的な事案に対して瑕疵担保責任の規定を適用するときは、その事案の事実が要件に当てはまるかどうかを判断します。**法定責任説は、この瑕疵担保責任を債務不履行責任とは異なる別建ての責任として、いわば二段構えで説明する、**それに対して**債務不履行責任説は、債務不履行責任として統一的に説明する、**2つの説は、同じことの説明のし方の違いであると言っても、瑕疵担保責任の解釈・適用に関する限りは差し支えありません。

　しかし、**2つの説の考え方の違いは、瑕疵担保責任の位置づけのみならず、契約に基づく「給付」および「債務不履行」の捉え方の違いにも基づいています。**ここでは、「給付」には、それによって実現するべき「結果」と、その結果を実現するために行われる「行為」との、2つの要素があるが、そのどちらを基本に置いて考えるかという違いです。したがって、**両説の対立は、瑕疵担保責任の説明を超えた、民法の基本概念、体系にかかわる問題です。**次節では、他の制度との関連も視野に入れて、2つの説の考え方を検討することとします。

＊ここで「体系」とは、**個別の制度や条文が他の制度と関連し、統一的な法則や全体像を形成する**ことを意味します。それは、あらかじめ「体系」という枠を設定し、個別のものをそこに当てはめ、位置づけてゆくというのではなく、反対に、**個別のものがどのように機能するか、その動きを観察する**ことによ

って、そのものが他のものとどのようにつながり、どのような関連において
どのように機能するかを見極める中で明らかになるものです。そのものを活
用するときには、そのつながりを見極めた上で、どのようにすれば無理なく
機能させることができるかを考えるのですから、「体系」を考えることと「方
法」を考えることとはひと続きであるということができます。

3. 基本概念・体系にかかわる議論①
――「特定物ドグマ」の克服

(1)「原始的一部不能＝契約の一部無効」という定式　　2 (1) に引用した
柚木博士の見解の中で、「原始的一部不能」という言葉が使われていたこと
を思い出してください。比較的古い下級審裁判例の中には「売主の担保責任
は、売主の債務不履行その他の義務違反又は特別の担保契約によるものでは
なく、**売買は元来目的物に関する原始的一部不能によって全部若しくは少く
とも一部の無効を来たし、売主にはなんら責任がない筈であるが、買主が目
的物について瑕疵がないものとしての対価的出捐をしている関係上、衡平の
観念に基いて買主を保護するために、法律が特に認めた無過失責任である**」
と述べて、「原始的一部不能＝契約の一部無効」という定式を示していまし
た（東京高判昭和 23・7・19 高裁民集 1 巻 2 号 106 頁）。この「**原始的一部不
能**」とは何を意味し、柚木博士の説明は何を意味するのでしょうか。北川博
士の批判と突き合わせてみましょう。

(2)「特定物ドグマ」と履行すべき義務の内容　　同じく 2 (1) で引用した
北川博士の見解は、「特定物ドグマ」を批判したものでした。「**特定物ドグ
マ**」とは、「**特定物に瑕疵があっても、売主はそれを給付すればその履行義
務はつくされる**」という考え方をいいます（北川・前掲 139 頁、87 頁参照）。
それでは、この「特定物ドグマ」を認めるとするならば、その売買契約の
「履行義務」の内容は何だったのでしょうか。

　ひとつの考え方は、売買契約において「**瑕疵なき物の給付義務**」が観念さ
れるとすると、原始的に瑕疵がある特定物の場合、**その義務は原始的に不能
であるから、**ドイツ民法（旧）306 条によって**契約の一部ないし全部無効を**

生ずることになる。これは、**瑕疵担保責任が有効な契約の存在を要件とすることと矛盾する**（北川・前掲 169 頁）。したがって、「瑕疵なき物の給付義務」を観念することはできず、あるがままの物を給付すれば、売主の義務は尽くされるというものです。

　もうひとつの考え方は、動機錯誤論における「性状錯誤は動機錯誤である」という命題との関連です。「特定物の性質についての錯誤は、原則として法律行為の構成部分たる『意思の欠缺』でなしに『意思の動機』についての錯誤であり行為の効力を左右しない」（北川・前掲 169 頁）から、**特定物の性質は合意の内容ではなく、したがって契約によって義務づけられるのは「（あるがままの）その物の給付」であり、「瑕疵なき物の給付義務」は観念できない**というものです。北川博士は、上記命題からの原則論が、瑕疵担保におけるドグマ形成の法理論的底流となったと評価しています（北川・前掲 172 頁）。

(3)「特定物ドグマ」と「契約の一部無効」の矛盾　　そして北川博士は、「特定物ドグマ」を認め、かつ瑕疵担保責任を「契約の一部無効」に基づく責任であるとする見解に対して次のように疑問を呈しています（北川・前掲 334〜335 頁）。すなわち、契約に基づく責任ではなく法定責任であるとし、特定物ドグマを肯定し、かつ原始的一部不能のためその可能な範囲においてのみ債務を負担する（したがって瑕疵ある特定物を給付する債務のみを負担する）という考え方をとる場合、「**給付義務はもちろん、法律行為の内容も性質に及ばず特定の物自体にしか及んでいないことになると、契約は完全に有効なのであり、原始的一部不能による契約の一部無効という局面は生ずる余地がない**」と指摘します（これを「**批判①**」とします）。2 (2) で挙げた〔設例〕でいえば、ＡとＢの売買の目的物は「指輪甲」であり、その性質はそもそも合意に入っていないから契約上は無意味である、したがって「**指輪甲」が金製であろうが金メッキであろうが、契約は「指輪甲」を売買するものとして完全に有効であり、「一部無効」を問題にする要素は含まれていない**ということです。

　北川博士はこれに続けて「また、契約締結時に瑕疵があれば、**瑕疵なきことは初めから不能であるという意味**とすると、本来的に、原始的不能＝契約

の無効という技術的意味をもつ原始的不能論に、かかる意味を与えることは合理的でない。それ故、原始的一部不能を固守する限り、理論構成上、少くとも瑕疵担保の対象となる性質は法律行為の内容になっているとの立場をとることになろう」と述べています（これを「批判②」とします）。前記〔設例〕でいえば、特定物である「指輪甲」を金製にすることは初めから不可能（「原始的」に「不能」）であるため、Aは「指輪甲」をそのまま引き渡すほかはないが、そもそも「不能」を問題にすることができるのは、「指輪甲」が金製であることがA・B間の（完全に有効な）契約の内容になっているからであるということです。

2（1）に引用した柚木博士の見解は、契約の無効を介さずに説明することによって上記の「批判①」に答えたものですが、そうすると「批判②」が妥当することになります（北川・前掲338頁は、柚木博士の見解につき「これはもはやテクニカルな意味の原始的不能ではなく、特定物の給付義務の一つの根拠として援用される論理的な不能にすぎない（特定物ではその性質にかかわりなく、その物しか給付しえないから、給付義務もそれにつきるという見解）」と評価しています）。しかし、柚木博士が自らの見解につき、その「原始的一部不能」をもって契約の無効と結合させる趣旨ではないことを明らかにし、「売買の有償性」に照らして売主・買主間の利益の不均衡を補正するというように、対価に対応する目的物の性質、すなわち当事者が契約で予定した内容を法的に意味のあるものとして認めたことは、「瑕疵なき特定物の給付は不能である」ことを、「契約」の成否の次元から「履行」の能否の次元に移行させたものであり、「特定物ドグマ」を克服する過程に1歩進んだものと考えます（この移行の結果、「法定責任」と「契約責任」の対立ではなく、「法定責任」と「債務不履行責任」の対立と表現することが適切となります）。次の1歩は、「履行義務」の内容を考えることを通じて試みられます。

4. 基本概念・体系にかかわる議論②
——権利の担保責任の歴史からの示唆

(1) 債務者のするべき「現実の行為」：他人の権利の売買では？　　2（1）

で北川博士は、「給付が対象的・即物的にのみ思惟されるのでなしに、当事者が目的とした結果から把握されうる」可能性について述べていました。**給付を即物的に、すなわち現実の行為として考えた場合、瑕疵ある特定物を瑕疵なき物にすることは不可能ですから、その物をそのまま引き渡すことが、債務者のするべき「現実の行為」である**ことになりますが、改正前の560条の規定する「他人の権利の売買」の場合はどうなるでしょうか。

　　〔設例〕AはBに対して、Cの所有する土地甲を売る契約を締結した。AはCに対して、相場を超える価格を提示し、誠意をもって交渉したが、Cは土地甲は先祖伝来の大事な土地であるから絶対に売らないと言って売却を拒絶した。

　560条は「他人の権利を売買の目的としたときは、売主は、その権利を取得して買主に移転する義務を負う。」と規定しています。しかし売主がその権利を取得することができるか否かは所有者の意思にかかっていますから、**設例のように、所有者Cが絶対に売らないという場合には、Aは契約上の義務として何をするべきなのでしょうか。**

　現実の行為をすることに尽きると考えると、**Aができるのは誠意をもって交渉することだけであるから、できる限りのことをした以上、「債務は履行された」と言ってよいか。**どうもおかしいですね。555条は、売買の内容として「売買は、当事者の一方がある財産権を相手方に移転することを約し、相手方がこれに対してその代金を支払うことを約することによって、その効力を生ずる。」としており、**売主は財産権移転義務を負うのですから、財産権移転という結果が実現できなければ「債務は履行された」ことにはなりません。**560条も同様に、権利を買主に移転する義務を定めていますから、やはり権利の移転ができなければ「債務は履行された」ことになりません。したがって、**権利の移転については、給付は「当事者が目的とした結果から把握」**されています。

(2) 財産権移転義務と担保責任：歴史的変遷　　売主の財産権移転義務については、歴史的な変遷があり、その中で担保責任との関連を見出すことができます。磯村哲「売買・贈与」（法学セミナー16号（1957年））14〜15頁を見てみましょう。

まず**財産権移転義務**についてです。

　「**売主は売買の目的たる財産権を買主に移転すべき義務を負う**（555）。すなわち、売主は、買主に目的物の引渡のみでなく財産権自体を有効に移転し、対抗要件を必要とするときはこれを具備せしめ、かつ当該財産権の証拠書類（権利証・債権証書等）を引渡すことを要する。従って目的が他人の権利に属する場合はこれを取得して買主に移転しなければならぬ（560）。〔中略〕

　かような売主の『履行義務』としての財産権移転ないし供与義務は近代法のもとで成立した（……）。ローマ法（ゲルマン法も同様）においては、売主は買主に『**持ち使用し収益し時効取得させる（habere uti frui usucapi licere）**』義務即ち**権利移転に必要な行為をなす義務を負うのみで、権利取得の結果を供与する義務はない**。従って、買主が所有権を取得しえぬこと自体は売主の債務不履行ではなく、ただ買主が瑕疵の結果目的物の占有を訴訟上奪われたときにのみ売主の目的物の追奪（占有・利用の喪失）に対する責任が生ずるにすぎない。**ローマ法の権利の瑕疵に対する売主の追奪担保責任**（…）**は、その履行義務としての権利供与義務の欠如という構成に対応している**のである。かようないわゆるhabere licere の体系は後期普通法においても支配的であったが、近世諸立法のもとで『権利供与義務』の思想が漸次前面化し、独民法において殆んど純粋な形で貫徹されるにいたった。すなわち、**独民法においては売主は買主に完全な所有権を取得せしむべき履行義務を負うとともに、その反面権利の瑕疵に対する責任はもはや技術的意味における『担保責任』ではなく『債務不履行責任』である**（…）。」

次に**担保責任**についてです。

　「すでにみたようにローマ法の『追奪担保責任』の構成は売主の**財産権移転義務の不存在に相関的**であった。従って、この責任の性質は履行義務の構成の歴史的態様に対応しているのであり、論理的には『一つ』ではなく『二つ』の『構成』が可能である。この意味において**民法の『権利の瑕疵』に対する売主の責任はその履行義務の内容の理解にかかっている**といわなければならない。この点につき、最近の有力な見解

は、わが民法の履行義務は他人の権利の売買の場合の外は独民法のような『完全な権利』の供与義務ではないから、不履行責任の特則の一面をもつ『他人の権利の売買』以外はすべて法定担保責任であるとする（…）。これに対し、わが民法のもとでも売主の履行義務は『財産権の移転の義務のみに留まらず其の行使を妨げるような負担のない財産権移転の義務』（…）と解する見解もある（…）。制度の歴史的発展の方向に照らし、**かつ履行義務が強制履行によって直接にカヴァーされてなくても損害賠償その他のサンクションによって法的義務として成立しうると考えるならば、後者のごとき理解も民法の解釈として十分に成立しうる余地があろう。**今後の研究にまつべき点が少なくないが、そう解しうるとすれば『権利の瑕疵』責任は特定物売買における債務不履行責任の特則として理解されることになる（……）。」

(3)「瑕疵なき物の給付義務」の可能性　　1957 年ですから、ほぼ 60 年前の議論です。現在では、権利の担保責任は債務不履行責任であると捉える見解が一般ですが、ここでは**基本概念である「履行義務」をどのようなものと理解するか、それとの体系的関連において担保責任はどのような位置にあるか**ということが、歴史的経緯の探究や外国法との比較を通じて追求されています。その中で、「履行義務が強制履行によって直接にカヴァーされてなくても損害賠償その他のサンクションによって法的義務として成立しうると考えるならば」というように、**損害賠償や解除の可否がその契約の内容に照らして判断されるのであれば、強制履行できないものであっても契約によって引き受けられた「債務」であると考えうるもの**として、契約上の義務や責任の全体像（体系）を構想する可能性も示されています。

　このように考えると、権利の担保責任だけでなく、**瑕疵担保責任について「瑕疵なき物の給付義務」を考える**こともできそうです。確かに、他人の権利の売買において、誠意をもって交渉に努めたとしても権利が移転できなければ「売買契約上の債務を履行した」というのは奇妙であるのに対し、**目的物に瑕疵がある場合**は、曲がりなりにも目的物の引渡しができるのですから、**権利の移転（555 条）という限りでは債務を履行したということができ**ます。そして、買主によって売買の目的物の使用方法がそれほど異ならない

時代では、契約によって定められるのは目的物が何であるかということであり、それが性能・品質上瑕疵ありと認められるかどうかは取引通念によって決せられるというように、目的物とその性質とを分けて考えるのが自然であったのかもしれません。しかし、**目的物の性能が複雑になり、当事者間で個別的な用途に即して目的物を定めるということが一般になってくると、目的物が何であるかということとその品質・性能とは不可分のものとなり、瑕疵がある物を引渡した場合に、曲がりなりにも履行をしたとは評価できないかもしれません。そうすると、「合意した性能を有する（瑕疵なき）特定物の給付義務」を考えることができそうです。**

5. 両説の対立の意味——効果に違いが生ずるか？

(1)「法定責任説」がなぜ主張されるか　3・4で見てきたところによると、瑕疵担保責任を「原始的一部不能＝契約の一部無効」という定式で捉える見解、さらには「特定物ドグマ」は克服されてきていること、また「**瑕疵なき特定物の給付義務**」という考え方も十分成り立ちうることがわかりました。そうすると、理論的には、瑕疵担保責任を債務不履行責任として理解することが適切であり、法定責任と捉える理由はないことになりそうです。し**かし法定責任説が完全な誤りとされたわけではなく、なお両説が対立するものと考えられているのはなぜでしょうか。**

　瑕疵担保責任は無過失責任とされています。したがって、これを債務不履行責任の特則と理解したとしても、帰責事由のある債務不履行責任と全く同じように扱ってよいのかという疑問が残ります。これに対して法定責任説は、2(1)で見た柚木博士の見解、また3(1)で見た昭和23年東京高裁判決に示されているように、**制度の趣旨**を、瑕疵の存在によって崩れた目的物の価値とそれに対する出捐との**対価的均衡の補正**に置いています。おそら**く、なお法定責任説を無視しえないとする考え方は、理論的な構成とは別に、売主に帰責事由がない場合の調整は、対価的均衡を補正し、回復することに向けられるのが適切であるという判断によるものではないかと考えます。**

そうすると、法定責任説・債務不履行責任説のいずれをとるかによって、実際の結論に違いが生ずるか、また「対価的均衡の回復」とは何を意味するかという点を検討してみることが必要です。

(2) 両説の効果の違い：修補・代物請求は？　　それでは、効果について、両説の違いはどこに表れるでしょうか。「テキスト」101 頁では、**第一に瑕疵の修補や代物の請求を認めることができるか、第二に損害賠償の範囲はどうかという 2 つの点**を挙げています。

　第一の点については、次のようにも考えられそうです。すなわち、**法定責任説**によれば、特定物については瑕疵あるがままの目的物を引き渡せば債務の履行は完了しているのであるから、それ以上に瑕疵の修補や代物の引渡しを請求する余地はない。それに対して**債務不履行責任説**によれば、義務の内容は瑕疵なき特定物の給付であるから、瑕疵があるときにはまだ債務の履行が完了したとはいえない、したがって債権者たる買主は、瑕疵の修補や代物の引渡しを請求することができる、と。

　ひとつの疑問は、**債務不履行責任説による場合、たとえば不動産の売買において、いかなる売主にも例外なく瑕疵修補の義務が課せられるのか**という点です。建築業者が販売した新築の建売住宅に瑕疵があれば、売主自らその修補をすることは十分に考えられますが、建築業者でもないサラリーマンが自宅を中古住宅として売ろうとする場合、瑕疵があったために修補を請求されても困るような気がします。この場合は、566 条 1 項に規定されている損害賠償として、値引きや修理費の負担をすることが適切でしょう。債務不履行責任による場合であっても、**修補請求が妥当な場合について修補請求を認める**というものではないかと考えます。

　また (1) で見たように、**法定責任説**は、瑕疵ある特定物を引き渡せば債務の履行は完了し、もはや何の問題もないとするわけではありません。**瑕疵の存在によって崩れた対価的均衡は補正・回復しなければならない**としています。それは直接には損害賠償によって行いますが、**売主に修補の能力があり、また修補請求を認めるのが妥当な場合には、損害賠償の現物形態として修補請求を認めても差し支えない**と考えます。あるいは、損害賠償の方法として金銭賠償が原則とされていること (417 条) から、現物形態による賠償

を認めることについて疑問が生ずるかもしれません。しかし、もともと金銭賠償原則は便宜のために定められたものですから、現物形態によることが適切である場合に、これを禁ずる理由はないと考えます。

(3) 損害賠償の範囲の問題は？　　ⅰ）一般に、法定責任説によれば賠償されるべき損害は「信頼利益」であるが、債務不履行説によれば「履行利益」が賠償されうるといわれます。それでは**「信頼利益」**とは何か。設例で考えてみます。

〔設例〕AはBから業務甲の委託を受ける契約を締結し、その準備のためにさまざまな準備費用を支出した。ところが業務甲の委託を受けるためには公的な資格が必要であるところ、Aはその資格がないため、A・B間の業務委託契約は無効であることが明らかになった。Bはこの資格要件について誤解し、Aに誤った説明をしたため、Aはその説明を信じてBと契約し、準備費用を投じたものである。

これは**「契約締結上の過失」**による損害賠償の問題です。契約締結上の過失の場合、信頼利益の賠償が問題になりますが、**そこでの信頼利益は、「締結された契約が（実際は無効であるのに）有効であることを信じたために被った損害」**と定義されます。具体的には、契約が有効であることを信じて投じた諸費用が、その契約が無効であったために無駄になった場合、その諸費用相当額がこれにあたります。

ⅱ）3（1）で見た昭和23年の東京高裁判決にも示されている通り、以前は、瑕疵担保責任は原始的一部不能＝契約の一部無効に基づく責任と構成されていましたから、契約が有効であることを前提とし、それが履行されたならばあるべかりし利益状態に向けられた「履行利益」の賠償を認めることはできず、**契約の無効を知らなかったことによる「信頼利益」の賠償のみが問題となりうる**ものと解されていました。

しかし3で見たように、北川博士による「特定物ドグマ」批判と、柚木博士の応答を通じて、「一部無効」という構成は克服され、「瑕疵なき特定物の給付の不能」は、単なる論理的な不能であること、そして対価的均衡という観点は締結された契約の内容（両当事者の給付の価値）を前提としていることが明らかとなりました。その際、**柚木博士は「信頼利益」「履行利益」**を

次のように再定義しました。

　　信頼利益とは「無効な契約を有効であると信じたために被った損害」
　だといわれるが、自分は「契約無効と信頼利益との直結による誤解を避
　けるために、契約の無効・有効の表現を避けて、ことさらに信頼利益を
　もって『買主がかしを知ったならば被むることがなかったであろう損
　害』、履行利益をもって『目的物にかしが存しなかったならば買主が得
　たであろう利益』と定義してきた。内容的にはその間に差異は存しない
　のであるけれども、少なくともかし担保責任の領域においてはかような
　表現の方が誤解を避けつつしかも両者の区別をより具体化・明確化せし
　めるものと考えたからであった」と（柚木・前掲201〜202頁）。

　iii）その結果、契約が有効の場合・無効の場合という区別から切り離さ
れ、柚木博士の意図に反して、「信頼利益」「履行利益」の区別はむしろ不明
確になりました。設例で見てみましょう。

　　〔設例〕①ＡはＢに家屋甲を売る契約を締結した。Ｂはこの家屋甲を
　Ｃに転売した。家屋甲はＢに引き渡されたが、重大な隠れた瑕疵があ
　ったため、ＢとＣの契約は解除され、ＢはＣに違約金を支払った。

　　②ＡはＢに家屋甲を売る契約を締結した。Ｂはこの家屋甲をＣに転
　売した。ところがＡは家屋甲をＤに売却、所有権移転登記を済ませて
　しまった。ＢとＣの契約は解除され、ＢはＣに違約金を支払った。

　〔設例〕①の場合、この違約金は、「目的物に瑕疵が存しなかったならば」
支出する必要がなかったでしょうし、また「買主Ｂが瑕疵を知ったならば」
家屋甲を買わなかったでしょうから、やはり支出する必要はなかったと考え
られます。契約の有効・無効が同時に両立しないものであるのと異なり、瑕
疵の存在・瑕疵の不知は、両立しうるものですから、それぞれを因果関係の
起点とした場合、同じものが両方に含まれることがありえます。また〔設
例〕②に示すように、債務不履行によっても同じものが問題になりえます。
したがって契約の有効・無効を起点とするならば、信頼利益・履行利益の概
念によって損害の内容は峻別できますが、柚木博士の再定義による場合には
峻別できなくなっています。

　＊なお、②の場合の違約金相当額は「債務不履行と因果関係のある損害」という

ことはできますが、「履行利益」といえるかどうか。柚木博士の定義による
と、瑕疵担保責任における履行利益は、目的物に瑕疵がなかったならば買主
が「得たであろう利益」ですが、債務が履行されたならば「出費する必要の
なかった費用」が「得たであろう利益」にあたると考えてよいかどうか、疑
問の余地があるからです。契約の有効・無効をそれぞれ前提とする損害の把
握から離れ、すべての場合の損害を表すものとして「信頼利益」「履行利益」
という言葉を使うことには無理があるのではないかと考えます。

　iv）したがって、瑕疵担保責任における損害賠償は履行利益に及ばず信頼
利益に限られるという表現よりも、**売主・買主間の利益の対価的不均衡の補
正という、損害賠償を通じて実現させようとしているものを端的に示すこと**
が適切ではないかと考えます。そうすると、「対価的不均衡の補正」、また損
害賠償が「履行利益」に及ばないとは、具体的には何を意味するか。この点
について踏み込んだ記述をする裁判例がありますので、紹介します。

(4) 瑕疵担保責任による建物修補費用の賠償請求　　i）千葉地裁松戸支判
平成 6・8・25（判例時報 1543 号 149 頁）は、中古建物およびその敷地の売買
で、土地の不等沈下によって建物が傾斜した事例です。裁判所は、**瑕疵修補
費用相当額を「信頼利益」にあたる**とし、買主が、対沈下補修工事費、建物
補修工事費、消費税として 990 万円余の損害を被ったことを認めつつ、「公
平の見地から、当該物件の売買代金の価格を超えることは許されず、右価格
を、最高限度額とすべきである」として、建物の代金に相当する 650 万円の
限度でのみ賠償請求を認めました。その際、**建物修補費用は履行利益である
ため、瑕疵担保責任における賠償の対象たりえないという売主の主張**に対し
て、次のように述べています（なお、末尾の記号は、説明の必要上、私がつけ
たものです）。

　　「なるほど、瑕疵担保責任の賠償の範囲は、信頼利益に限られるとい
　ってよい。しかしながら、本件損害が、信頼利益に該当しないというの
　は、疑問である (a)。
　　すなわち、一般的に、信頼利益は、『当該瑕疵がないと信じたことに
　よって被った損害』、或は『当該瑕疵を知ったならば被ることがなかっ
　た損害』と、履行利益は、『当該瑕疵がなかったとしたら得られたであ

ろう利益』と定義される。(b)

　右の区別は、抽象的には、一見明白である。そして、具体的な適用に当たっても、**買主が、契約の目的を達しないとして、当該契約を解除した場合には**、信頼利益の範囲を、買主が、当該契約締結のために費やした費用（調査費用、登記費用、公正証書の手数料、印紙代）、受入れ態勢を準備したことによる費用（建築設計費、材料購入費）、請負人等に支払った違約金、瑕疵担保責任を訴求した費用等の損害に限定し、**いわゆる転売利益等の得べかりし利益を排除するものであるとして、右の区別は、比較的明瞭である。**(c)

　しかしながら、本件のように、**契約を解除しないまま、買主が、いわば瑕疵の修補に代わる損害の賠償を求めるような場合に**、右修補費用相当の損害が、信頼利益又は履行利益の、どちらに該当するかを判断することは、一転して、著しく困難になり、果たして、その区別の意味があるのか否かさえ疑問になる程である。けだし、**瑕疵修補費用は、『当該瑕疵がなかったとしたら得られたであろう利益』に該当するだけではなく、まさに、『当該瑕疵を知ったならば被ることがなかった損害』にも該当すると思われるからである**（……）。(d)

　もし、瑕疵修補費用相当額は、信頼利益に該当しないというのであれば、右のような場合における信頼利益とは、一体、どのようなものをいうのであろうか？想定することが困難である。そうだとすれば、**結局、瑕疵担保責任の賠償の範囲は、信頼利益に限られるといっても、それは、転売利益等の得べかりし利益を排除すれば足りるのであって、瑕疵修補費用相当額の賠償責任まで、これを履行利益だとして全面的に否定する必要はないものというべきである。**(e)」

ⅱ) 本判決は、(a) に示すように、瑕疵担保責任の賠償は信頼利益に限られるという前提をとるのですが、そうすると、実際の問題の解決について不合理が生ずると指摘します。信頼利益・履行利益の定義は、柚木博士のものを使い (b)、信頼利益の典型例としては、解除によって契約の存在を否定した場合に「無駄になった費用」（上記 (3) ⅰ) 参照）を挙げています (c)。ところが、**契約を維持して目的物を修補した場合、その費用は、信頼利益・履**

行利益のいずれの定義にも当てはまるように見えることを指摘します（d）
（上記（3）iii）参照）。

そして、仮に瑕疵修補費用相当額が信頼利益（＝賠償の対象）に入らない
とすると、信頼利益の典型である「無駄になった費用」（c）は契約が解除さ
れた場合の損害であって契約を維持した本件には当てはまらないため、賠償
の対象が存在しない（d）、**しかし現に発生している瑕疵修補費用相当額を無
視してはならないのではないか。本判決の指摘は、瑕疵担保責任の賠償は信
頼利益に限られるという命題が、賠償範囲を定める基準として機能していな
いことを示すものということができます。**

瑕疵を修補するための費用は、「当該瑕疵がなかったとしたら得られたで
あろう利益〔状態〕」を実現することを目的とするものですから、**この定義
からすれば履行利益といってよいと考えます。**

**iii）それでは、瑕疵担保責任の賠償は履行利益をも含むという一般命題が
成り立つか。本判決は、それを否定する意味は、「転売利益等の得べかりし
利益を排除」する点にあるとしています（e）。**この点につき、設例で考えて
みましょう。

〔設例〕BはAから、精密機械甲を、1台20万円で100台買い、引渡
しを受けた。Bはこの精密機械甲を、1台25万円で転売する計画であ
った（しかし、これから売り出すつもりであり、転売先はまだ決まっていな
い）。ところが精密機械甲には、設計の不備に基づく隠れた瑕疵があっ
たため、Bは1台も売ることができなかった（Aは甲を第三者から買い受
けたものであり、この瑕疵を知らなかった）。Bは、瑕疵がなければ1台に
つき5万円の利益が得られたはずであると言って、Aに対して5万円
×100台＝500万円の損害賠償を請求することができるか。

瑕疵担保責任は債務不履行責任である（その特則として無過失で賠償責任を
負うものである）から、賠償範囲は履行利益に及ぶと考えた場合、〔設例〕で
**当然に500万円の賠償責任が認められるのでしょうか。仮に瑕疵がなかった
としても、1台5万円の利益をのせて100台が確実に完売できたかどうか、
わからないかもしれません。問題は、瑕疵担保責任の性質論から自動的に決
まるものではなく、事案に即して、416条を初めとする損害賠償の原則に従**

って判断することになるでしょう。したがって、**瑕疵担保責任を債務不履行責任と位置づけることから直ちに、常に転売利益の賠償が認められるという帰結に至るとはいえない**と考えます。

(5) **検討するべきは端的に損害賠償の内容である**　　この判決の問題提起を、学説の側はどのように受け止めるべきか。(3) i) で見たように、「信頼利益」は、もともと契約が無効である場合に、契約の有効を信じて費用を投じたことによって被った損害を意味していました。そのため、瑕疵担保責任を契約の一部無効による責任として理解するときには、その賠償の内容は論理的に信頼利益であるとされることになりました。その具体的内容としては、契約の効力の一部を否定するものですから、代金の全部ないし一部の返還（減額）、場合によっては無駄になった費用の賠償が考えられるにとどまり、契約内容の実現に向けられたものは、論理上これに入りえないとされました。柚木博士の再定義により、一部無効との結びつきは否定されましたが、**新しい定義のもとでは、「信頼利益」「履行利益」を明確に区別することができなくなったため、「信頼利益」の具体的内容としては、一部無効と結びついたままの理解が残された**ものと考えます。

　このような「信頼利益」の理解のもとで、上記瑕疵修補費用相当額のように、**事案に即した損害の賠償が「信頼利益」にあたらないがゆえに賠償されないのは不合理**であり、賠償の内容は、契約の効力の否定ではなく、契約の内容に即して判断する必要がある。上記判決はこのように問題を提起します。そうすると、瑕疵担保責任は有効な契約に基づく債務不履行の責任であるとするのが適切であるように考えられます。しかし他方で、**債務不履行責任と考えることにより、期待した転売利益相当額の賠償が無条件で認められるのであれば、それもまた不合理である**、したがって瑕疵担保責任における賠償範囲は「信頼利益」に限定するべきであるというのが、上記判決の考え方であろうと推測できます。そして、この限定をするためには瑕疵担保責任を法定責任と捉えなければならないとするならば、法定責任説をとる理由があるということになりそうです。

　しかし、**瑕疵担保責任と「一部無効」とは切り離され、「信頼利益」の定義も変容した以上、賠償範囲の問題を瑕疵担保責任の性質論によって決する**

前提は消滅しています。そうすると、検討するべきなのは端的に損害賠償の内容であり、法定責任説の示す当事者間の対価的均衡の回復という観点から、損害論の問題として考えることが適切です。

(6)「対価的均衡の回復」 ⅰ）それでは、「当事者間の対価的均衡の回復」につき、(4)で見た**瑕疵修補費用相当額**を例にとって具体的に考えてみます。

　(3)で見たように、瑕疵修補費用は、「当該瑕疵がなかったとしたら得られたであろう利益〔状態〕」を実現することを目的とするものですから、**履行利益**にあたります。**債務不履行責任説によれば、これが賠償の対象になるのは当然ですが、法定責任説によればどうでしょうか。法定責任説は**、目的物に原始的な瑕疵がある場合、債務不履行ということはできないが、そのままでは売買の有償性、**売主・買主間の対価的均衡**を崩すことになるため、これを補正する法定の責任を認めるというものでした。そうすると、次の設例ではどう考えるべきでしょうか。

　　〔設例〕AはBに建物甲を3000万円で売り、引渡しを済ませた。ところが建物甲には隠れた瑕疵があったため、Bは300万円を支出して修理を行った。この修理費用は相場から見て適切な額であった。

　ⅱ）法定責任説の立場から、対価的均衡という基準に従って判断すると、ひとつには、「**代金減額**」という方法があり、これは「瑕疵を知っていれば被らなかった損害」すなわち信頼利益の賠償にあたるとされています。**瑕疵を知っていれば、瑕疵なきものとしての価格では買わなかったであろう**という構成です。そうすると、**賠償範囲は、瑕疵なきものとしての価格と、瑕疵あるがゆえの時価との差額と考えることができます。**それでは、瑕疵あるがゆえの時価はどのように決められるのでしょうか。仮に、Cが建物甲に瑕疵があることを知りつつこれを買おうとするとき、Cとしては、**瑕疵なき状態にするには修理をしなければならないから、修補費用相当額を差し引いた額が甲の時価であると評価する**のではないかと考えます。そうすると、上記「差額」と修補費用相当額とは、理論上一致します。

　ⅲ）**対価的均衡**は、本来瑕疵なきものとして定めた対価を、瑕疵ある現状に合わせる方法（代金減額）によって回復することも可能ですが、**瑕疵ある**

目的物の価値を、対価に相応しい状態にまで引き上げる方法（修補費用の賠償）によって回復することも可能です。他方、債務不履行説をとり、瑕疵なきものを給付する義務を認めた場合にも、**その義務が履行された利益状態を実現するためには、同じく修補費用相当額が必要**であり、これが賠償の内容となります。そして、債務者が履行するべきものとして引き受けているのは、瑕疵なき目的物を債権者に得させるところまでであり、**その目的物を利用して収益をあげさせるところまでを債務として引き受けているのではない**のですから、帰責事由を要しない瑕疵担保責任の賠償としては、債務不履行責任説による場合にも同じことになるのではないかと考えます。

＊〔設例〕の場合、たまたまＢに売却した後に瑕疵が見つかりましたが、仮に売却しないままＡのもとで瑕疵が発見されていれば、Ａ自身が修理をする必要があったということができます。そうすると、修理費用相当額の負担が、建物甲に内在していたものということができます。なお、修補費用相当額が対価的均衡の考え方によって賠償可能であるならば、（4）で見た判決が修理費用の全額を認めず、公平の見地から売買代金額の限度にとどめたことはどう考えるべきでしょうか。おそらく、修補のために非常に多額の費用がかかるのであれば、売主としては、代金返還以上に追加的な出費を強いられるよりも買主が解除してくれた方がよいと考えるかもしれません。解除することなく、あえて多額の費用を投じて修補を選んだのは買主自らの判断によるものであるという評価でしょうか。

6. まとめ

　ⅰ）本章の問題は、瑕疵担保責任における法定責任説と債務不履行責任説の対立は、何を意味しているかということでした。2（1）で見たように、理論的な争点は、特定物の場合に瑕疵なき物の給付義務を観念することができるかどうかという問題ですが、これはまず「**給付」とは何か、給付によって実現されるべき「結果」の要素を本質と見るか、結果を実現するための「行為」を本質と見るか**という問題だということでした（2（3）参照）。瑕疵の存在が原始的一部不能、したがって契約の一部無効を意味するため、瑕疵なき物の給付義務は成立しえないという議論に対しては、契約の一部無効が生ず

る余地はなく、「瑕疵なき特定物の給付は不能である」とは、契約の履行局面での論理的な不能にすぎないことが明らかにされ（3参照）、さらに、歴史的に、売主には権利移転に必要な行為をする義務を負うのみであった段階から「権利供与義務」すなわち権利移転の結果を実現することが「履行義務」とされる段階へと移行したことが示される（4参照）ことにより、「給付」を**結果の面で捉えること、したがって契約によって合意された性質の存在を「結果」と見て、「その性質を備えた＝瑕疵なき特定物の給付義務」を観念することが可能**であることが明らかになりました。

ⅱ）そうすると、法定責任説はどのような意味を有していたでしょうか。北川博士は「瑕疵担保を債務不履行責任とする最近の説は、少なくとも私見によれば、それによってわが民法の本来の規範構造により適合した構成に立ち戻ったわけであるが、その場合、**通説の法定責任説は、瑕疵担保をめぐる問題の精密化に大いに貢献してきたのである**」と述べています（北川善太郎『日本法学の歴史と理論』（日本評論社・1968年）388頁）。法定責任説と対決し、これを克服する過程で、債務不履行責任説自身の構造も明確になっていったということができます。したがって、3（3）で見た柚木博士・北川博士の議論のように、論争を通じて概念・体系の把握がより明確になってゆく——場合によっては、説の内容も変わってゆく——過程が大切ですから、単**に法定責任説と債務不履行責任説の帰結を表にして比べるだけでなく、両説の根拠と議論の経過から学ぶことが重要**だと考えます。今般の民法改正により、特別の責任であった瑕疵担保責任は債務不履行責任に吸収され、性質に関する学説の対立はなくなります。しかし改正後にも、これまでであれば瑕疵担保責任の規定によって対応してきた問題は発生するのですから、**どのような問題を克服してきたかを理解しておくことは、新法の下で具体的な問題を考えるためにも有益**です。

＊瑕疵担保責任を債務不履行責任に吸収することにより、5（4）の設例で見たような「転売利益」の賠償が当然に認められることになるのか、売主も過失なく瑕疵を知らなかった場合には、それは認められないのか。これまでは、その賠償を否定する際には、瑕疵担保責任は法定責任だからという理由を挙げることも可能でしたが、新法のもとで、やはり賠償を認めることができない

というのであれば、より事態に即した検討が必要になります。そのときには、体系的にどの部分で検討するかは別として、旧法のもとで行った実質的な検討を想起することが有益になると考えます。

X　事実を見ながら考える
──損害の把握と賠償額の算定──

1.　損害の分類と損害の認識

(1)「履行利益賠償」と賠償の具体的内容　　Ⅸ5（4）で紹介した千葉地裁
松戸支判平成6・8・25（判例時報1543号149頁）は、瑕疵担保責任の賠償範
囲が信頼利益に限られるという前提をとった場合、現に発生している瑕疵修
補費用相当額の賠償が否定されるのはおかしい、この損害が信頼利益に該当
しないというのは疑問であると述べていました。この疑問に対する一つの答
えとして、そもそも瑕疵担保責任の賠償範囲が信頼利益に限られるという前
提がおかしい、**瑕疵担保責任は債務不履行責任としての性質を有するから、
履行利益の賠償を認めることができる**というものが考えられます。

　ただ、実際に賠償されるべき損害の具体的な内容を考える作業は、履行利
益の賠償が認められるとするだけでは終わりません。**債務不履行から相当因
果関係のある損害としてどのようなものが考えられるかということと、当該
事案において、事実としてどのような損害が発生しているかということと
が、必ずしも一致しない場合がある**からです。内田貴教授の挙げるアメリカ
法の例を見てみましょう。

(2)　アメリカ契約法：「期待利益」の内容確定の困難　　内田教授は、アメ
リカの契約法に関して、フラーという学者の見解を紹介しています。すなわ
ち「フラーは損害賠償の範囲を確定する指針となる契約利益を不当利得、信
頼利益、期待利益の三つに分類した。……期待利益とは、約束に対する信頼
や利得の発生とは関係なく、約束によって作り出された期待の価値のことで
あり、これの保護は、**契約が履行されたのと同じ地位に原告を置く**ことを意
味する。**信頼利益**とは、原告が被告の約束を信頼して生じさせた自らの状態
の変更のことで、これの保護は、**契約締結前の状態に原告を戻す**ことを意味
する。そして、不当利得とは、原告が被告の約束を信頼して被告に与えた利

得のことである」と、それぞれの定義を示した上で（内田貴『契約の再生』（有斐閣・1990年）121頁）、フラーはこれを示すことにより、「伝統的には本来の契約責任が期待利益の賠償という形で生ずるか責任が全く否定されるかの二者択一となるはずの局面において、実は信頼利益の賠償という中間的救済が与えられることが多いことを示そうとしたのである」（内田・前掲123〜124頁）として、次のように述べています。

「たとえば、不動産の売買において権原を移転できなかった場合の賠償を、期待利益を否定して信頼利益に限定した先例がある（…）。ここで**期待利益の賠償が認められない理由は、①土地の市場価格の不確実さのゆえに、失われた利益の算定が困難であること、②土地の権原はもともと不確実で、通常のルールを課することは売主に酷であること**（これはアメリカ特有の事情とも言える）であるとされるが、ともかく、これらの、あるいは他の事情により、期待利益の賠償では多すぎると感じられる場合に、中間的な救済として信頼利益の賠償がなされるのだと言う。」（内田・前掲124頁）

(3)「期待利益」と無駄になった出費　　ⅰ）内田教授が紹介したのはアメリカ法の学説ですが、日本法に引き直して考えてみましょう。「期待利益の賠償という形で生ずるか責任が全く否定されるかの二者択一」という事態は、次の設例のような場合に考えることができます。

　　〔設例〕Ａは、建物を建設してホテルを営業するためにＢから土地甲を買う契約を締結した。Ａはホテルの営業により、年間1億円の収益を得る計画を立て、建物の設計や営業準備のために5000万円の費用を投じた。ところがＢは土地甲をＣに売却して所有権移転登記を済ませてしまった。

これは、Ｂの帰責事由による履行不能ですから、Ｂは債務不履行責任を負います。**債務不履行による損害賠償は、履行利益、すなわち履行がされたならば債権者が現在あったであろう利益状態を実現することをその内容とします**（上記の「期待利益」にあたります）。そうすると、ホテル経営による収益の額（年間1億円）を基準として賠償額を算定することになるはずですが、**訴訟において、損害額は賠償を請求する側が証明しなければなりません**。景気の動向や、開業後のホテルの評判がどうなるかによって収益は大きく変わ

206

るでしょうから、確実に年間1億円の収益をあげることができたことを証明するのは簡単ではないでしょう。もしも証拠によって説得力のある証明ができなければ、賠償請求の要件である「損害」の証明がないということで、賠償請求は棄却されるかもしれません。

ⅱ）他方、建物の設計や営業準備のために、Aは現実に5000万円の出費をしており、これは証拠によって証明することができます。これは、Bから土地甲を買うことがなければ出費しなかった金銭ですから、上記の「信頼利益」にあたるということができます。しかし仮に、債務不履行による損害賠償は、履行があったならばAがあったはずの利益状態の実現を目的とするものであるから、その内容は「履行利益」（期待利益）でなければならず、Aを「契約締結前の状態に戻す」ことを内容とする「信頼利益」の賠償を認めることは、契約の効力の経済的実現に向けられた債務不履行による賠償責任とは本質的に調和しない、したがってこれを賠償の内容とすることはできないと考えたとします。このように、損害の分類だけを見て論理を追うとすると、収益額の証明ができれば期待した利益の賠償を得ることができるが、証明に失敗すると、その賠償を認められないばかりか、無駄になった出費相当額の賠償も認められない（「責任が全く否定される」）ということになりそうです。

ⅲ）けれども、「履行利益」「信頼利益」という分類を離れて考えると、この5000万円の出費も、債務不履行と因果関係にある損害であるということができます。Bが債務を履行し、Aが土地甲の所有権を取得して計画通りにホテルを開業したならば、5000万円の出費は、そのための「生きた出費」になりますから、出費ではありますが「損害」ではありません。経済的にも、いったん支出した上でホテルの売り上げから回収する経費ですから、履行によって得られる利益の一部分をなすということができ、「履行利益」の構成部分ということも可能です。これに対して、Bが債務を履行せず、Aの計画が頓挫した場合には、同じ5000万円の出費は「無駄になった費用」として「損害」と評価されることになります。このように、債務不履行によって、本来は意味のある出費が無駄になったのですから、これは債務不履行から因果関係をもって生じた損害として賠償の対象となり、かつ証拠によって

証明することも可能だということになります。

(4) 現実に損害が発生していること　　問題は、第一に、**債権者が現実に損害を被っているという事実があるかどうか**、第二に、**その損害が債務不履行によって生じたものか**を判断することです。(3) で見た「無駄になった費用」は、IX 5 (3) i）で見たように、契約締結上の過失において「信頼利益」として賠償の対象となる損害項目の典型ですが、そのことから、「無駄になった費用」は常に「信頼利益」であり、「履行利益」賠償を効果とする債務不履行責任では賠償の対象になりえないという帰結に至るものではありません。同様に、冒頭で触れた千葉地裁松戸支部の判決が述べたように、**現に発生している瑕疵修補相当額の賠償が、もっぱら瑕疵担保責任の性質把握を理由として否定されるのはおかしい**というべきでしょう。

　そこで、損害の分類を先行させることなく、「**債務不履行によって生じた（債務不履行と相当因果関係のある）損害が賠償されるべきである**」という定式を立てて考えてみます。この定式によると、債務不履行によって「債務が履行されれば実現されたはずの債権者の利益状態」が実現しなかったのであるから、この利益状態の金銭による実現が賠償の内容である、それでは**具体的にこのケースにおいて、債務が履行されていればどのような利益状態が実現していたであろうか**という手順で考えることができるのですが、それだけでよいか。実際の裁判例を使って考えてみます。

2. 現実にどのような損害が生じているか ——瑕疵ある船舶の修理代金の例

(1) 事実関係と裁判所の判断　　i）最判昭和 58・1・20（判例時報 1076 号 56 頁）は次のような事件です。造船業者 X は、注文者である曳船業者 Y に対し、Y が本件船舶の造船代金の一部の支払いのために振り出した約束手形金 750 万円の支払いを請求しました。これに対して Y は、**X の設計・施工の不備により、本件船舶に、運航中に著しい騒音・振動が生ずる瑕疵が存した、したがって X に対する損害賠償請求権を有する**と主張して、上記手形金債務と対当額で相殺するとともに、相殺後の損害賠償残金等として

2653万円余を反訴により請求しました。

瑕疵の内容は、スクリューの上端と船尾との間が狭いため、全速で急旋回すると許容限度を超える振動が発生するということで、そのためYの作業効率が低下するという事態が生じたこと、そしてこの振動原因を解消するためには、本船船体を機関室中央部分で横切断し、後部船体を新造して溶接結合する方法が最も容易かつ確実であり、その改造には2440万円余の費用と約70日間の工期を要することが認定されています。

本件船舶の代金は、請負代金と主発動機の購入代金を合わせて8050万円でしたが、Yは、本件船舶の引渡しを受けた昭和37年8月10日から7年8か月余を経た昭和45年4月に、**性能は現有のままとの約定のもとに代金6000万円で曳船業者Aに転売しました。**

ⅱ）原判決（大阪高判昭和53・10・26判例時報920号133頁）は、Yは本船を転売するまでの間「その従事すべき作業をやり繰りすることによって、回頭が鈍く作業効率は下まわりつつも、これをその所有する**他船とほぼ同程度に稼働させて同程度の収益をあげてきたこと**」その他の事実を認定し、本件においては「その改造工事により得られる利益はそれに要する費用や工事中運航できないことによる不利益と比較して著しく下まわるものと予想され、さらにYは、**本船をすでに他に売渡しておりもはや自らの負担で改造工事をなすことは考えられず、したがってY主張の右改造工事に要する費用やその工期中の滞船料は、Yに現実に生じた不利益ではなく、いわば幻の出費および収入減というべく、なお右売渡における売買代金も右瑕疵の故に格別に低廉になったともいえないから、これらを考え合わせると右工事費や滞船料をもって右瑕疵の修補に代る損害とみなすことは到底困難である**」と判断しました。

その上で原判決は、Yが本件瑕疵によって不便を被ってきたことからすれば「その運航、稼働による収益が、Yの努力もあって結果的には他船と比較して劣ることがなく、またその処分価格が右瑕疵の故に低廉となったとはいえないからといって、**本件瑕疵の修補に代る損害を否定すべきではなく、むしろ右のような不利益を財産的に評価してその損害性を肯定するのを相当と解すべきである**」と述べ、認定諸事情と弁論の全趣旨を総合し、本件

X 事実を見ながら考える　209

請負代金の約1割、建造費用総額の約0.5割である400万円と評価するのが相当であるとして、これを損害額として認めました。

ⅲ）Yの上告に対して最高裁は、「原審の適法に確定した事実関係によれば、**本件曳船の原判示瑕疵は比較的軽微であるのに対して、右瑕疵の修補には著しく過分の費用を有するものということができるから、民法634条1項但書の法意に照らし、Yは本件曳船の右瑕疵の修補に代えて所論改造工事及び滞船料に相当する金員を損害賠償として請求することはできない**」として、これを棄却しました。

(2) 原判決と最高裁判決：本当に改造工事をしたときは？　　ⅰ）ここで問題となっている634条［なお、この度の改正により削除されました］は、仕事の目的物に瑕疵がある場合に、1項本文で注文者の修補請求権を認め、ただし書で「瑕疵が重要でない場合において、その修補に過分の費用を要するときは、この限りでない」と規定しています。そして2項前段では「注文者は、瑕疵の修補に代えて、又はその修補とともに、損害賠償の請求をすることができる」と規定されています。

本件では、2項の「瑕疵の修補に代えて」する損害賠償の内容が問題になっています。**もともと請負契約による債務は、契約で定めた内容の仕事、すなわち瑕疵のない完全な状態の仕事を実現することを内容としています。**したがって、一般的には、引き渡された仕事に瑕疵があれば、修補によって完全な状態を実現するか、履行利益として、完全状態を実現することのできる賠償額を支払うべきであるということができます。そして、**後部船体を造り直すことによって完全な状態を実現することができるのならば、その改造工事費用が損害額である**ということになりそうです。

論理的にはその通りなのですが、本件の場合には、**Yはすでに本件船舶を売却していますから、Yが改造工事費用相当額の賠償を受けたとしても、**それを使って本件船舶の完全な状態を実現することはありえません。したがって本件では、原判決が「幻の出費」と表現するように、**Yが改造工事費用相当額の損害を現実に被っているということはできません。もしも売却の際に、瑕疵があるために処分価格が低くなったという事情があれば、瑕疵がなかったと仮定した場合の処分価格との差額が「現実に被った損害」の額だ**

210

ということができそうですが、調べたところ、本件ではそのような事情も認められない。しかし、**本件船舶を稼動させるにあたってＹが不便を被っていた事実が認められる。**そのため、その不利益をＹが現実に被った損害であるとし、諸事情を総合的に考慮して損害額を決めたものです。このように、債務が履行されていれば実現されたはずの利益状態はどのようなものかということと、当該事案において現実にどのような損害が発生しているかということとは同じではなく、賠償されるべき損害の内容を具体的に明らかにするためには、当該事案の事実を確かめながら考える必要があります。

ⅱ）それでは、この事案において、**仮にＹが費用を支出して第三者に改造工事をさせたとすると、その費用の賠償をＸに請求できるでしょうか。**現実に改造工事費用を支出したのであれば、それは債務が履行されていればあったはずの利益状態を実現するために、Ｙが現実に被った損害であるということができます。しかし最高裁は、「本件曳船の原判示瑕疵は比較的軽微であるのに対して、右瑕疵の修補には著しく過分の費用を有するもの」であるため、**「634 条 1 項但書の法意に照らし」改造工事費用の賠償を請求することはできないと判示していますから、**実際に改造工事をしたとしても、その費用の賠償請求は認められないことになります。ただし、これは**損害が現実に生じたか否かという問題とは別の観点からの判断**です。

＊634 条 1 項ただし書は、修補請求を制限する規定ですが、本件では修補請求ではなく損害賠償請求が問題となっています。しかし、軽微な瑕疵について請負人に過度の負担をかけるべきではないという趣旨は、損害賠償が問題となる場合も同じであるため、直接の適用はないが、その「法意に照らし」て同様の扱いをしたものです。

3. 損害項目の問題と賠償額算定の基準時問題

(1) **損害賠償額算定の作業：①事実的因果関係・②損害賠償の範囲・③金銭的評価**　2 で見た昭和 58 年判決の事案では、現実に生じた損害を①改造工事費として捉える可能性、②客観的取引価格の差として捉える可能性、③使用上の不利益として捉える可能性が考えられましたが、原判決では③の捉

え方をした上で、諸事情を総合してその金銭的評価をしたものです。「**改造工事費**」「**客観的取引価格の差**」「**使用上の不利益**」のように、被った不利益を、金銭評価が可能な程度に具体的に捉えるとき、その具体的な形態を「**損害項目**」と呼びます。損害額の算定のためには、まずこの損害項目を見定めることが必要であり、2で検討したのは、当該事案において債権者が現実に被った損害を的確に把握するためには、どのような損害項目を立てるべきかという問題でした。

　損害賠償の範囲を定めるにあたり、債務不履行と「相当因果関係」にある損害が賠償されるべきであるといっても、それだけではなお抽象的で、作業の手順がはっきりしません。そこで、**損害賠償額算定の作業をモデル化する**と、第一に、**当該事案の債務不履行と、このようにして見定めた損害項目との間に「事実的因果関係」があるかどうかを判断**し、第二に、**事実的因果関係のある損害項目について、それが賠償されるべきかどうかを判断する**（「**損害賠償の範囲**」）、その上で第三に、**賠償されるべき損害項目を「金銭的に評価」する**という手順をとります。第三の金銭評価の段階では「**賠償額算定の基準時**」が問題とされますが、実際の事案では損害項目の問題と賠償額算定の基準時の問題とが交錯しうることが指摘されています（奥田昌道『債権総論〔増補版〕』（悠々社・1992年）184頁以下参照）。上記のモデルは損害賠償額算定のための分析方法として有効ですが、これを固定化し、判例の示す定式をマニュアルのようにして機械的に使うことのないように気をつける必要があります。この点につき、例を挙げてみます。

(2)「賠償額算定の基準時」：騰貴した現在の価格　　大連判大正15・5・22（民集5巻386頁）の「**富喜丸事件**」**判決**において、物の滅失毀損をもたらした不法行為の場合、現実の損害は物の滅失毀損した当時の価格によって定めるべきであるが、騰貴した価格を基準とする賠償の可否については、被害者がその騰貴した価格に相当する利益を確実に取得したと見るべき特別の事情があり、かつ不法行為時にその予見可能性があったことが必要であるとされて以来、判例は、履行不能による債務不履行の事例についても上記の定式を用いてきました。すなわち、**不能となった給付の目的物の価格をもって損害とし、その算定の基準時を原則として履行不能の時点とするという定式**で

す。

　これに対し、最判昭和37・11．16（民集16巻11号2280頁）は、上記の定式を基礎としつつ、不動産の価格が上昇した場合の算定基準時につき、上記の定式を修正する判断を示したものと捉えることができます。事案は、XがYに、自己所有の宅地を買戻し特約付で売却し、期間内に買戻しの意思表示をしたが、Yが当該宅地をAに売却して買戻しの債務が履行不能になったため、Xが損害賠償を請求したものです。原審では、Aへの売却時の価格（77万余円）ではなく、それから1年半後の口頭弁論終結時の価格（108万余円）での損害賠償を認めました。Yが上告したのに対し、最高裁は次のように述べて上告を棄却しました。

　「債務の目的物を債務者が不法に処分し債務が履行不能となったとき債権者の請求しうる損害賠償の額は、**原則としてその処分当時の時価**であるが、目的物の価格が騰貴しつつあるという特別の事情があり、かつ債務者が、債務を履行不能とした際その特別の事情を知っていたまたは知りえた場合は、債権者は、**その騰貴した現在の時価**による損害賠償を請求しうる。けだし、**債権者は、債務者の債務不履行がなかったならば、その騰貴した価格のある目的物を現に保有し得たはず**であるから、債務者は、その債務不履行によって債権者につき生じた右価格による損害を賠償すべき義務あるものと解すべきであるからである。ただし、債権者が右価格まで騰貴しない前に右目的物を他に処分したであろうと予想された場合はこの限りでな」い。

　そして、Ⅵ4で紹介した最判昭和47・4・20（民集26巻3号520頁）――売主がした解除が無効であったために二重譲渡になってしまった事例です――も、上記昭和37年判決を引用し、「この理は、本件のごとく、買主がその目的物を他に転売して利益を得るためではなくこれを自己の使用に供する目的でなした不動産の売買契約」の場合にも妥当する。「けだし、このような場合であっても、**右不動産の買主は、右のような債務不履行がなければ、騰貴した価格のあるその不動産を現に保有しえたはず**であるから、右履行不能の結果右買主の受ける損害額は、その不動産の**騰貴した現在の価格**を基準として算定するのが相当であるからである」と述べて、履行不能時の価格を基準とした原判決を破棄しました。

X 事実を見ながら考える　　213

(3)「その不動産の現在の価格」：算定基準時だけでよいか？　　履行不能時の価格で算定された賠償を得たとしても、その後、現在までに不動産の価格が上昇しているならば、賠償金によって代わりの不動産を入手することは困難でしょうから、騰貴後の現在の価格を基準とすることは適切だと考えます。そして両判決の「債務不履行がなければ騰貴した価格のある目的物を現に保有しえたはずである」という説明も、一応納得できるものです（もっとも、昭和37年判決では、もともとXの所有であった不動産であるのに対し、昭和47年判決では、賃借して居住していたものとはいえ、売買によって新たに不動産の所有権を取得した事例ですから、微妙な違いがあるともいえそうですが）。

　それでは、次のような場合にはどう考えるべきでしょうか。

　　　〔設例〕Aは甲町に居住するため、Bから土地乙を3000万円で購入する契約を締結した。ところがBは土地乙をCに売却し、移転登記をしたため、Aに対する履行は不能となった。そこでAは、甲町内にある**同規模の土地丙をDから3500万円で購入し、建物を建てて居住している。他方、土地乙はその後、4000万円に高騰した。**

　上記の両判決の説明をそのままあてはめると、Bが債務を履行していればAは土地乙を保有していたでしょうから、**土地乙の現在の価格である4000万円が賠償額の基準となりそうです。しかしAの目的は甲町に居住することにあり、その目的は土地丙を購入したことで充たされています。**そうすると、3000万円の予算で甲町の土地を買おうと思ったところ、Bの債務不履行により3500万円かかってしまったという点で、**差額の500万円がAに現実に生じた不利益であるというべきもの**と考えます（もっとも、それが実際に賠償されるべきかどうかは、さらに別の要素をも考慮して判断することになるでしょうが）。

　すなわち、上記の2判決は賠償額算定の基準時について判断したものですが、目的物の価格が変動した場合、賠償額算定の基準時の問題以前に、**まず債権者の被った現実の損害は何か、それをどのような損害項目によって把握するべきかを、具体的な事実を観察して判断することが必要です。**

4. 賠償額算定の基準時の問題
——事実の全体から損害の発生態様を確かめること

(1) 処分・填補購入：当該事案の個別事情　　3 では、不動産の所有権移転義務の履行が不能となった場合を検討しました。不動産については、転売は簡単ではなく、また目的物を取得できなかった場合に、すぐに代わりの物を購入するということも一般的ではないでしょう（〔設例〕では無理にそのような例を作ってみましたが）。したがって、不動産の場合には、履行されていれば現在保有しえたはずの価格を基本として、昭和 37 年判決がいうように、それ以前に目的物を他に処分していたと予想される場合にはその処分予定の価格、〔設例〕に示したように代わりの不動産を購入した場合にはその填補購入価格が基準となるものと考えます。その場合には、**賠償額算定の基準時の問題よりも、処分や填補購入という別の要素を考慮した損害項目の把握の問題として考えることになります。**

　これに対して、動産取引、とりわけ**商品の売買においては、転売や填補購入がその時点の相場価格によってされることが一般であり、したがって賠償額を評価するにあたっても、どの時点の相場価格で評価するかという、算定基準時の問題として表れることが多くなると考えます。**もっとも、算定基準時を考えるについても、なぜその時点で評価するのが適切なのか、また事案による個別的な事情をどの程度考慮するべきかという点は確かめる必要があります。(2) で考えてみましょう。

(2) 履行期・解除・填補購入　　A と B との間で、A が商品甲（種類物）を B に売る契約が締結されたとします。その後、A の債務の履行期が到来したにもかかわらず、A が履行しないので、B がこの売買契約を解除し、その後に C から甲を填補購入した場合において、甲の価格が次の通りであったとします。

　　a) AB 間の契約で定められた代金：100 万円

　　b) 履行期における商品甲の時価：130 万円

　　c) 解除時における商品甲の時価：150 万円

　　d) C から填補購入した価格（填補購入時の時価）：170 万円

Ｘ　事実を見ながら考える　215

　Ａが商品甲を引き渡さなかったことにより、Ｂはどれだけの損害を被った
ということができるでしょうか。遅延損害は別として、填補賠償について考
えてみます。

　（ⅰ）**まず、Ｂが実際にＣから填補購入をしたときは、填補購入に要した
費用相当額が損害額となると考えます。**これは、**算定の基準時の問題ではな
く、損害項目の問題**ですが、実際に出費をしている以上、現実に被った損害
であるということができます。ただ、実際に出費した場合であっても、その
金額が填補購入時の市場価格よりも高額であるとき、あるいはもっと早く、
より低額で填補購入することができたという事情があるときには、填補購入
時の市場価格あるいはより低額で購入できた時点の市場価格に制限されるべ
きであると考えます（一種の「損害抑止義務」）。

　（ⅱ）**次に、Ｂが実際に解除した場合において、その後に填補購入したか
どうかが明らかでないとき、あるいは填補購入の時期が解除時点よりも著し
く遅れるときには、解除時における時価が損害額になると考えます。**Ｂは解
除することによって、Ａとの売買契約の拘束を脱して他からの填補購入を
することが可能となりますから、解除時点の市場価格相当額の賠償を受ける
ことができれば、それによって填補購入をし、給付を受けなかったことによ
る損害を回復することができます。

　しかし、**履行期から長い期間が経過してはじめて解除し、もっと早く解除
していれば商品甲はより安く手に入れることができたという場合**が考えられ
ます。この場合、履行期になってもＡが履行しないためＢがＡに督促をし
たが、Ａが「もう少し待ってくれ」と言うので解除に踏み切れなかったと
いうときと、商品甲の市場価格の高騰のため、Ａが売買契約の効力を否定
するなどして履行する意思がないことを明確にしたときとでは、算定の基準
時点が異なることになるでしょう。それぞれの事情のもとで、いつの時点で
解除するのが合理的であったかが問題になるものと考えます。

　なお、最判昭和 28．12．18（民集 7 巻 12 号 1446 頁）は、**売買目的物であ
る下駄材が高騰し、売主が履行期に履行しなかった事例**です。売主は、買主
の主張する損害は、悪性インフレによる物価高騰という特別事情に起因し、
予見可能性はなかったため責任はない、責任があるとしても賠償額の算定は

履行期を基準とするべきであると主張しましたが、最高裁はこれを通常損害であるとした上で、解除時に目的物の給付請求権が消滅して履行に代わる損害賠償請求権が生ずるものであるがゆえに、「履行に代る損害賠償の額は、解除当時における目的物の時価を標準として定むべきで、履行期における時価を標準とすべきではない」と述べました。この理由づけはかなり形式的ですが、それだけでなく、本件の解除の意思表示は債務不履行の9ヶ月後にされ、売買代金2万5000円に対して、解除時の時価が8万円にまで上昇していたものです（昭和21〜22年のインフレが急激に進んだ時期です）。**買主としても、何もしないで上昇する賠償金を取得するだけでよいのかという疑問があり、解除の時点が基準となるにしても、事案に即した評価は必要であろう**と考えます。

　（iii）**また、履行期を基準とした判例**もあります。最判昭和36・4.28（民集15巻4号1105頁）は、YがXに乾うどんを売る契約をした後、乾うどんの価格が急騰し、売主Yは約定の量の一部しか給付しなかったため、買主Xは契約を解除した上、売買代金と約定履行期における市価との差額による損害賠償を請求しました。これに対してYは、Xが目的物を得意先に転売する契約を締結しており、損害はYからの買付価格と得意先への転売価格との差額によって算定するべきであると主張しました。Xの請求は認容され、Yが上告しました。

　最高裁は「原審が**本件売買価格と履行期における……市価との差額**をもって、Yの債務不履行によってXの通常蒙るべき損害と判断したことは正当」であるとした上で、「YはXが本件買受品を第三者に転売［する］契約をしていたことを主張するけれども、Yは原審においてその**転売代金の額について立証するところがない**のであるから、右転売の事実にもとづく損害額の算定に関する所論も採用することはできない」と述べました。

　目的物の時価による算定基準時の問題として考えるならば、履行期または解除時を基準とすることが考えられますが、解除時という主張はX・Yともしていないようです。また、既に転売の契約がされていたことから、転売代金の額が立証されていれば別の判断がされていたようにも考えられます。しかしその場合も、転売のために他から填補購入をしたならばその填補購入

額が、転売先に違約金を支払っていれば（特別損害であるとしても）その額が
考慮されるでしょうから、単に転売によって得られたはずの利益の額が明ら
かになっただけでは、損害賠償額が確定するとは限りません。

　このように見ると、商品売買の場合、賠償額算定基準時の問題としては、
**履行期の時価は算定基準時の原則となる、ただ原則というのは、解除時の時
価や填補購入額、転売をめぐる諸事情などの事実に基づいて別の損害額が証
明されたならばその額によるが、そのような証明がないときには履行期の時
価を基準とする**という意味であると考えてよいのではないかと思います。解
除がされたかどうか（されたとしてもその時期が妥当か）、填補購入がされた
かどうか（されたとしてその額が妥当か）、転売をめぐってどのような事情が
あったかという点は事案ごとに違いがありますが、本来の履行期に履行され
なかったという点は共通だからです。そして**債権者（買主）は、履行期まで
は債務者による履行を待ちますが、履行期が到来しても履行がない場合に
は、自ら適切と考える措置を自由にとる**ことになります。それらの措置に即
した評価をするにあたり、損害額評価の根拠が証明されない場合には、上記
措置は履行期の時点での時価を前提にして行われますから、履行期の時価を
「原則」とする理由があると考えます。

　（iv）最判昭和 36・12・8（民集 15 巻 11 号 2706 頁）は、原判決が履行期の
時価を基準にしたのに対し、その後の事実を考慮して判断するべきものとし
ました。Y 公団が売主、X 会社が買主、売買目的物は、大豆原油と大豆特
製油です。売買契約の後、X はこれを A に転売しましたが、X が目的物を
引き取ろうとしたところ、原油は品質が悪く、特製油は不存在であったた
め、X はやむなく A との契約を解除しました。その後、Y は他から原油・
特製油を入手して、X に引き渡しました。

　X・Y 間の売買契約では、原油の代金は 1205 万円、特製油の代金は 238
万円であり、履行期には、原油の市価は 1485 万円、特製油の市価は 317 万
円でした。X の損害賠償請求につき、原審は、X が転売目的で購入したこ
と、履行期に転売できる市況であったこと、このことは Y も予見しえたこ
とを認定して、**履行期の市価と代金との差額を損害として認めました。**

　これに対して Y は上告し、本件では目的物の引渡しがされており、X は

現実に引き渡された時に転売できたのであるから（その時の市価は代金より高かった）、履行期の市価と引渡し時の市価との差額を賠償の限度とするべきであると主張しました。

最高裁は「履行不能の場合あるいは履行遅滞により解除された場合のように、結局売買目的物の引渡がなされないままに終った場合と異なり、履行遅滞後に引渡がなされ、この遅滞に対する損害が問題となる場合には、この遅れてなされた給付を無視すべきものではない。遅滞中に市価が低落し、買入価格との差額すなわち転売利益が減少した場合には、履行が遅れたために減少した転売利益額が遅滞による損害額となるべきものであり、特段の事情のない限り、結局履行期と引渡時との市価の差額に帰する」と述べて、原判決を破棄、差し戻しました。

契約価格を a、履行期の市価を b、現実の引渡し時の市価を c とします。b＞c＞a という関係があるとすると、原判決が「b－a」をもって賠償額としたのに対し、最高裁は「b－c」をもって賠償額とするべきものと判断しました。すなわち、現に引渡しを受けて価値 c を取得しているのですから、**引渡しを無視して価値「b－a」を基準とするならば「c－a」の分だけ二重に賠償を受けることになる**というわけです。しかし重要なのは、額の問題以上に、最高裁が「遅滞による損害額」と言っている通り、**本件では給付のなかったことによる塡補賠償ではなく、給付が遅れたことによる遅延賠償が問題であるということです。**

（ⅴ）確かに、目的物の時価は損害額を算定するために重要なデータであり、その評価をいつの時点でするかも大切な事柄です。富貴丸事件のような**不法行為の場合は、基本的には滅失・損傷した物の価値を賠償によって回復するのですから、目的物の価格評価は賠償されるべき損害額に直結する場合が多い**と考えられます。しかし取引の場合は、目的物を購入し、使用したり転売したりすることによって利益をあげる、その際にトラブルが生じたときは、契約を解除するかどうか判断する、場合によっては塡補購入し、場合によっては取引を清算して損失を処理するというように、**債権者は必要に応じてさまざまな措置をとります。したがって、債務不履行による損害賠償額の算定においては、債権者にどのような損害が生じているかを、事実の全体を**

X　事実を見ながら考える　　219

観察して判断する必要があり、目的物の価格評価はあくまでも判断のための
データの一部ですから、評価の基準時の問題だけに集中してはならないこと
が稀ではありません。

5. 損害抑止義務と損害額の総合的評価：店舗の浸水とカラオ　ケ店の営業利益

(1) 事実関係と原判決　　事実の全体を観察して損害額を評価した例とし
て、最判平成 21・1・19（民集 63 巻 1 号 97 頁）を挙げることができます。こ
れは、債権者の「損害抑止義務」を認めた例という評価もされていますが、
どのような判断をしているか、見てみましょう。

　本件ビルを所有する Y 事業協同組合（賃貸人）と、カラオケ店等を経営す
る X 社（賃借人）とは、平成 4 年（1992 年）3 月、本件ビル（昭和 42 年
（1967 年）建築）の地下 1 階店舗部分について賃貸借契約を締結しました。
ところが平成 4 年 9 月頃から本件店舗部分で頻繁に浸水が生じ、平成 9 年
（1997 年）2 月には、床上 30〜50cm まで浸水し、それ以後、X はカラオケ店
の営業ができなくなったため、Y に対し、債務不履行を理由として、営業
利益喪失等の損害賠償を請求しました。

　原判決は、Y に修繕義務の不履行があったために X が本件店舗部分での
カラオケ店営業ができなかったとして「**本件事故の日の 1 か月後である平成
9 年 3 月 12 日から X の求める損害賠償の終期である平成 13 年 8 月 11 日ま
での 4 年 5 か月間の得べかりし営業利益 3014 万 2607 円（1 年間 702 万 8515
円）を喪失したことによる損害賠償**」を認めました。

(2) 最高裁の判断　　最高裁は、このような営業利益喪失の損害は「債務不
履行により通常生ずべき損害として民法 416 条 1 項により賃貸人にその賠償
を求めることができる」が、以下の理由により、その全額を請求することは
できないとして、原判決を破棄、差し戻しました。

　　（ⅰ）「本件においては、①平成 4 年 9 月ころから本件店舗部分に浸水
　　が頻繁に発生し、浸水の原因が判明しない場合も多かったこと、②本件
　　ビルは、本件事故時において建築から約 30 年が経過しており、本件事

故前において朽廃等による使用不能の状態にまでなっていたわけではないが、老朽化による大規模な改装とその際の設備の更新が必要とされていたこと、③Y組合は、本件事故の直後である平成9年2月18日付け書面により、Xに対し、本件ビルの老朽化等を理由に本件賃貸借契約を解除する旨の意思表示をして本件店舗部分からの退去を要求し、Xは、本件店舗部分における営業再開のめどが立たないため、本件事故から約1年7か月が経過した平成10年9月14日、営業利益の喪失等について損害の賠償を求める本件本訴を提起したこと、以上の事実が認められるというのである。」

（ⅱ）「これらの事実によれば、Y組合が本件修繕義務を履行したとしても、老朽化して大規模な改修を必要としていた本件ビルにおいて、Xが本件賃貸借契約をそのまま長期にわたって継続し得たとは必ずしも考え難い。また、本件事故から約1年7か月を経過して本件本訴が提起された時点では、本件店舗部分における営業の再開は、いつ実現できるか分からない実現可能性の乏しいものとなっていたと解される。他方、Xが本件店舗部分で行っていたカラオケ店の営業は、本件店舗部分以外の場所では行うことができないものとは考えられないし、前記事実関係によれば、Xは、平成9年5月27日に、本件事故によるカラオケセット等の損傷に対し、合計3711万6646円の保険金の支払を受けているというのであるから、これによって、Xは、再びカラオケセット等を整備するのに必要な資金の少なくとも相当部分を取得したものと解される。」

（ⅲ）「そうすると、遅くとも、本件本訴が提起された時点においては、Xがカラオケ店の営業を別の場所で再開する等の損害を回避又は減少させる措置を何ら執ることなく、本件店舗部分における営業利益相当の損害が発生するにまかせて、その損害のすべてについての賠償をYらに請求することは、条理上認められないというべきであり、民法416条1項にいう通常生ずべき損害の解釈上、本件においてXが上記措置を執ることができたと解される時期以降における上記営業利益相当の損害のすべてについてその賠償をYらに請求することはできないというべきである。」

(3)「債務不履行により通常生ずべき損害」：当該事実の全体から判断　上記の判決理由は、まず、本件ビルは使用不能の状態にまで至ってはいないが、かなり**老朽化が進み、大規模な改装、設備の更新が必要になっており、Yが X との賃貸借契約の終了を望んでいたこと**、このような状況のもとでは、Y が修繕義務を尽くしたとしても、そのまま X が賃貸借契約を継続しえたとは必ずしもいえず、**本件店舗部分での営業再開の実現可能性は乏しい**ものとなっていたこと、カラオケ店は別の場所でも営業可能であり、X はカラオケセット等の損傷に対する保険金を受け取っていたことを確認した上で、X が別の場所での営業再開等「**損害を回避又は減少させる措置を何ら執ることなく**」その損害のすべてについての賠償を請求することは条理上認められないとしたものです。

　債権者が「損害を回避又は減少させる措置」をとるべき「損害抑止義務」を一般的に負うとするならば、債権者は債務者の債務不履行を甘受しなければならないことになって不当ではないかという疑問も生じます。しかし本判決はそのような趣旨ではありません。**建物の老朽化と改装の負担の重さを考慮すると本件賃貸借の継続の期待には一定の限界があること、したがって、損害賠償によって保障される範囲、すなわち「本件契約において」債務不履行により通常生ずべき損害の範囲にも限界があること**、そして、Y に修繕義務違反があるからといって、X は、設備についての保険金を受け取る一方、費用や労力を投ずることなく、仕事をしないまま、いつまでも営業利益相当額を Y から受け取り続けることは認められないという判断を示すものです。

　賃貸人の債務不履行を出発点として論理を押してゆくと、**賃貸人は修繕義務を負っている以上、これを怠った場合には、その義務違反と因果関係のあるすべての結果について責任を負わなければならないということになりえます**。しかし賃借人も、自らの事業を自らの計画のもとで行い、さまざまなトラブルに対しては自ら危機管理をするものですから、**賃貸人の債務不履行を困難の唯一の原因として、すべての責任を賃貸人に求めることは適切ではありません**。本判決は、「損害抑止義務」の要素を含みつつも、債権者の被った現実の損害の内容を、このような事実の観察に基づいて判断したものであ

り、416 条所定の「債務不履行により通常生ずべき損害」という定式も、た
とえば「営業利益」のような抽象的な損害項目の次元で判断するのではな
く、実際の事件への適用は、事実の全体を観察・評価することを通じてはじ
めて可能になることを示すものであると考えます。

6. まとめ──事実の観察、
とりわけ事業活動への債務不履行の影響

(1) 事実全体の観察：定式だけでは賠償の内容が定まらないこと　　債務不
履行による損害賠償の範囲については、416 条 1 項が債務不履行によって通
常生ずべき損害の賠償、2 項が特別の事情の予見が可能な場合に特別事情に
よって生じた損害の賠償をするべきことを定めています。また学説において
も、相当因果関係という定式、それをさらに分析して、事実的因果関係、損
害賠償の範囲、賠償額の算定という手順を示すものが定着し、さらに、賠償
額算定の基準時に関する判例が蓄積されてきました。しかし、**その中で形成
された判断の枠組みを使う際にも、当該事案の事実の全体を見ながら考える
ことが必要です。**

　本章の 1 では、**履行利益・信頼利益という損害の分類により、事実として
現に生じている損害の賠償が認められないとすればおかしいのであり、その
ような分類とは別に、その損害の事実が債務不履行と相当因果関係にあるか
どうかを判断するべきであることを示しました。**しかし相当因果関係にある
損害として「債務が履行されたならば実現されたはずの利益状態」を実現す
るための修理費用が観念されたとしても、もはや現実に修理される可能性が
ない場合には、それを賠償されるべき損害とすることはできません。この場
合には事実を調べ、**現実にどのような損害が生じているかを判断して、賠償
されるべき損害項目を見定める必要があることを 2 で示しました。**

　3 と 4 では、**見定めた損害項目に対する金銭評価の作業について検討しま
した。**不動産の価格が騰貴した場合に現在の価格を基準とした判例は、履行
があれば現在その不動産を保有しえたことを理由としていますから、現在ま
での間に処分する予定や代わりの不動産の購入というような事情があれば、

それらの事情を考慮することになります。すなわち、目的物の価格が高騰した場合に、**損害額算定の基準時の問題とするべきかどうかは**、当該事案の事実に立ち戻って考えることが必要です。また、商品取引においては、塡補購入や転売を市価で行う機会が多いため、損害額算定をどの時期の市価で行うかという基準時問題が前面に表れますが、同時に、**債権者が実際にどのような措置をとったか、またその措置が適切であったかという点も重要ですから**、ここでも、目的物の市価に視野を限定することなく、当該事案の事実全体を見ることが必要です。

　そして5では、機械的に計算された営業利益相当額の賠償請求につき、その全額を認めることはできないとした判決を検討しました。この判決は、上記営業利益相当額を損害とした上で「損害抑止義務」によって減額するというのではなく、**建物の老朽化等により賃貸借の継続可能性が乏しくなっていること、他方で賃借人が自らの営業を継続するための措置をとっていないことを評価して、損害の範囲を決めるべきものとしました**。やはり損害の把握のために、営業利益という項目で固定的に考えるのではなく、収益の現実的な可能性の程度をも考慮して、事実の全体を検討すべきことを示唆するものであると考えます。

(2) 不法行為の損害賠償と債務不履行の損害賠償の違い　　4 (2)(v) で述べたように、**不法行為の場合と異なり、取引の場合には、契約上のトラブルに際して、状況に応じて債権者の主体的な行動がされ、また求められます**。そのため、実際に債権者にどのような不利益が生じており、損害賠償によってどのように対応するべきかという点については、**事案によってかなり異なることが考えられます**。したがって、損害賠償の判断に関してどのような枠組みを使うべきかは、債権者側の対応のあり方を含め、当該事案の事実をよく見て決めることが必要です。

　不法行為の場合は、権利ないし利益が侵害されたという事実から出発しますから、「権利（利益）侵害の事実＝損害」と捉え、（財産権侵害の場合は）侵害された物の価格を損害額評価の原則とする考え方が成立する余地があります。契約上の債務不履行の場合も、3で扱ったような、自ら保有するために不動産を取得する場合には、不法行為における「侵害された物の価格」と同

様に「得られなかった物の価格」を原則とすることは十分に可能です。しかし4・5で扱ったような、**商品の売買等の事業活動においては、債権者・債務者間の契約は、債権者の計画的な事業活動の一部をなすものであり、債務不履行はその活動を攪乱するものとして表れることになります**。とりわけ債務不履行の場合、損害の評価のためには、給付されなかったものの価値それ自体よりも、それが債権者の活動に与えた影響を把握することが必要であり、「損害」を、債務が正常に履行された場合と履行されなかった場合との「利益状態の差」として捉えなければならないのはそのためです。したがって、**この「利益状態の差」を捉えるためには、当該事案において、債務不履行が債権者の活動にどのように影響したかを、具体的に観察することが不可欠となります**。

このように、不法行為における損害賠償論と比べ、債務不履行における損害賠償論においてあらかじめ明確な定式を立てることが困難なのには理由があり、繰り返し強調しますが、常に具体的な事実に立ち戻って考えながら作業をすることが必要です。

XI まとめ
——実体に基礎づけられた概念の活用——

1. これまでの章を振り返る

(1) 条文と社会的事実との緊張関係　　I章では、法の適用と解釈に関する基本的な用語を確認しました。II章・III章では、**制定法の条文と社会の実態との矛盾が、裁判所による「反制定法的解釈」（II章）、違憲判断（III章）を介して、規定の改正に至った例**を扱いました。II章の利息制限法については、高金利が社会問題となり、行政においても改正に向けた動きが表れていたところ、貸金業界の反対運動や立法部の怠慢により、その動きが滞っていたこと、III章の非嫡出子の差別については、既に戦前から合理的な理由がないことが意識されていたにもかかわらず、旧家族制度が廃止された後も、非嫡出子に対する社会の意識が変わるまでにはかなりの時間がかかったことがわかりました。**条文と社会的事実とが強い緊張関係を持ち、法規の変革をもたらした例**ということができます。

(2) 判例からどこまで「法理」を読み取りうるか——当該事件の争点に注意
　ⅰ）個々の裁判においては、具体的な事実を証拠によって認定し、これに基づいて判断を行いますが、その際、事実と規範に関する判断は、**設定された争点の判断に必要な限りで行われる**という特徴をもっています。したがって、関連する裁判例を比較して、**理論的な事柄に関する判例の考え方を推測**することはできますが、それはあくまでも**観察者が構成した「判例の立場」**です。IV章で見たように、不特定物売買において、受領した後は瑕疵担保責任の主張ができるとする例があると同時に、一応受領した後でも完全な給付の請求および債務不履行責任の追及ができるとする例がある、そうすると、判例は「受領→目的物の特定→瑕疵担保責任規範の適用（＝債務不履行責任規範の排除）」という考え方をとっていないことはわかりますが、**債務不履行と瑕疵担保責任の関係について、判例がどのような体系をとっているかと**

いうことは、ここからはわかりません。

ⅱ）また、他主占有者の相続人の「所有の意思」に関する裁判例を見ると、昭和46年判決・平成8年判決とも、相続人については、被相続人から承継した占有と新たに開始した独自の占有の双方を観念できることを認めていますが、両者の関係がもうひとつ明らかではありません。しかし、いずれにしても、**争点となっていたのは相続人自身の「所有の意思」に基づく占有が認められるかどうか**ということです。

上記の両占有が、単一の占有の2つの現象形態であると捉えるならば、185条を介して相続人自身の自主占有を認めることの可否が問題となります（そして、そのことが「所有の意思」の証明責任につながります）が、別個の占有であると捉えるならば、相続人独自の占有について「所有の意思」を認めるための証明責任の規律が問題になります。両占有の関係をどのように捉えるかという点についての「判例の立場」は、なおもうひとつ明らかではないようです。さらに、昭和46年判決は185条に言及してはいますが、同条の「新たな権原」の「概念」を明らかにして判断をしたものということはできません。したがって、学説の関心をこれらの判決に読み込んで、**判例が占有の理論について、一般的に妥当する法理を明らかにしたということは困難であると考えます。**

(3) **判断の論理的根拠——「意思」の重要性**　　裁判所が具体的な事案について行う判断は、どのような手順で行われるのでしょうか。実際の事件では裁判官の職業的な直観が働くにしても、判決理由の中で、判断の根拠と手順が示されなければなりません。たとえば、ある財産の所有権の帰属について判断するときは、①それがもともと誰に帰属していたか、②移転したとすれば、どのような理由で移転したかという点につき、**所有権と契約という、民法の基本原理に立ち戻って根拠を示すこと**が必要になります。

Ⅴ章で見たように、請負契約において、材料の所有者が自らこれを用いて建物を完成させた場合、建物という新たな財産の出現により、注文者が当然にその建物の所有権を取得する理由はありません。注文者が完成建物の所有権を取得するためには、附合など、**所有権の取得に関する法律上の根拠か、材料の所有者である請負人の意思に基づくことが必要です。いわゆる注文者**

帰属説も、当初から注文者に所有権が帰属すると解するのが合理的である、というような客観的判断ではなく、請負契約中の当事者の「暗黙の合意」等によってはじめて根拠づけられうるものです。したがって、材料を請負人が提供した場合に、請負人帰属説をとった上で、注文者に所有権を移転させる合意の有無を個別的に判断する方法と、当初から注文者に所有権を取得させる「暗黙の合意」を広く認める注文者帰属説とは、判断の根拠および手順としては異質なものではないと考えます。

(4) 何故紛争が「起きてしまう」のか──紛争の背景となる事実　　所有権と契約（意思）という基本原理に立ちつつ、民法には、権利を取得し、それを確保するための制度が定められています。その制度の用意した手順をふむことによって、取得した権利をめぐる紛争を防ぐことができるはずなのですが、Ⅵ章で見た二重譲渡のように、それでも紛争が起きてしまうことが稀ではありません。

　この場合、紛争の解決としては、その制度に従って判断するほかはないのですが、それでも、**制度について当事者はわかっているはずなのに、なぜ紛争が「起きてしまう」のか**という問いは、頭に置いておく必要があります。典型的なものとして考えられた紛争と、実際に生ずる紛争の内容が食い違っているときには、**制度のあり方を考える際に十分な成果が得られない恐れが**あります。また当該事案の判断をするにあたっても、**信義則や権利濫用の問題を考える必要がある場合もありえます。**したがって、当該事案の事実を見るにあたり、制度の枠組みが用意した要素を取り出し、**その要素にあてはまる事実だけを拾い出すのではなく、具体的な事実の全体を丁寧に見ることが**必要です。

　紛争の背景となる事実は、事案によって様々であり、個別的・具体的に見てゆかなければなりませんが、背信的悪意者の問題のように、一定の事案群が共通の特徴を持つ場合もありえます。そのような場合には、**共通の特徴を持つ事実を観察し、その本質的な要素を明らかにして概念化し、**解釈作業に生かしてゆくことも必要になります。その概念化の作業のためにも、事実の全体を見ることが不可欠です（次の (5) ⅰ) 参照）。

(5) **実体を伴う概念と、整理・説明のための二次的な概念**　　ⅰ）ここで

「概念化」という言葉が出てきました。「概念」という言葉を、ここでは、「ある事物の本質を言語に表わしたもの」と捉えておきます。実際に存在する事物を構成する要素のうち、本質的なもの（その事物をその事物たらしめているもの）を抽出して言語に表現する（概念化する）のですから、「概念」は具体的な事物との繋がりを保っています。したがって、ある個別の事物についてその概念に当たるかどうかに疑問が生じたときは、その概念を抽出した具体的な事物に立ち戻り、その本質＝根拠を確かめることが必要になります。

> ＊また「概念」は、具体的な事物について本質的なものを抽き出し、それ以外のものをいったん捨象した結果なのですから、必要があれば、いったん捨象した要素を拾い直して具体的な事物に立ち帰り、もう一度初めから考え直す用意がなければなりません。

Ⅵ章で見た**背信的悪意者**の場合は、最判昭和43・8・2（民集22巻8号1571頁）に照らして、「**実体上物権変動があった事実を知り、かつ、この物権変動について登記の欠缺を主張することが信義に反すると認められるために、登記の欠缺を主張するにつき正当な利益を有しないものとして、民法177条にいう第三者にあたらないとされる者**」と定義することが可能です。ただ、「信義に反する」のがどのような場合であるかは、この定義からはすぐにはわかりませんね。その場合には、「**背信的**」という言葉の日常語的な**意味によるのではなく、上記昭和43年判決をはじめ、当該事案において背信的悪意者にあたるかどうかを判断した裁判例の事実関係に立ち戻って、現に問題としている事案がこれにあたるかどうかを判断することが必要になります。**

ⅱ）一連の裁判例の蓄積が、背信的悪意者の概念内容を豊かにし続けているのですが、学説により、蓄積された裁判例に分析を加えて、背信的悪意者と認められる要素を抽出し、類型化する作業が行われます。そのようにして得た類型について、より具体的で的確な表現を行い、具体的な事案において「背信的悪意者」か否かを判断するための**補助概念**とすることも期待できます。ただそれは上記の定義を説明するための二次的な概念であって、177条の解釈・適用において用いられる上記の定義に代わるものではありません。

Ⅶ章で取り上げた「権利外観法理」も、このような二次的な概念であるということができます。大きくいえば、**外観に対する信頼が保護される諸制度を整理したもの（整理概念）**ということができますが、それぞれの制度が外観への信頼を保護する根拠を具体的に見ると、①代理権授与表示による表見代理（109条）、94条2項の類推適用による登記への信頼保護、②代理人の権限外の行為による表見代理（110条）、③動産の即時取得（192条）、債権の準占有者に対する弁済（478条）には違いがあります。①②は意思表示に関する規定であり、自ら直接に（①）または間接的に（②）行った意思の表示を責任の根拠とするものであるのに対し、③は権利者の関与とは無関係に取引の安全を保護するものです。そして、**「真の権利者の帰責性により、虚偽の外観が作出された」**場合として説明されるのは、厳密には①のみであるというべきです。規範としての概念は、あくまでも各条文に示されたものですから、**「外観に対する信頼」**や**「帰責性」**という一般的な言葉ではなく、**各条文に定められた制度内容に立ち戻って考えることが必要です。**

(6) **アンバランス：体系を考える手掛かり――どの道具一式が適切か**

ⅰ）個々の条文の文言に忠実に従って判断したところ、アンバランスな結果が生じてしまう場合があります。条文通りに適用したのだから、アンバランスが起きても仕方がないという考え方、あるいはアンバランスを放置するのは適切ではないから、とりあえず調整をしようという考え方もありえます。

しかし、**法秩序は、個々の諸規範が論理的・必然的に関連し、その関連が全体として統一的な原則をなしており（「体系」的結合）、だからこそ、限りなく多様なケースに対応することができる**という性質を有しています。したがって、アンバランスの発生は、**ある規範を適用しようとする解釈主体の側か、または法規範の体系的結合のあり方の側に、何らかの問題があること**を意味しますから、放置することは適切でなく、またアンバランスの克服も、その根拠を解明して行うことが必要です。

ⅱ）Ⅷ章ではまず、相手方に過失があって無権代理人の責任を追及できない場合に、無権代理人が本人を相続した事例について検討しました。その結果、この事案を地位の承継による代理行為の効力の問題として扱うとアンバ

ランスが生ずる、**代理の効力論の（小）体系ではなく、無権代理人の責任論の（小）体系に位置づけて判断すること**が、この事案の事実関係にとっては**適切なのではないか**と考えました。

「体系」というと、何か壮大な構造物を連想するかもしれません。しかし、**法の「体系」とは道具としての諸法規範の関連のこと**ですから、働きかけるべき問題に即して、使う道具一式（道具の体系）も異なってきます。事実関係を観察し、この事案にとってどの道具のセットを使うのが適切かという判断をするのですから、**「体系」と「方法」とは別のものではありません**（互いに論理的な関連をもつ諸道具を、その論理に従って活用するのですから）。法典の組み立て方は、ドイツ法型とフランス法型とで異なりますが、それはいわば**道具箱に収納し、どこに何があるかを学習するための体系**であって、実際に使う場面になると、**対象たる事実を処理するのにふさわしい体系を組み直す**ことが必要になります。それは解釈主体の側の問題です。

> ＊本章では「体系」という言葉を、「複数の要素が、相互に必然的・論理的に関連していること」という意味で、通常よりやや広く使っています。なお、ここでは代理法全体の「体系」の中に、代理の効力論の「小体系」（諸規範の論理的結合）と無権代理人の責任論の「小体系」が、整合性をもって関連・結合しているという理解をしています。

ⅲ）Ⅷ章で次に扱ったのは、共同抵当における後順位者の代位と、物上保証人の弁済者代位の競合の問題でした。条文の文言に忠実に従ったとき、同時配当の場合と異時配当の場合とで結果が異なるというアンバランスが生ずる可能性があるがそれでよいか、バランスをとった解釈をするとすればどちらに揃えるか、またその根拠は何かという問題です。

この問題については、**共同抵当の「小体系」と弁済者代位の「小体系」とが、より大きな「体系」の中で関連・結合しているとはいえないため、両者を関連・結合させる「体系」を構想すること**が必要になります。どのような利益を優先的に保護するかという価値判断を避けることはできませんが、我妻博士がかつての自説を改めていることでもわかるように、当然にどちらかの結論になるというものではないようです。共同抵当、弁済者代位の両方につき、制度の構造や目的、判例法理を調べ、価値判断の根拠を明らかにして

XI　まとめ　231

判断することが必要です。

(7) 概念の構造：体系との関連　（5）で、「概念」とは「ある事物の本質を言語に表わしたもの」と捉えると言いましたが、それを具体的な事案に適用する場合、さらに分析を加えて、**概念の構造を明らかにすることが必要になる場合があります。**

　Ⅸ章では、瑕疵担保責任の性質に関する論争が、実際には、**特定物に初めから瑕疵があった場合、これを引き渡すことが「債務不履行」にあたるか**という問題を対象とするものであること、この問題には2つの考え方が可能であることを示しました。

　「債務不履行」とは、「債務の本旨に従った履行をしないこと」（民法415条参照）ということができますが、さらに「債務の履行」とは何かというと、「給付行為を通じて」「約束した結果を実現すること」ということができます。そうすると、特定物に原始的瑕疵がある場合のように、債務者が現実に可能な限りの行為をしても、約束した結果が実現できないとき、①債務の本質を「約束した結果を実現するための債務者の行為」であると捉えると、債務者ができる限りのことをした以上「履行をしなかった」とはいえないとして、「債務不履行」責任とは別の責任によって問題を処理することになります。これに対して②「債務者の給付を通じて実現されるべく約束された結果」と捉えると、結果が実現されていない以上「債務が履行された」とはいえないとして、「債務不履行」責任を追及することになります。**いずれをとるにしても、民法の定める法的効果を生じさせるのですが、**①であれば債務不履行責任と並んで瑕疵担保責任を置くことになり、②であれば債務不履行責任の中で扱うことになります。すなわち、具体的な効果に違いがない場合でも、**基本的な「概念」の内容・構造の捉え方によって、契約責任の「体系」が異なることになります。**

　基本的な「概念」は、実際に存在する事物を正確に反映したものであることが必要です。そして、その事物は、現実世界の中で他の事物と関連しながら存在していますから、**その関連を正確に反映させた「体系」と、個々の事物の「概念」は密接に関連しています。**したがって、ある「概念」なり「体系」なりに疑問が生じたときは、その言語表現だけを見るのではなく、それ

232

らが反映する事実の中で、その「概念」・「体系」がどのように機能している
かを確かめながら考える必要があります。

**(8) 具体的な事実の観察・分析と概念化の作業　　ⅰ）そしてX章では、債
務不履行・瑕疵担保責任においてどのように損害賠償の内容を判断し、その
額を算定するかという問題を扱いました。**

　損害賠償額の算定方法は、不法行為においても問題になります。不法行為
の場合、侵害された権利・利益の経済的回復が求められますから、様々な問
題が派生するにせよ、その権利・利益の「原状回復」を基本として算定され
ます。これに対して**取引関係は、回復すべき状態が固定したものではない**と
いう特徴を持っています。債権者としては、債務者の行う給付を期待し、そ
れを自分の事業の予定に組み込んで活動しますが、同時に、債務者の給付が
得られない場合（債務不履行に限らない）には適切な対応を自らの判断でし
なければなりません。その対応の内容は、その時どきの客観的・主体的条件
によって一様ではありませんし、場合によっては債権者の対応の仕方に問題
がある場合もありえます。このように、債権者は目的実現のために計画を立
て、その後の状況に対応しながら常に活動状態にあるのですから、**債務者の
債務不履行の影響と、債務者に責任を問うべき範囲は、具体的な事実の全体
を見なければ判断できないことが一般であろうと考えます。**

　ⅱ）確かに、民法416条は、債務不履行によって「通常生ずべき損害」と
「特別の事情によって生じた損害」に分け、後者の賠償については予見可能
性を要求するという規律を行っています。しかし「通常生ずべき損害」か
「特別の事情によって生じた損害」かということ自体、その事案の具体的な
事実関係を明らかにした上で判断しなければなりません。何を損害として捉
えるかという点については条文上の手掛かりがほとんどなく、さらに債務不
履行による損害賠償に関しては、あらかじめ条文によって基準を定め、明確
な定式を立てることは、今のところほとんど不可能と言っても過言ではない
と考えます。

　このような条件のもとで、**多くの事例を分析することによって、このよう
な事情がある場合にはこのような賠償を認めるという経験的な判断基準を抽
出し、類型化することは有益な作業です。**しかし、非常に多くの、また多様

な要素を含む事例群から、単に類型にとどまらず、概念の核心となる要素を抽出することには、時間をかけた経験の蓄積とその分析が必要です。先に「概念」は「ある事物の本質を言語に表わしたもの」であり（**「概念」の名詞的側面**）、具体的な事物との繋がりを保っていると言いましたが、**概念の有効性を高めるためには、具体的事物から得た経験の分析を介して「ある事物の本質を言語に表わす」、いわば「概念化する」作業（「概念」の動詞的側面）が不断に必要**になります。損害賠償の範囲・賠償額の算定の問題は、現在は「概念」の動詞的側面の作業、すなわち、このような事情がある場合にはこのような賠償が認められるという経験的な基準を抽出した上で、その根拠を明らかにし、その基準を法則として言語化する作業が重要であると考えます。

2. 法の解釈・適用と、概念の問題——最高裁判決を例として

(1)「概念」をどう使いこなすか　　法規範は要件に対して効果が定められ、ある事実が要件に当てはまるならば効果が生ずるという仕組みになっています。ただ、これまでの章で見た通り、ある事実がある要件に当てはまるかどうかを判断するためには、その法規範の解釈が必要となります。その際には、その要件を構成する概念を把握するとともに、事実を、要件に当てはまるかどうかを判断する対象として把握し直すという作業が必要になります。したがって、**法規範の適用のためには、要件の側でも、事実の側でも、それぞれを的確に言葉で表現すること、すなわち「概念」が重要**になります。

　これまで見てきたように、基本的な法概念は具体的な事物との繋がりを保っています。また具体的な事案を判断するにあたっては、事実の全体を見て判断するべき対象を定め、それにふさわしい法概念を用いることが必要ですから、当該事案の事実を判断の対象として把握し直す作業は、その事実を概念によって捉えることを意味しています。そして、要件を構成する概念を理解する作業においても、事実を適用対象として把握する作業においても、補助的な概念が有効な場合があります。

　ここでは 3 件の最高裁判決を素材として（初めの 2 件については原島博士の

234

判例批判の紹介により）、事実と概念の関係、概念の構造把握など、「概念」
を使いこなすために必要なことについて考えてみます。

(2)「理論的」把握の功罪—概念先行による視野の限定　　i）最判平成
3・4・2（民集45巻4号349頁）は、借地権付で建物が売買されたところ、
建物の敷地が崖の上にあり、擁壁に水抜き穴がなかったため、大雨で亀裂が
生じ、土地の一部が沈下して建物が傾いたという事案です。買主は、民法
570条、566条1項に基づいて売買契約を解除する意思表示をしました。

　原審は「借地権付建物の買主が当該売買契約当時知らなかった事情により
その土地に建物を維持することが物理的に困難であるということが事後に判
明したときは、その借地権は**契約上当然に予定された性能を有しない隠れた
瑕疵**があったものといわざるをえず、これにより建物所有という所期の目的
を達しえない以上、借地権付建物の買主は、民法570条、566条1項により
売買契約を解除することができる」として解除を認めました。

　しかし最高裁は、隠れた瑕疵の存在を否定しました。その理由として①
「右の場合において、建物と共に売買の目的とされたものは、建物の敷地そ
のものではなく、その賃借権であるところ、**敷地の面積の不足、敷地に関す
る法的規制又は賃貸借契約における使用方法の制限等の客観的事由**によって
賃借権が制約を受けて売買の目的を達することができないときは、建物と共
に売買の目的とされた賃借権に瑕疵があると解する余地があるとしても、賃
貸人の修繕義務の履行により補完されるべき敷地の欠陥については、**賃貸人
に対してその修繕を請求すべきもの**であって、右敷地の欠陥をもって**賃貸人
に対する債権としての賃借権の欠陥ということはできない**」と述べ、②「右
の理は、債権の売買において、債務の履行を最終的に担保する債務者の資力
の欠如が債権の瑕疵に当たらず、売主が当然に債務の履行について担保責任
を負担するものではないこと（民法569条参照）との対比からしても、明ら
かである」と付加しています。

　ii）このうち②の説明について、原島博士は、確かに569条から、特約が
なければ債務者の資力を担保したことにはならないということはできるが、
本件のような場合に直結するというところがわからないと述べています。す
なわち、債権の売買の場合、債権の「法的存続」、すなわち債権が弁済等に

よって消滅せずになお存在していることについて、売主に担保責任がある。「そうすると、借地権を買うとき誰だって借地権があると思って買う、ところが借地権がなかった場合には売主に担保責任がある、ということになる。とすれば、原審も言うように、**借地権を『契約上当然に予定された性能を有』するものと思って買ったのに、その『性能を有しない』場合にも売主の担保責任を考える余地がある。**賃借権の権利瑕疵と同様、賃借権の物的瑕疵**も、売主が給付した借地権が売買合意に合致していない場合だからです。**それを、借地権の売主は地主の資力、つまり修理能力を担保しない、という意味で、569条を引用して否定するのは、いかにも論理に飛躍がある」と（原島重義『法的判断とは何か』69〜71頁）。

あえて569条に対比して根拠づけるとするのであれば、あたかも買主は「賃貸人に対する債権としての」「修補請求権」を売主から買った、しかしその「債権」を実現する地主の資力は、特約がない限り担保されないので、買主は売主に対して責任を追及することができないと構成しているように見えます。

ⅲ）おそらく最高裁は、そのような趣旨ではなく、「賃貸人に対する**債権としての賃借権**」の内容として、地主に対する修補請求権も含まれているのであるから、「**債権**」として欠けるところはないと言っているのであろうと思います。「**債権とは、債務者に対して給付を請求することのできる権利である**」という「理論的」命題からはそのような説明が可能だということかもしれません。しかし原島博士は「大雨が降れば土地が崩れ、家が傾くような土地賃借権を、**よしんば地主が修理に応ずる資力があると分かっていても、誰が買うでしょうか**。交渉や修理のための手間や時間、それに費用。地主がしぶれば訴訟を提起せざるを得ない。そういうことを予定して賃借権を安く買ったのであればともかく、それ相応の対価を払っているのに、土地に重大な欠陥ありと判っても売主に責任なし、は通らない」と指摘しています（原島・前掲73頁）。

原島博士はまた、「問題は賃借権の対象である土地の性状、つまりは賃借権の性状が契約上当然に予定したものと違う、ということです。……**仮に買主の方で、要素の錯誤あり、95条に該当する、と主張したらどうなっただ**

ろうか。おそらく、たとえ最高裁でも、95条に該当する、と言わざるを得ないのではないでしょうか」と述べています（原島・前掲71頁）。Ⅷ章では、「バランス論」から問題を発見することについて触れましたが、これもそのひとつですね。

確かに錯誤規定の適用が適切か、瑕疵担保責任規定の適用によるべきではないかという問題はありますが、本ケースでは、問題の本質は、**買った物が契約上当然に予定された性能を有しなかった場合において、買主がその事実を契約締結時に知っていたとしたら買わなかったであろうというときに、その契約は完全な拘束力を有するか**という点にあります。本ケースで「買った物」とは土地の賃借権であり、その賃借権の「性能」とは建物を（事実的・法的に）安全に保有することを可能にする点にある、**そのような具体的な内容を持った「債権」なのですから、その内容を捨象して、抽象的に「債権」の売買であるとすること**は、概念の立ち返るべき事実から離れ、問題を捉え損ねる結果を招きます。

ⅳ）また、最高裁が「**敷地の面積の不足、敷地に対する法的規制又は賃貸借契約における使用方法の制限等の客観的事由**によって賃借権が制約を受けて売買の目的を達することができないときは、建物と共に売買の目的とされた賃借権に瑕疵があると解する余地がある」とするのに対し、原島博士は、「本件の場合は、面積不足や使用方法の制限よりもずっとひどい、『売買目的を達しえない』事情です。……最高裁の『客観的事由』なるものは用をなさない。また、**本来570条の『瑕疵』は客観的な物理的瑕疵に限らず、売買契約で予定した目的物の性質・性能も含む、という判例・通説を想い起こすべきです」と述べています（原島・前掲73頁）。

現在、瑕疵の有無は当事者の契約の趣旨・目的に照らして判断するとするのが一般ですが、**最高裁はなぜ「客観的事由」に限定したのでしょうか。**判決理由だけではよくわかりませんが、あるいは、売買の目的が「債権」であることから、客観的事由によって債権の内容が実現できないときは「履行不能」になるが、当該債務者が履行できないのみという「**主観的不能**」は「**履行不能**」にはあたらないという議論と対比したのかもしれません。仮にそうだとすると、やはり本ケースを「債権の売買」というところまで抽象化した

XI　まとめ　237

結果ということになりそうです。

　事物を概念によって捉えることは、直接には見えないものを捉えるために有効な作業ですが、**概念なり「理論」なりを先行させて、その眼でのみ事実を見ると、事実の全体あるいは問題の本質が捉えられなくなる危険が生じます**。本判決では、事案の特徴の1つにすぎない「債権の売買」という概念によって事実を裁断したため、十分な説得力を持たないものになったと考えます。常に事実の全体に立ち返り、どの概念を使うべきかを考えることが必要です。

(3)　日常用語との混同の危険―法的意味の喪失　　ⅰ）最判平成3・9・17（判例タイムズ771号66頁、判例時報1402号47頁）は、建物収去土地明渡請求事件ですが、事案は、原島博士の要約を借りると「土地を借り、その上に建物を所有していた人が、借金がかさみ、債権者から責められて、まあ夜逃げと言いますか、姿をくらました。そして、8年以上経った。その間、債権者の1人〔A〕に建物に入って貰った。その際、家賃を月5万円と決めたが、それは建物に入ったその債権者に対する債務の弁済に充てるもので、その中から地代を払って貰うことにした。」第一審で、地主であるXは、借地人であるYの土地無断転貸を主張しましたが、地裁は「被告は、この建物の賃借人を介して地代を払い、建物を管理しているのであって、土地を転貸したとは言えず、原告の建物収去土地明渡請求には理由がないとしました。」第二審ではXが「信頼関係の破綻」の主張を追加、高裁は、**土地の転貸、賃借権譲渡とは認められないとした**上で「この借地人は『既に8年以上の長きにわたり自らの所在を地主に明らかにしないままの状態で、自ら本件土地及び建物の管理をしておらず、……かつ、賃料の支払方法などを通じて地主に不安を与えている』から、**信頼関係を破壊するもの**」としたものです（原島・前掲73〜74頁）。

　最高裁は借地人Yの上告を、次のように述べて棄却しました。その理由は「Xらは、Yに対して本件土地の管理又は管理者の権原に関する連絡ないし確認をする方途もない状態に置かれ、Yと地代の増額等の賃貸借関係に関する協議をすることもできず、地代の増額も訴えによらざるを得なかったものであり、また、本件土地の地代はAの負担において支払われている

というのであるから、Yには本件土地の賃借人としての義務違反があったというべきであり、その所為は、**土地賃借権の無断譲渡又は転貸におけると同様の不利益をXらに与えており、賃貸借当事者間の信頼関係を著しく破壊するものといわなければならない**」ということです。

ⅱ）原島博士は、裁判所による事実の評価の仕方について次のように批判します。

「**原審は、借地人に債務不履行があった、と言っていますけれども、何の債務不履行でしょうか。**所在不明ということですが、この家には、連絡はこの建物の借主を通じてしてくれ、と張り紙をしている。債権者が金を取りに来ますから、留守番人が連絡しても、借地人はチェックして対応すべきものとしないものとを選別はしたでしょう。しかし、訴訟を起こされたら、ちゃんと弁護士を立てて応訴している。世の中には商売がうまくいかなくて、夜逃げすることだって時にはあるでしょう。しかし、**地代は、所在不明８年であっても、きちんと納めている。**従来どおり借地人本人が地主宅へ地代を持参しないのはけしからん、と言うが、現金書留で郵送したり、地主の口座に振り込むのと大した違いはない。

地主とすれば、面と向かって地代増額の交渉ができないのは不便に違いない。しかし、調停を申し立てて相手が出て来ないというのは、所在不明でなくても、世の中にいくらでもあることではないですか。相手が応じなければ不調になるのは調停の性質上当然です。なぜ、この場合だけ取り上げるのか。それこそ『**些細なことを、法務官は考慮しない** minina non curat praetor.』というローマ法についての話をしましたが、地主の言い分はすべてこれに当たる。」

「最高裁は、借地人が建物の借主に地代支払いや土地の管理を委ねた、と地主に通知しなかったことを『信頼関係の破壊』の理由としますが、建物の借主が借地人の名前できちんと地代の支払いをしたことで、地主への通知という要件は充足される、とどうして考えないのでしょう。そしてまた、こ**ういう些細な不都合は主たる給付義務違反ではない。**……裁判所が問題にした事実はせいぜい付随義務 Nebenpflicht です。**付随義務違反は、原則として解除の理由にならない、というのが最高裁の判例であり、**通説ではありませ

んか。」（原島・前掲78〜79頁）

　iii）また最高裁のいう「信頼関係の破壊」については、次のように批判します。

　「最高裁は、この場合は『**土地賃借権の無断譲渡又は転貸におけると同様の不利益を与える**』と言いますが、これはおかしい。なぜならば、信頼関係の理論というのは、仮に土地の賃借人が、土地の賃借権を無断譲渡したり、あるいは無断でその土地を転貸したとしても、そしてその場合に賃貸人は賃貸借契約を解除することができると民法に規定があるとしても（612条2項）、『いや待て、民法の条文どおりに直ちに解除できるものではないんだ』ともう一つハードルを設けたものです。つまり、信頼関係を破壊したとは言えない特段の事情があるときには、解除は認めませんよ、ともう一つハードルを設けるために信頼関係の理論というのを最高裁が創り出したのです。これは賃借人保護の法理なのです。

　『**賃借権の無断譲渡・転貸があっても、信頼関係の破壊がなければ、解除できない**』という規範と、『**賃借権の無断譲渡・転貸がなくても、信頼関係の破壊があれば、解除できる**』という規範は大違いです。同じ『信頼関係の法理』の適用なんて、到底言えません。」（原島・前掲75〜76頁）

　原島博士は、最高裁の先例を挙げ、前者の規範として用いられていることを確かめた上で「『**信頼関係の破壊**』と言うと、これは信義則違反のことだろうか、それとも賃貸人の信頼保護の法理だろうか、と考えることもあるかもしれない。しかし、判決規範 Entscheidungsnorm というのは、具体的な事実関係について判断の規準を示すものです。したがって、『信頼関係の破壊』も、あくまでこの次元で見てゆくことが必要です。そうすると、その内容は極めて具体的でかつ明瞭であり、その意図するところは合理的である、とわたくしには思われます」と述べています（原島・前掲77頁）。

　iv）この最高裁判決について原島博士は、「『信頼関係』という実に抽象的な概念からいきなり自分の好きな結論を出す」「これこそ概念法学です」と指摘しています（原島・前掲79頁）。

　信頼関係破壊の法理は、賃貸人が解除権を有する場合にその行使を制約する法理ですから、**賃貸借契約の解除という（小）体系の一部をなしていま**

す。すなわち、**解除権を制約する事情という本質的な性格を有し、内容もその性格によって定まります。**裁判例の蓄積によって、その内容の具体的な態様が明らかになってゆきますが、それらの裁判例は**この法理の適用例であって、**この法理の内容が、これらの裁判例の事実から抽象されて定まるというものではありません。

　したがって、解除権を制約する場面で機能する「信頼関係破壊の法理」と、最判昭和 27・4・25（民集 6 巻 4 号 451 頁）のように 541 条所定の催告なくして解除を認める場合のような「信頼関係破壊の法理」とは、ともに賃貸借契約の解除という（小）体系の一部をなすものとはいえますが、別の法理であるというべきです。前者は解除権の行使を制約する諸事情を、後者は解除権の行使要件を緩和する諸事情を問題とするものですから、**いずれも解除権の存在を前提とした上で、反対の方向に機能するものであり、**当然にその具体的な内容も全く異なるからです。

　このように言うと、どちらも賃貸借契約の基礎にある両当事者の「信頼関係」の表れであって、根本は同じものであるという反論があるかもしれません。しかし重要なことは、いずれも**解除権が存在する場合において、解除権の概念に従属し、その行使の可否・方法に修正を加える概念であるということ**です。すなわち、判例によって形成された法理は、**「信頼関係」という実体概念があり、それが解除権の制限、解除の要件緩和の根拠になるというのではなく、まず解除権があることを前提として、次に「具体的な事案において」その行使の制限、要件の修正の可否を判断するために「当該事案における」信頼関係破壊の有無が問題となる**というものです。

　にもかかわらず、「信頼関係」が日常語に通ずるものであるがゆえに、**この構造（従属概念であること）から離脱して、独立の「法理」のように使われる危険が生じます**（Ⅶ章 3（5）で触れたように、「帰責性」という言葉も、概念の抽象性に対する緊張感を欠くと、同じような危険がありそうです）。原島博士が「『**賃借権の無断譲渡・転貸があっても、信頼関係の破壊がなければ、解除できない**』という規範と、『**賃借権の無断譲渡・転貸がなくても、信頼関係の破壊があれば、解除できる**』という規範は大違いです」と述べているように、**独立した解除の要件であるかのように使われる。**さらに「信頼関

係」が日常語的に用いられると、その「信頼関係」は**主観的な信頼感情さえ**をも含みうるものとなり、何らかの迷惑をかけられたときに、そのために「信頼関係」が破壊されたと言ったとしても、日常語としては間違いとはいえないということにもなりえます。こうなると、**判例によって形成された「信頼関係破壊の法理」は、その法的な意味、すなわち裁判規範として有効に働く性質を喪失する**ことになります。

(4) 概念の構造—その概念の、最も本質的な要素は何か　　i）(2)では事実の全体と概念の乖離、(3)では概念の、法の（小）体系からの乖離とそれに伴う法的な意味の喪失について見てきました。(4)では、抵当権に基づく妨害排除請求に関して、**概念をより正確に捉え直す作業を行った最高裁判決**を取りあげます。

　抵当権は、目的不動産の占有を設定者に残したままその不動産を債権の担保とするものです（「**非占有担保権**」）。抵当権が実行され、差押えがなされた場合でも、競売の結果、買受人の代金納付があるまでは、通常の用法による不動産の使用・収益は妨げられません（民執46条2項、188条）。代金が納付されると目的不動産の所有権は買受人に移転し、買受人が占有者に対して明渡しを請求することになります。占有者が明け渡さないときは、買受人は引渡命令（民執83条）を得てこれを排除することができます。

　ところが目的不動産が無権利者によって、または抵当権者に対抗できない賃借権者によって占有されている場合、明渡しの際にトラブルが生ずることを危惧して買受希望者が現れず、事実上実行ができないことがあります。そのため、**執行手続以前の段階で、有害な占有を排除することができないかが**問題となり、その際、**抵当権が「非占有担保権」であるということは何を意味するかが検討の対象**となりました。

　ii）最判平成3・3・22（民集45巻3号268頁）は、詐害的な短期賃貸借（旧395条参照）が解除され、賃借人が占有権原を喪失した場合において、抵当権に基づく妨害排除請求および所有者の返還請求権の代位行使を、以下の理由で否定しました。

① 「抵当権は、設定者が占有を移さないで債権の担保に供した不動産につき、他の債権者に優先して自己の債権の弁済を受ける担保権であっ

て、**抵当不動産を占有する権原を包含するものではなく**、抵当不動産の占有はその所有者にゆだねられているのである。……抵当権者は、**抵当不動産の占有関係について干渉し得る余地はないのであって**、第三者が抵当不動産を権原により占有し又は不法に占有しているというだけでは、抵当権が侵害されるわけではない。」

② 短期賃貸借の解除（旧395条但書）は、抵当不動産につき賃借人等の占有権原を消滅させるが、抵当権者に賃借人等の占有を排除する権原を与えるものではない。それは、抵当権者に対抗できない長期賃貸借の場合「抵当権者にその占有を排除し得る権原が付与されなくても、その抵当権の実行の場合の抵当不動産の買受人が、民事執行法83条(188条により準用される場合を含む。)による引渡命令又は訴えによる判決に基づき、その占有を排除することができることによって、結局抵当不動産の担保価値の保存、したがって抵当権者の保護が図られている」こととの対比からもいえる。

この判決、特に②の理由づけに対しては、問題は執行妨害の結果そもそも買受人が現れないことであり、買受け後の手続によって解決されるものではないという批判があり、平成11年の大法廷判決によって改められるのですが、ここでは①の理由づけの中の、抵当権は「**抵当不動産を占有する権原を包含するものではな**」いという説明、また抵当権者は「**抵当不動産の占有関係**」について**干渉し得る余地はない**という説明に留意しておきましょう。

ⅲ）最大判平成11・11・24（民集53巻8号1899頁）は平成3年判決を変更し、以下の理由で所有者の妨害排除請求権の代位行使を認めるとともに、傍論ながら抵当権に基づく妨害排除請求権も認めることができるとしました。

① 「抵当権は、競売手続において実現される抵当不動産の交換価値から**他の債権者に優先して被担保債権の弁済を受けることを内容とする物**権であり、不動産の占有を抵当権者に移すことなく設定され、抵当権者は、原則として、**抵当不動産の所有者が行う抵当不動産の使用又は収益について干渉することはできない。**」

② 「第三者が抵当不動産を**不法占有**することにより、競売手続の進行が

害され適正な価額よりも売却価額が下落するおそれがあるなど、**抵当不動産の交換価値の実現が妨げられ抵当権者の優先弁済請求権の行使が困難となるような状態があるときは」抵当権侵害**があるということができる。

③　そのような状態があるときは、「抵当権に基づく妨害排除請求として、抵当権者が右状態の排除を求めることも許されるものというべきである。」

この判決では、抵当権者は、抵当不動産の占有関係ではなく、「**抵当不動産の使用又は収益について干渉することはできない**」とされています。そして「**抵当権者の優先弁済請求権の行使が困難となる**」場合に抵当権侵害があるとしています。

その後、最判平成 17・3・10 民集 59 巻 2 号 356 頁は、抵当権に基づく妨害排除請求を認めました。平成 17 年判決は、不法占有に関する平成 11 年判決の②③の説示を引用して、「抵当権設定登記後に抵当不動産の所有者から占有権原の設定を受けてこれを占有する者についても、その占有権原の設定に**抵当権の実行としての競売手続を妨害する目的**が認められ、その占有により**抵当不動産の交換価値の実現が妨げられて抵当権者の優先弁済請求権の行使が困難となる**ような状態があるときは、抵当権者は、当該占有者に対し、抵当権に基づく妨害排除請求として、上記状態の排除を求めることができる」としました。

ⅳ）平成 3 年判決では、占有は不動産の所有者に委ねられていて抵当権者は「**抵当不動産を占有する権原**」を有せず、抵当権者は「**抵当不動産の占有関係**」について干渉し得る余地はないとされています。問題になるのは抵当不動産の「占有関係」であり、その判断は誰が占有権原を有するかによって決せられるところ、**抵当権者にはそもそも占有権原がないのであるから**、第三者が不法占有していたとしても、**抵当権が侵害されたものとはいえない**という論理をとるもののようです。

これに対して平成 11 年判決では、抵当権は目的不動産から「**優先弁済を受ける権利**」（交換価値の実現を受ける権利）であって使用・収益権を有するものではなく、抵当不動産の「**使用又は収益**」には干渉できない。しかし第

三者の占有により、交換価値の実現が妨げられる場合には、「**優先弁済を受ける権利**」の侵害として、**抵当権が侵害されたものと評価することができる**という論理をとっています（そして、所有者の「**使用・収益**」に干渉できないこととの関係についていえば、第三者が不法占有している場合は所有者の使用・収益権原に基づくものではなく、第三者が所有者から賃借している場合であっても、それが執行妨害を目的とするときは、正当な使用・収益権原に基づくものではない（平成17年判決参照）と説明されることになります）。

　ⅴ）そうすると、抵当権が「**非占有担保権**」であることをどう考えるか。平成11年判決の①は、抵当権が優先弁済権であることと、不動産の占有を抵当権者に移すことなく設定されることとが示されています。すなわち「**非占有担保権**」は、「**非占有**」という要素と「**担保権（＝優先弁済権）**」という要素を含んでいますが、これらは**ともに抵当権の本質だ**ということができます。「担保権（＝優先弁済権）」という要素については言うまでもありませんが、「非占有」ではなく、債権者が占有するものであるとすると、それは抵当権ではなく、不動産質権になってしまいますから。

　しかし、「非占有」の担保権であり、**占有権原を伴わないものである**ということは、平成3年判決のいうように「抵当不動産の**占有関係について干渉し得る余地はない**」ということを意味するかどうか。平成11年判決は、抵当権者は抵当不動産の「**使用・収益**」について干渉することはできないが、不法占有によって「**優先弁済請求権の行使が困難となる**」状態があれば抵当権侵害が認められるとして、その状態の排除、具体的には明渡しを求めることができるとしています。これは、抵当権者が占有を取得しようというのではなく、第三者の不法占有によって**優先弁済権が害される**のであれば、その**占有を排除することができる**というのですから、**占有権原を根拠とするのではなく、「担保権（＝優先弁済権）」であるという、抵当権の最も本質的な性格を根拠とするものです**。すなわち平成11年判決は、「非占有」という要素を、所有者の「使用・収益」の留保というように正確に捉え、より本質的な「優先弁済権」の侵害を除去するために、第三者の占有を排除することは抵当権の本質に矛盾するものではないことを明らかにしたものです（したがって、平成11年判決が抵当権に基づく明渡請求を認めたことによって、抵当権者に

XI　まとめ　245

占有権原があることが認められたというわけではありません）。

　vi）それでは試しに、ある概念の2つの要素のうち、より本質的な要素を基本とするという考え方を、質権に関する345条の解釈に応用してみましょう。345条は「質権者は、質権設定者に、自己に代わって質物の占有をさせることができない」と規定しています。質権者が質物を任意に設定者に返還したとき、どのような効果が生ずるかについては規定していませんが、①質権そのものが消滅するという考え方と、②質権は消滅せず、動産質権について対抗力（352条）を失うにとどまるという考え方がありえます。

　342条を見ると、質権においては、債権者による質物の「占有」、すなわち質物の留置によって間接的に債権回収を実現するという要素と、質物による「優先弁済権」、すなわち競売を通じて優先的に弁済を受けるという要素とが、債権回収という同一の目的に向けられてはいるが**別次元で機能するものとして併存**しています。質物の返還によって留置的効力が失われたとしても、（質権の実行に事実上の困難が生ずるとしても、**留置的効力が、より本質的な要素というわけではないため、**）そのことが法的に、優先弁済権の消滅を帰結するという関係にはありません。そうすると①のような考え方を根拠づけることはできないと考えられます。そしてこのことは、留置権については302条1項が「留置権は、留置権者が留置物の占有を失うことによって、消滅する」と規定しているのに対し、質権においては「消滅」が規定されていないことによって補強されると考えることができます。

3.　まとめ——法解釈の客観性について

　i）法の解釈については、三段論法、すなわち大前提（「すべての人間は死すべきものである」）、小前提（「ソクラテスは人間である」）、結論（「ゆえにソクラテスは死すべきものである」）が基本となりますが、本章で見てきたように、法規範の中で用いられる概念は一義的に明確なものとはいえないため、大前提をなす命題（法規範）の内容について、様々に考えなければならないことが多く、また小前提（事実）の内容についても、法規範の概念によって検討することができるよう、構成し直す作業が必要となります。そうすると、そ

のような作業を行う解釈者の個性によって、結果が違ってくるおそれはないか、法解釈の客観性が担保されないのではないかという疑問が生じます。

解釈者の個性によって左右されないように、誰が行っても同じ結果となるためには、要件を構成する概念を明確にし、補助概念をも含む精密な体系を作り上げることが必要だという考え方も成り立ちます。しかし、現在の法概念はこれまでの社会的事実から作り上げられ、動きつつある現在の社会的事実に取り組みながら、あるいは内容を豊かにし、あるいは矛盾を抱えてきています。概念が矛盾を含むのは一見不都合のように見えますが、社会そのものに矛盾が生ずる以上、社会を正確に反映する法概念の中に矛盾を感じるのは、むしろ正当なことであると考えます。

そして何よりも、取り組むべき個々の事案については、ひとつとして同じものはありません。同じ類型に属するという場合はありますが、その類型とは観察者が作ったものであり、個々の事案からある事実を本質的なものとして取り出し、ある事実を非本質的なものとして捨象した結果、同じ類型に属する複数の事案として整理したものです。事案そのものが、初めから同じ類型のものとして発生したわけではありません。そうすると、個々の事案ごとに事実の全体を見て、その中から本質的な事実を取り出し、その事実に適合する規範を探し出して解釈し適用する、場合によっては類似した事実に適合する規範を類推によって発見するという、1件1件手作りの作業をしなければならないのであって、あらかじめ完成された規範体系を用意して、それに従って判断するということは不可能であるように思います。経済思想史家の内田義彦さんの「社会科学の体系が出来ても、体系そのものがわれわれの眼に代わってものを見てくれるわけでは決してない。やはり体系を使ってわれわれの眼で見なければならない」（内田義彦『社会認識の歩み』（岩波書店・1971 年）115 頁）という指摘は、法解釈においても妥当するものと考えます。

　ⅱ）そうすると、法解釈の客観性、誰によって行われても、法の内容が当該事案について正確に示されるということは不可能なのかどうか。この点については次のように考えます。

当該事案において、どの事実をもって本質的なものと適切に評価し、どの規範をどのように適切に解釈・適用するかという点については、解釈者の熟

XI　まとめ　　247

練によらざるをえない面が否定できないと考えます。その際、熟練した裁判官は、職業的な直観を活用して判断し、結論を出す場合も多いと思いますが、その判断の客観性は、判断の理由、すなわち事実を何に基づいてどのように認定したか、また法的根拠として、どの規範からどのような論理によって結論を導いたかということを、検証可能な形で示すことによって確保されるのではないかと考えます。したがって、「社会通念」とか「総合的判断」というような、検証不可能な言葉を使うことは適切ではありません。

　かつて、法社会学は、裁判所の判断が本当に適切に行われているか、社会の現実が真に裁判に反映されているかという問題について取り組みを進めました。この観点は、事実の客観的把握・科学的認識のために、常に必要であると思います。これに対して法解釈学は、実用法学として具体的な問題に働きかけるための技術としての側面を持っています。時々、法解釈学は「説得の技術」であると言われることがありますが、「説得の技術」として有効であるためには説得力がなければなりません。その説得力は、どのような証拠からどのような事実を認定したか、どのような法的根拠からどのような論理によって結論を導いたかということが、誰の眼から見ても納得できるものであってはじめて、客観的に適切な判断であるということができます。だからこそ、その判断の根拠を、検証可能な形で示すことが重要であると考えます。

　具体的な問題に法を適用するためには、そこで用いられる道具の全体を把握している必要がありますから、初めに覚えなければならないことも多く、民法の解釈学の学習は、常に面白いことばかりではないと思います。何のためにこのように面倒なことを学習しなければならないのかという疑問を持つことも多いかと思います。けれども、法曹をめざす人は、誰に対してもきちんと説明のできる仕事をするために、専門家にならない人は、専門家の仕事の良し悪しをきちんと見極め、良い仕事をする専門家を活用することができるようにするために、法の活用においてきちんとした仕事とはどのようなものかということを身につけてほしいと思います。

著者紹介

髙 橋 眞 (たかはし まこと)

＊略歴
1954年生まれ
1978年　京都大学法学部卒業
1983年　京都大学大学院法学研究科博士後期課程単位取得退学
　　　香川大学法学部助教授、京都大学教養部（のち総合人間学部）
　　　助教授を経て、
現　在　大阪市立大学大学院法学研究科教授
京都大学博士（法学）

＊主要著書
安全配慮義務の研究（1992年、成文堂）
求償権と代位の研究（1996年、成文堂）
日本的法意識論再考（2002年、ミネルヴァ書房）
損害概念論序説（2005年、有斐閣）
抵当法改正と担保の法理（2008年、成文堂）
市場社会の変容と金融・財産法（共編著）（2009年、成文堂）
担保物権法［第2版］（2010年・初版2007年、成文堂）
史料債権総則（共編著）（2010年、成文堂）
続・安全配慮義務の研究（2013年、成文堂）
入門 債権総論（2013年、成文堂）

判例分析による民法解釈入門

2018年6月1日　初　版第1刷発行

著　　者　　**髙　橋　　眞**

発 行 者　　**阿　部　成　一**

〒162-0041　東京都新宿区早稲田鶴巻町514

発 行 所　　株式会社　**成　文　堂**

電話03(3203)9201(代)　Fax 03(3203)9206
http://www.seibundoh.co.jp

製版・印刷・製本　シナノ印刷

©2018　M. Takahashi　Printed in Japan
☆乱丁・落丁本はおとりかえいたします☆

ISBN978-4-7923-2717-0　C3032　　**検印省略**

定価(本体2800円＋税)